La prophétie
d'Orval

Frédéric Kiesel

La prophétie d'Orval

et autres légendes de Gaume et Semois

ÉDITIONS
Racine

Du même auteur

Poésie
Ce que le jour m'avait donné, À l'Enseigne du Plomb qui fond, Dison. Prix Polak 1954
Elégies du temps et de l'été, Le Verseau, Bruxelles, 1961
Printemps-Orphée, Julliard, «Cahiers des Saisons», Paris, 1962
Le cadran solaire, Prix Le Borée, Lille, 1964
Pâques Sauvages, Maison Internationale de Poésie, Bruxelles, 1974. Prix des Scriptores Christiani
Nous sommes venus prendre des nouvelles des cerises, Éditions Ouvrières, Paris, 1982
La Corne de Brume, Éd. de l'Académie luxembourgeoise, 1999
Les degrés de Jacob, Éd. Clapas, Aguessac, 2000

Traduction
Rainer Maria Rilke: Le Livre d'Heures, Éd. Le Cri, Bruxelles, accompagné d'un essai de F.K.
Les Heures du Dieu paradoxal, 1989

Essais
Pierre Nothomb, Éd. P. De Méyère, Bruxelles, 1965
Lucien Maringer ou la poésie de l'image, Éd. DMN, Bruxelles, 1967
Thomas Owen, Les pièges du grand malicieux, Éd. Quorum, Ottignies, 1995
Philippe Leuckx, Service luxemburgeois du Livre, 2001

Récits
Histoires de mes villages, Duculot, Gembloux, 1979

Souvenirs
Quand Arlon piétonnait. Souvenirs d'entre-deux genres, Cahiers arlonais, 2003

Ce livre constitue le volume 1 d'une trilogie consacrée au légendaire d'Ardenne et Gaume. Les volumes 2 et 3 s'intitulent respectivement *L'or des fées et autres légendes des quatre Ardennes* (septembre 2003) et *Le meunier de Quarreux et autres légendes d'Ourthe et Amblève* (décembre 2003).

49, rue du Châtelain, B-1050 Bruxelles
www.racine.be

D. 2003, 6852.08
Dépôt légal: juin 2003
ISBN 2-87386-321-8

Introduction

Édition définitive, profondément remaniée et complétée, de trois ouvrages épuisés depuis plusieurs années, cette trilogie d'Ardenne et Gaume rassemble pour les régions situées entre la Lorraine française et les Hautes-Fagnes des légendes au sens large.

On y trouve en effet des légendes au sens strict: faits historiques «embellis», ennoblis par l'imagination du peuple ou des auteurs – comme les épisodes ardennais des «quatre fils Aymon» – et aussi (souvent englobés par l'usage dans la notion de légende), des contes populaires transmis par la tradition orale des veillées. L'auteur a pu recueillir quelques-uns de ceux-ci, de la bouche de personnes âgées, entre 1970 et 1990. Ce sont des épisodes inédits ou comportant des variantes par rapport à ce que des fidèles des terroirs avaient consigné au XIXe *et au début du* XXe *siècle. Car peu avant la guerre de 1914-1918, ou dans les années qui la suivirent, des médecins de campagne, des enseignants ou des prêtres villageois ont sauvé de l'oubli tout un trésor narratif rural. D'après leurs enquêtes, dont les éditions sont parfois devenues introuvables, et les derniers témoignages de survivants, il est intéressant de composer une somme de l'imaginaire villageois entre Meuse et Amblève.*

C'est le cas particulièrement de deux volumes de cette trilogie. La prophétie d'Orval *groupe des récits de Gaume et Semois, parfois très proches de l'histoire, comme les «épopées» du bouc de Châtillon ou, tout près de nous, du «farceur» Champenois, et des cas de sorcellerie en Basse-Semois, notés avec concision par le Dr Delogne dans sa précieuse Ardenne méridionale éditée en 1914.*

Situé dans les vallées et plateaux du sud-est de la Wallonie, Le meunier de Quarreux *étend son domaine aux pays d'Amblève, de Salm et d'Ourthe. Ceux-ci ont été prospectés à la fin de la période «romantique» – et dans l'esprit imaginatif de celle-ci – par un extraordinaire personnage, plus conteur que folkloriste rigoureux, Marcellin Lagarde. Ses trois volumes concernant chacun un des vals en question, restent populaires et réédités. Y retrouver le donné populaire initial n'est pas toujours aisé, mais on y trouve parfois – à côté de diableries comme celle du moulin de Quarreux – une malice qui ne trompe pas sur sa bonne origine. C'est le cas des tours joués aux naïfs par le Malmedien Gilles Pafflard – curieusement bien moins présent dans les mémoires que ne l'est, en Gaume, Djean d'Mady – qui est bien sûr au centre du tome Gaume et Semois. Et pour la région d'Amblève et Ourthe, nous avons pu découvrir un ouvrage oublié, qui, d'après des sources traditionnelles visiblement authentiques, compose le «roman» d'un berger-sorcier, nommé Bellem. Comme chez Louis Banneux, autre enquêteur soucieux de vérité, on retrouve là une saveur typique des vieux terroirs.*

C'est celle-là même que le volume L'or des fées *(évoquant une légende du pays d'Houffalize) recherche dans une région plus vaste: les «quatre Ardennes». Autour de celle de Belgique, on y détecte de naturelles parentés avec l'Oesling grand-ducal, pourtant parfois plus maléfique, avec l'Eifel, et notamment les mauvais tours joués là par Eulenspiegel (qui n'est pas seulement flamand) et des récits magiques des Ardennes françaises.*

L'ensemble des trois livres constitue pour les croyances, les terreurs et les astuces d'un vaste ensemble de terroirs centrés sur l'Ardenne, une somme qui, pour ce territoire, n'a pas de précédent. On y trouve des récits peu connus dans nos contrées, comme celui d'Alapaïdis et de son beau prisonnier – épisode ardennais du roman médiéval Girart de Roussillon – ou les étranges avatars de «prophéties» faites par un vieux moine d'Orval à des émigrés fuyant la Révolution française.

Car les hantises des villages, leurs moqueries et leurs mauvais sorts ont plusieurs fois croisé, depuis la chevalerie et les bûchers des sorciers jusqu'aux tourmentes politiques, les tempêtes de l'histoire.

Pour que ses cruautés anonymes et l'abrutissement médiatique ne gomment pas la saveur de la mémoire régionale, une vaste recherche de l'authenticité et des fantasmes terriens n'est pas un simple jeu. Comme le savaient déjà, en leur temps, les frères Grimm – qui étaient des scientifiques et non des rêveurs – sauver les légendes, c'est garder en vie l'âme d'un peuple.

Remerciements

Toute ma gratitude aux personnes qui ont aidé à réunir la documentation, notamment le père Gaétan, de l'abbaye d'Orval, M. Albert Yande, MM. Petit et Hannick, des Archives de l'État à Arlon, M. Paul Mathieu et Mme Cotton.

Gaume et Semois légendaires

Faut-il grouper par régions les légendes et contes populaires? L'entreprise a du charme et un sens à une condition: si l'on garde à l'esprit les parentés qui unissent, parfois à de très grandes distances, nombre de récits de veillée. Il est question de loups-garous – hommes métamorphosés en loups – en Wallonie, dans les pays «letzebürger» ou en Allemagne, tout comme de diables-loups au Tibet. Et, chez nous comme du côté de l'Himalaya, ils ne sont vulnérables qu'à des balles d'argent «béni», ici par un prêtre, là-bas par un moine bouddhiste.

Les «archétypes» de la croyance collective sont assez cohérents pour mériter une attention allant plus loin que le frisson de peur ou le plaisir du pittoresque. Ils nous apprennent quelque chose sur les secrets de l'humain, sur l'imaginaire et la réalité de l'invisible, sur les ténèbres ou les lumières qui entourent le petit domaine de la vie que nous croyons un peu vite être seul réel. Des échos, très altérés mais tenaces, de cultes païens ont subsisté dans nos régions après un millénaire et demi de christianisme. Les récits, généralement aimables, mais non sans pièges, de fées en Ardenne ou en Gaume, où ils sont restés vivaces, se rattachent à un paganisme rustique. Plus rudimentaires, des esprits menaçants de l'eau, les «pépé-crotchet», ou du feu, les «roudje-bounette», représentent aussi, notamment en Basse-Semois, des vestiges lointains de paganisme élémentaire (qui sacralise les éléments de la nature).

Bien plus répandue et mêlée jusqu'il y a moins de cent ans à la vie quotidienne, la sorcellerie a très longtemps obsédé nos villages avec une force et une précision dans les détails qui restent impressionnantes. La malveillance en a, de façon abondante, alimenté les accusations. Mais un climat psychologique s'y prête.

Au temps où les chemins de fer se développent dans le pays, où la révolution industrielle fait entrer l'Europe dans l'ère moderne, où le mouvement ouvrier va se manifester (la *Tribune du Peuple* de César de Paepe est fondée en 1860, année où Charles Rogier présente son projet de loi en faveur des ouvriers), des régions rurales entières gardent des hantises médiévales solidement ancrées dans les cerveaux. Un mode de pensée magique y subsiste dont les racines lointaines sont antérieures au christianisme. Cette mentalité s'est affaiblie, chez les plus jeunes vers le tournant du siècle. La guerre de 1914-1918 a porté un coup sévère à ce qui en survivait. Mais, à la veille de la Première Guerre mondiale, en gagnant la confiance de personnes âgées – afin qu'elles ne craignent pas d'être considérées comme ayant la tête dérangée – on pouvait en obtenir des récits de sortilèges racontés comme vrais. Ayant deviné un trésor en péril, des enquêteurs l'ont fait avec ferveur: le docteur Delogne pour l'Ardenne méridionale, Louis Banneux pour d'autres terroirs ardennais, Nicolas Warker dans le pays d'Arlon, Nicolas Gredt au grand-duché de Luxembourg.

Le phénomène de croyance, comme nombre de thèmes légendaires, est analogue dans des régions de parler ou de paysage différent. Mais des accents ou des choix particuliers montrent des mentalités ou reflètent des situations sociales diverses.

En gros, des croyances maléfiques plus effrayantes se révèlent sur les rives de la Moselle luxembourgeoise ou allemande qu'aux bords de la Semois, mais il ne faut rien exagérer: à Rochehaut, Oisy ou Alle et Sugny, verbouc ou sorcelleries multiformes ont semé largement épouvante et drames – ce dont témoignent les procès et condamnations à la peine capitale de «sorcières» à Sugny en 1657.

La Gaume est plus aimable et son héros éponyme, le «violoneux» Djean d'Mady, drôle et farceur, n'existe que dans ce terroir. Il en incarne le goût des «flôves» (fables, blagues) dont ses aventures, célébrées en dialecte, par le poète gaumais attendu depuis longtemps, Albert Yande, sont la narquoise Iliade du joyeux pays d'entre Habay et Torgny. Pourtant, comme la Provence, la douce Gaume a, entre deux «flabuses» (blagues) terrifiantes, ses hantises ténébreuses: sorcellerie, apparitions de démons, fantômes porteurs de bornes qu'ils ont déplacées de leur vivant.

Pour le reste, ce terroir est fréquenté par les fées et non les nutons, chez eux en Ardenne centrale et orientale (Malmedy). Pays du bien-dire, où l'on a volontiers la langue bien pendue, la Gaume fut longtemps plus riche – vivent les «Zigomars»! – en groupements d'amitié, d'humour et de spirituelle «guindaille» qu'en recherche méthodique des traditions.

Sans doute, par un optimisme naturel, les Gaumais ont-ils moins senti que d'autres, autour de 1900, quel trésor de mémoire populaire était menacé d'oubli. Une récolte d'ensemble n'y fut pas réalisée, comparable à celle de contrées voisines. Heureusement, la sociabilité et la bonne mémoire de personnes âgées a fait durer, plus longtemps peut-être qu'ailleurs, d'intéressants vestiges de la tradition orale. Et, pour l'ensemble de la civilisation rurale et du passé, la Gaume s'est «rattrapée», avec sérieux et saveur par des initiatives de grande qualité. Fondés peu avant la guerre de 1940, le Musée gaumais, la revue *Le Pays gaumais*, enfants d'un Gaumais récent et providentiel, Edmond Fouss, ont cristallisé et documenté une prise de conscience jusqu'alors diffuse et surtout pittoresque.

Profitant du climat ainsi créé, ont fleuri les publications dialectales des *Lettres gaumaises* et des *Zigomars*, les lexiques de Jules Massonet et d'Albert Hustin, des œuvres littéraires de fidélité, émues et riches d'observation comme celles d'Albert Yande en dialecte, de Jean Mergeai en dialecte et, pour sa plus grande part, en français. Depuis la découverte, dans l'entre-deux-guerres, du poète paysan Francis André, de Fratin, la Gaume n'avait plus vu naître une telle littérature de fidélité terrienne.

La Gaume, si elle offre assez peu de récits et croyances populaires, possède le don de transformer en légende, pathétique, mystérieuse ou tragi-comique, des faits historiques. La truite et l'anneau d'Orval nous offrent une de nos rares légendes poétiques. Il est difficile de démêler le vrai du fabuleux dans l'histoire, encore très vivante dans les souvenirs populaires, de la scandaleuse et touchante dernière marquise du Pont d'Oye. Elle éclaboussa les braves gens de Habay et des alentours par le fol éclat de ses fêtes et mourut, abandonnée, dans la misère. Son destin est typique du préromantisme.

Par contre, c'est aux «Lumières» du XVIIIe siècle, à leurs débats voire à leurs aventuriers que se rattachent les étranges carrières du hardi imprimeur-éditeur Rousseau, dit «de Toulouse», opérant depuis Bouillon, et dans son château frontalier de Montquintin, celle de Mgr de Hontheim, contestataire clandestin de l'influence politique de la papauté. A-t-il attiré une malédiction sur son manoir?

Résolument romanesque est, quant à elle, la saga «mythique» des «prophéties d'Orval», typique des temps troublés où tout un monde basculait, lors de la Révolution française.

Plus près de nous, le bouc de Châtillon, lors de la «guerre scolaire» de 1879, puis, dans les années 1960, la geste de Champenois, ont constitué de curieux et populaires phénomènes d'actualité devenue instantanément légendaire. Avec le bouc, le burlesque rural et une dérision surréaliste avant la lettre interviennent à la gaumaise, en riant, dans les passions politiques et confessionnelles.

Il est géographiquement normal de joindre, à l'exploration des légendes gaumaises, celle de l'Ardenne la plus physiquement proche: le bassin de la Semois, rivière commune au nord de la Gaume et à l'Ardenne méridionale.

Le pays de Bertrix, avec ses fées et ses baudets, est lié à la Semois par son affluent la Vierre, qui entre en Gaume au sud de Suxy. Mais pour les légendes, une région bénie (ou maudite, selon le point de vue) est la Basse-Semois ardennaise. Les croyances magiques: fées, verboucs, esprits du feu et de l'eau, sorcellerie y foisonnaient encore dans la mémoire, voire dans la foi populaire vers 1900.

Le touriste estival imagine mal quelles tragédies les accusations de sorcellerie ont suscité le long de l'aimable rivière. En plein XVIIe siècle, lorsque l'art classique étincelait à Versailles, quand Bouillon tout proche était une petite capitale ayant ses élégances, des procès de sorcellerie étaient instruits à Sugny dans des conditions incroyablement primitives, parfaitement correctes et classiques pour l'époque. Ils menaient au bûcher de pauvres femmes à la cervelle dérangée.

Plus récents, et sans issue tragique, mais tout de même inquiétants, les méfaits, à Mogimont, d'une sorcière bien connue, la Tchalette, étaient racontés avec d'impressionnantes précisions à la fin du XIXe siècle, par des témoins sûrs de leur fait. Le démon en personne, comme dans nombre de terroirs – mais, semble-t-il, moins en Gaume – venait lorsqu'on l'appelait à la légère.

C'est ainsi qu'il épousa, à Mogimont toujours – village décidément sulfureux –, une fille peu sérieuse à qui sa mère avait dit: «Pour que tu te "ranges", je te marierai au premier venu, fut-il le diable.» Elle était plus écervelée que sa donzelle, et dut inventer une ruse pittoresque pour capturer dans une bouteille l'infernal époux. Les maléfices étaient si obsédants dans la région qu'ils fournissaient nombre de clients aux «gromanciens» (contre-sorciers) de Charleville.

Les êtres diaboliques, verboucs notamment – être hybrides à pieds de bouc – ont inspiré des terreurs durables. Curieusement, à Oisy, village natal du docteur Delogne, un de ces monstres sataniques servit finalement à ramener dans les chemins de la vertu des jeunes gens noceurs, friands de bals masqués ou lecteurs de «mauvais livres». Étrange fonction pour un envoyé de Belzébuth. Mais la croyance était si forte que personne ne soupçonna une éventuelle supercherie édifiante.

Si la collecte ici rassemblée commence par Rachecourt, et avec une présentation de ce village qui m'est familier, c'est pour situer dans leur cadre les vestiges de récifs de veillée que j'ai pu y recueillir, dans les années 1970, de la bouche de deux personnes âgées.

Finalement, c'est à une «raison» magique et à une forme sommaire mais vigoureuse de sacré que nous renvoient maints récits de la tradition villageoise. Si leur fascination reste vivace au temps des ordinateurs et de l'exploration spatiale, c'est parce que, finalement, ils rencontrent en nous une nostalgie ou un appétit philosophique. Les physiciens «de pointe» butent contre le mystère que le rationalisme du XIXe siècle croyait pouvoir défricher. À leur façon primitive, les séculaires fantasmes ruraux prenaient en charge une part de ce mystère.

Au-delà du pittoresque régional et des astuces du récit de veillée, c'est ce qui donne à ceux-ci des couleurs de vérité seconde. Ils nous apprennent que, dans le cœur de l'homme, l'autre côté du miroir est tout près.

F K

Récits

Histoires de Rachecourt

Pour les anecdotes et les légendes – on glisse aisément de l'une à l'autre –, la tradition orale n'est pas entièrement éteinte et elle éclaire la personnalité de tel ou tel village. Chacun est particulier, et le sait. Ainsi Rachecourt, proche voisin du pays patoisant allemand, à l'écart des voies de grande communication, a gardé fort bien son esprit et sa mémoire. On s'y amuse plus volontiers qu'ailleurs entre soi. Et l'on y prend le temps de causer. Les aînés, bien sûr, ont beaucoup à raconter.

Je demande à Angèle B., 92 ans en 1989:

– Quand a-t-on cessé de faire la veillée à Rachecourt?

– L'habitude a duré jusqu'à 1914-1918. Pendant la guerre on le faisait encore, un peu moins. Après, cela a assez vite cessé. Bien sûr, on allait encore les uns chez les autres pour «soirer», mais ce n'était plus la veillée. Avant, dans certaines maisons, comme chez la grand-mère Renaud à Bizory au bout du village, ou ailleurs, des groupes se réunissaient pour causer et raconter des histoires. Parfois, on demandait à l'un ou l'autre de monter sur une chaise pour chanter une chanson.

– Est-ce qu'on changeait de maison pour se réunir?

– Parfois, mais il y avait des maisons où on allait plus souvent, d'après le caractère de la personne. La grand-mère Renaud recevait gentiment. Chez nous aussi on venait souvent, toujours les mêmes personnes. Le meunier avait même fait dans ses prairies un sentier pour arriver directement, sans le détour par l'école et l'église.

– Chez vous, la veillée était-elle différente parce qu'on tenait café?

– Non. C'était comme ailleurs. Certains prenaient une bière

ou deux. La bière plus que la goutte. Un vieux célibataire passait toute sa soirée devant un verre de bière. La plupart, quand ils venaient à la veillée, ne buvaient rien. C'était normal. Il y avait un vieux gendarme avec une belle longue moustache. La plus longue du village. Il a été désolé lorsqu'il a cassé un beau poil, à la pointe, d'un côté. Sa moustache était devenue inégale.

– Et il a coupé de l'autre côté?

– Non, ce n'était qu'un poil!

Il ne faut pas «se faire des idées» sur les cafés de village au début du siècle. Jusqu'après la guerre de 1940, il y en avait beaucoup où l'on ne vendait que quelques verres par semaine, parfois à un homme seul qui avait envie de faire la causette. Vers 1910, à Rachecourt, pour moins de 600 habitants, on comptait une trentaine de «cafés», souvent sans enseigne. Les villageois savaient qu'ils pouvaient aller dans telle maison se faire servir un verre en le payant. Il suffisait pour cela de quelques tables dans le *pel*[1]. Un petit comptoir dans un coin n'était même pas indispensable. Il donnait pourtant du style. Pour Rachecourt, dans la seule rue de la Strale, il y avait six cafés sur 300 mètres, de l'église à la rue Basse. Et l'on n'était pas ivrogne!

Tout n'est pas oublié, de ce qui se racontait à la veillée, là ou ailleurs, avec ou, le plus souvent, sans pinte. Nombre d'histoires de Rachecourt ont un style particulier, à cause d'opinions religieuses plus tranchées qu'ailleurs. Aujourd'hui encore, malgré les progrès de la tolérance, le partage «idéologique» reste inscrit au cœur du village. Dans la rue, justement, de la Strale, deux cafés survivants, très actifs, avec salles de réunion animées, se font face un peu comme des palais Capulets et Montaigus, avec des clientèles très différenciées comme le personnel, bénévole, sympathique et «motivé». L'un est catholique et l'autre socialiste, héritier des traditions laïques, jadis sous bannière libérale.

On se marie rarement d'un «camp» avec l'autre. Les rapports humains se sont détendus et, en tout cas, on se retrouve unis face à la mort. Aux enterrements, chaque famille délègue au moins un de ses membres, que les funérailles soient religieuses ou civiles, ces dernières en proportion, depuis longtemps, supérieure à celles des villages voisins. Pour beaucoup de

---

1 En gaumais, la «belle pièce» où l'on vit, en dehors de la cuisine.

«Rachecoutis», c'est la seule occasion où les habitués du CLEO (socialiste) mettent les pieds au Cercle (catholique) et vice versa. C'est, bien sûr devant la tarte, la tasse de café et le verre de goutte, épilogue obligé du rituel funéraire.

La raison de ces opinions tranchées est historique. Comme Meix-le-Tige[1], Rachecourt et Halanzy sont des villages gaumais, rattachés à un canton et un doyenné patoisant allemand, celui de Messancy. Conséquence absurde: jusqu'en 1926 l'évêché nomma trop souvent à Rachecourt des curés patoisants allemands, parfois même venant du grand-duché de Luxembourg. Ces prêtres connaissaient le français, bien sûr, mais ils le parlaient plus lourdement, ce qui faisait sourire.

Ils ne comprenaient pas la mentalité malicieuse et l'esprit indépendant, un peu frondeur, des Gaumais. Se comportant de façon autoritaire – mieux admise chez les *plattdeutsch* plus disciplinés –, certains de ces pasteurs ont déplu à nombre de familles, même chrétiennes convaincues. Il y avait ainsi, dans ce petit village, trois attitudes différentes: les anticléricaux, plus nombreux, plus déterminés qu'ailleurs, les catholiques restés pratiquants mais gardant leurs distances avec le curé, suite à l'une ou l'autre maladresse, et ceux qui suivaient sans broncher un desservant point toujours habile. La situation avait ses côtés pittoresques, dont Angèle B. se souvient.

Chaque automne, l'abbé W. de nationalité luxembourgeoise, annonçait du haut de la chaire, avec une rustique gravité et un solide accent de son terroir:

– Monsieur le curé ne dira pas la messe pendant toute la semaine. Il va voir au Grand-Duché si les raisins sont mûrs.

Ce digne desservant ne s'intéressait pas seulement aux raisins. Un jour qu'il revenait d'une soirée au bourgogne chez son collègue de Battincourt, un peu ému, il perdit son chapeau. Dans le journal libéral d'Arlon, un écho malicieux prétendit qu'on

---

1 Un éventuel caractère anciennement *plattdeutsch* de Meix-le-Tige est suggéré par «le Tige», le thiois, le germain, comme en Lorraine française, Audun-le – Tiche opposé à Audun-le – Roman. À Rachecourt, le lieu-dit la Strale – prononcé à l'allemande Chtrâle – est un signe unique de «germanitude» dans ce village gaumais voisin de la région patoisante «Letsebuerger». C'est probablement dû au voisinage tout proche de la zone *plattdeutsch*, comme, selon Godefroid Kurth, la terminaison «le-Tige» pour Meix-le-Tige.

avait vu, près de Rachecourt, un lièvre se sauver avec un chapeau de curé.

Cet abbé W. n'était pas populaire car considéré comme «fier». Il était la seule personne du village à fumer un gros cigare au-dehors, lorsqu'il traversait sa paroisse, sans dire bonjour aux gens qu'il semblait mépriser à cause des fumiers devant leurs fermes.

En 1903 fut abattue, hélas!, l'ancienne église de Rachecourt, aussi belle que celles de Rulles ou de Habay-la-Vieille. Lorsqu'elle fut remplacée par l'aimable, mais moins historique, sanctuaire romano-gothique actuel, on discuta âprement du nombre de travées du nouvel édifice. Le curé en voulait quatre. Il considéra comme «libéraux», c'est-à-dire mécréants, réprouvés, les paroissiens estimant qu'il fallait s'en tenir à trois.

On passait volontiers aux curés de village un rassurant et savoureux épicurisme. Une bonne cave ne nuisait nullement à leur réputation s'ils en usaient sans faire d'éclat. Mais pour la chasteté, leurs paroissiens étaient d'une sévérité rigoureuse. Ils supportaient, sans sympathie, mais patiemment, que le pasteur de leurs âmes les gendarmât avec rudesse, mais il devait être «vertueux».

Notable indiscuté s'il se montrait hautain, il n'était pas aimé, mais ne perdait pas le respect de ses concitoyens. En cas d'aventure féminine, c'était la catastrophe. Le scandale ne s'estompait qu'après des dizaines d'années. Des familles entières cessaient, pour des générations, d'aller à l'église. La continence du prêtre était le prix à payer pour son statut privilégié. La religion était souvent jugée d'après la chasteté du curé. Un des premiers devoirs des doyens consistait à être bien renseignés et couper court, sans perdre un jour, aux plus timides débuts d'idylle. Le prêtre sentimental ou rustiquement sensible à l'appel de la nature, était envoyé brusquement, sur une énergique admonestation, dans une paroisse éloignée.

À titre prudemment préventif, l'habitude s'est maintenue de placer chez les curés des ménagères d'un âge dénommé pour cela «canonique», peu compatible avec les tentations de la chair. Par une déraisonnable légèreté, cette coutume n'avait pas été respectée, au cours du siècle dernier, pour le curé X., de Rachecourt, homme plein de santé, aux superbes cheveux roux flamboyants, ce qui est assez rare dans la région. Sa servante, jeune, «tomba enceinte». Elle donna naissance, dans l'opprobre, à un garçon du même roux que le curé. La signature était indéniable. Le prêtre coupable fut envoyé faire pénitence dans un couvent observant une règle sévère.

L'enfant roux de ce péché infamant porta toute sa jeunesse la honte imméritée d'un «fils de curé». Il en conçut une haine tenace de la religion. Marié, il la fit partager à sa femme, Valérie. Celle-ci était active et dévouée. Selon la coutumière entraide villageoise, elle alla soigner, lorsqu'il fut malade, un de ses voisins âgés, l'homme le plus riche du village. Apprenant que celui-ci était à toute extrémité, le curé, successeur de celui par qui le scandale était arrivé, se présente à la porte du mourant. Valérie le reçoit froidement. Au malade, qui n'était plus qu'à moitié conscient, elle va dire, sur un ton qui suppose une réponse négative:

– Le prêtre est là. Vous ne l'voulez-m? (vous ne le voulez pas).

Sans trop attendre une réaction de la part du mourant, elle ferme la porte de la chambre et éconduit le curé.

Mort sans les derniers sacrements, ce qui était rare à l'époque, le vieux propriétaire fut enterré civilement, fait alors exceptionnel au village, même pour les anticléricaux les plus notoires.

Le même jour eurent lieu «à l'église» les funérailles d'un humble berger, presque sans famille. Par réaction contre la cérémonie sans Dieu de l'autre défunt, il y eut foule pour enterrer religieusement le berger, bien plus de monde qu'à l'enterrement civil, qui à ce moment, gênait encore beaucoup de gens.

Le contraste fit du bruit. Un journal de la province écrivit même un article sur le plus pauvre, mort béni, et le plus riche, enterré hors de la religion.

Des années plus tard, Valérie souffrit d'une angine qui ne guérissait pas vite. En ce temps-là, on n'appelait pas le docteur pour des bobos. Elle demanda conseil à un voisin, homme avisé, un commerçant, le premier du village à être raccordé au téléphone.

– Faites venir un médecin tout de suite, lui dit-il. Cela peut devenir grave. Vous pouvez téléphoner chez moi si vous le voulez.

– Merci dit-elle, cela ne vaut pas la peine. J'ai écrit à mon frère. Il me conduira dans un hôpital à Liège. S'il le faut, on m'opérera.

Elle qui, à ce moment, était sur pied, encore active, mourut dans la nuit, étouffée. Au village, nombre de personnes ont pensé qu'elle avait péri par le gosier d'où étaient sorties les paroles empêchant le prêtre de venir au chevet du propriétaire, mort laïquement à cause du scandale causé par le curé précédent. Ici, la mentalité «magique» montre le bout de l'oreille.

Un autre curé patoisant allemand de Rachecourt est l'objet d'une histoire surprenante qui m'a été racontée, vers 1980 par Berthe F., qui tenait «de famille» un don naturel de narratrice, et avait pris, enfant, chez sa grand-mère, le goût des récits étranges.

«L'abbé Z., me dit-elle, curé ici vers 1900, faisait de la sorcellerie. Il envoyait des rats dans l'école des religieuses. Il était brouillé avec elles. On n'a jamais pu prendre aucun de ces rats. Ils n'ont jamais mordu personne, mais ils faisaient peur aux sœurs et aux élèves.

«Par magie aussi, il faisait passer des chats noirs, venus d'on ne sait où, l'air méchant, devant la maison des Y. Il les a tellement effrayés ainsi, que, sur son conseil, pour être débarrassés des chats (souvent considérés comme maléfiques), ils ont poussé une de leurs filles à devenir chère sœur. Je l'ai très bien connue. J'ai toujours entendu raconter ces faits comme vrais.

«Le curé en question a quitté le village pour une paroisse plus importante, où il a achevé sans ennuis sa carrière sacerdotale. Avant l'arrivée de son successeur, des hommes du village ont été fouiller dans le presbytère. Dans une malle du grenier, ils ont découvert des chiffons en forme de chats et de rats. Tout le monde était sûr que c'est avec cela qu'il envoyait, par sorcellerie, des bêtes chez les gens pour leur faire peur. Après son départ, il n'y a plus eu de faits de ce genre.»

Un curé adonné à la sorcellerie, cela semble contradictoire. Il est normal que le prêtre soit appelé pour faire échec au diable ou aux magiciens. Mais, lorsque le curé suscitait des inimitiés, il arrivait que des histoires de ce genre soient racontées à son sujet. Ceci mesure la malveillance que certains desservants patoisants allemands de Rachecourt avaient pu susciter[1].

Toujours à propos de religion, Berthe F. (qui n'était pas catholique) m'a raconté, comme vraie une belle histoire terrifiante.

«Quatre jeunes gens de Rachecourt, revenaient, très saouls, d'avoir «fait la java» à Meix-le-Tige. Sur le chemin du retour, en lisière du bois, ils voient la niche de la Sainte-Vierge, devant laquelle nous allions souvent prier. La goutte est très mauvaise conseillère. Se sentant plus forts que la terre et le ciel, ils ont pris la statue pour cible, lui jetant des pierres. A. lui a brisé le bras, J. la jambe, V. le buste, Z. la tête. Ils ont été punis par où ils avaient profané la statue. Six mois plus tard, Z. conduisait une charrette transportant des pierres. Elle s'est renversée sur un talus. Une roue lui a écrasé le crâne. Il a été tué sur le coup. Deux ans après, alors qu'il travaillait dans une scierie, A. fit un mouvement maladroit. La scie lui a tranché le bras. Quant à J., à la mine de fer de Halanzy, un wagonnet lui a broyé la jambe. V., lui, à vécu toute sa vie le cœur serré d'angoisse dans sa poitrine. Il est mort dans son lit, normalement, ni très jeune ni très vieux.»

Berthe s'amusait bien en rapportant ces histoires terrifiantes. «Quand j'étais enfant, disait-elle, nous aimions bien, une amie et moi, aller, le soir, chez la grand-mère, qui en connaissait beaucoup. Elle habitait une maison à l'écart. En revenant de chez elle, nous jouions à nous faire peur et rentrions en courant, nous croyant poursuivies par une bête ou par une sorcière.»

---

1 Un autre maléfice, attribué à un curé sorcier, est rapporté dans *L'Ardenne méridionale belge* par le docteur Delogne. À Rochehaut, le curé A., qui était en bagarre avec nombre de ses paroissiens, notamment la famille L., venait de partir pour une autre cure, en tenant des propos menaçants. De jour, puis de nuit, vers minuit, une heure, on entendit, chez L. un vacarme infernal dans le grenier «comme si des chaînes, des moules à pain, des pots et des marmites y dansaient une sarabande effrénée.»

Quand on allait voir, rien ne s'y passait, mais il y avait tout de même quelque chose: dans le dressoir, à la cuisine, verres et assiettes s'entrechoquaient. D'autres bruits se faisaient entendre: des pas dans la mangeoire de vaches, le roulement d'une boule et la chute de quilles.

Une nuit, L. entendit des pas descendre du grenier et un personnage invisible vint souffler fort sur le visage de sa femme, couchée à côté de lui. Comme il criait à l'inconnu: «En auras-tu fait bientôt assez?», il entendit les pas remonter au grenier. Le maléfice dura trente jours. Le nouveau curé était prêt à venir exorciser la maison, que L. songeait à vendre.

La grand-mère en question, comme c'était la coutume, même chez les catholiques non pratiquants, et aussi les rares incroyants, observait la règle, abolie depuis lors par le concile Vatican II, de l'abstinence de viande le vendredi. Le poisson étant rare, elle remplaçait volontiers l'aliment interdit par des «vôtes», des crêpes.

Elle se méfiait d'une voisine, mécréante et paresseuse qui disait «on mange de la viande quand on en a» et s'en régalait, exprès, le vendredi. À l'époque, c'était une sorte de défi au Ciel.

Préparant ses «vôtes», un vendredi, la grand-mère de Berthe était intriguée par un chat inconnu et habile, qui venait lui voler les crêpes à peine faites. Une fois en passant on laisse faire. Mais trois ou quatre, c'est trop. Il fallait que la comédie cesse. Voyant l'animal approcher, elle fit semblant de ne pas le remarquer, laissa la graisse «fristouiller» dans la poêle, et la lui jeta, brûlante, à la tête. Le chat échaudé s'enfuit en poussant un hurlement presqu'humain.

Le lendemain, voyant sa voisine mécréante avec la tête bandée, la grand-mère de Berthe lui demanda ce qui lui était arrivé.

– C'est de votre faute, lui répondit-elle. Vous m'avez jeté hier la graisse bouillante à la tête.

Ainsi, elle avouait que c'était elle qui «tournait à chat».

Des épisodes de ce genre ont souvent été racontés à des enquêteurs, sur la trace des légendes, jusqu'à la guerre de 1914-1918. Mais l'aveu de la sorcière n'est pas fréquent. Berthe a très bien connu la victime coupable de cette mésaventure. «C'était une méchante femme, dit-elle. Nous avions peur d'elle.»

– Elle aimait les choses extraordinaires, me dit Angèle B., parlant de son amie Berthe. Un jour nous discutions entre grandes gamines. L'une de nous accusait Berthe de mensonge.

– Que le Bon Dieu me tue si je ne dis pas la vérité! s'était écriée Berthe.

À l'instant, il y eut un éclair et un tas de blé, pas loin de nous, s'est enflammé.

– Nous avons été bien effrayées, dit Angèle B. D'esprit malicieux et point crédule, elle était certaine de la véracité de cet incident.

Un jour, à la fin du XIXe siècle, la grand-mère de Berthe était allée répandre des paillettes de blé dans un pré. Il faisait beau. Elles brillaient dans le soleil. Quand elle revint à la ferme, il en restait un peu dans le sac. En chemin, celui-ci est devenu anormalement lourd. Dans la grange, elle l'ouvrit et vit scintiller les paillettes, transformées en or. Tout étonnée, elle ne dit rien à personne et cacha le sac dans un coin. Quand elle revint y regarder le lendemain, la métamorphose avait cessé: il n'y avait plus que des brins de paille.

Toute sa vie l'aïeule a gardé la certitude d'avoir vu le métal précieux luire dans le fond du sac.

À la fin des années 1970, Berthe F. m'avait sans hésiter, confié ses souvenirs de faits étranges, sachant que je les utiliserais, en citant son prénom, dans un livre. Lorsque celui-ci fut édité – c'est *Histoires de mes villages*[1] – je lui ai dédicacé un exemplaire mentionnant que je lui en devais plusieurs récits. Deux ans plus tard, à l'enterrement du mari de Berthe, je rencontre son petit-fils qui me dit:

– J'ai lu votre livre chez ma grand-mère. Je me demande pourquoi elle a coupé la dédicace.

Causant volontiers, cette personne me documentait sans complexe sur ses souvenirs de sorcellerie. Mais elle craignait qu'il subsiste une trace écrite identifiant son témoignage. On ne sait jamais.

Elle a maintenant rejoint sa grand-mère au ciel des raconteurs d'histoires. Mais elle restera, ici, prudemment, Berthe F.

Des histoires de sorcellerie racontées par Berthe F. ne sont pas dues à l'imagination, mais bien à l'excellente mémoire et au talent narrateur d'une personne âgée. Même dans une famille croyante et peu crédule comme celle d'Angèle B., on se souvient de faits inquiétants.

Plusieurs vaches avaient péri coup sur coup d'une maladie subite et inexpliquée. On chercha dans leur mangeoire. De petites boules noires d'une provenance inconnue s'y trouvaient. Le père d'Angèle fit venir le curé, qui dit des prières dans l'étable, et la maladie cessa. Ce n'était pas le prêtre accusé de sorcellerie par la rumeur publique.

Angèle B. n'est pas sûre qu'il s'agissait d'un mauvais sort, mais elle ne l'exclut pas absolument. Faisant malicieusement

---

1 Éditions Duculot, 1979.

allusion à la bigoterie naïve, proverbiale, d'une voisine, appelée Sidonie, elle dit:

– On pouvait toujours faire venir le curé. C'est comme l'eau bénite de la Sidonie, «si ça n'fa pon d'bin ça n'fera toudjous pon d'mau» (si ça ne fait pas de bien, ça ne fera toujours pas de mal).

À Rachecourt, d'ailleurs, et c'est bien dans l'esprit souriant de la Gaume, on n'était pas exagérément obsédé par la magie. En voici un indice.

Au croisement de la Strale et de la rue Basse, en contrebas de celle-ci, la modeste maison de la vieille «Prince» était une des dernières chaumières du village. Avec son toit moussu au niveau du chemin, elle n'était séparée du talus que par une cour étroite et humide, dite, par dérision, «le Trou de la Prince».

Un jour, autour de l'année 1900, le marchand ambulant de vaisselle arrêta, près du Trou de la Prince, sa charrette, qui à l'époque, semblait aux villageois de Gaume ou d'Ardenne, un peu fabuleuse, avec son multicolore chargement de faïence. Personnage pittoresque, l'homme en négociait l'échange contre des vieux vêtements, des chiffons ou divers objets de «fonds de grenier» qu'il pesait avec sa balance romaine. Ces palabres s'accompagnaient volontiers de «gouttes» qu'il ne détestait point. C'est à cela que le village attribue la chute spectaculaire du cheval, la charrette et tout le précieux chargement dans le Trou de la Prince.

Durant des mois, les villageois sont allés ramasser, notamment pour en orner des cache-pots, les débris de «cassons» de cet accident dont le souvenir est resté vivace des dizaines d'années.

Chose curieuse, la chute du chargement de faïence est évoquée dans la tradition de plusieurs villages de l'Ardenne proche, où on l'attribue à la magie, comme les charrettes de bois mystérieusement entravées par le mauvais sort lancé par un sorcier. Les Gaumais de Rachecourt, à une époque où la croyance à la sorcellerie était encore vivace chez eux, ont joyeusement opté pour l'explication du «coup de trop».

Ceci dit, la famille «Prince» – il s'agit bien sûr d'un des nombreux sobriquets héréditaires qui font souvent oublier le nom officiel de l'état civil – avait la langue aussi bien pendue que n'importe qui. Et avec un brin de fantaisie que montre cet adage à la fois religieux et réaliste, vaguement voltairien, dû à un des «Prince». Faisant allusion aux statues dans l'église, et aux personnages des gravures du chemin de croix, il proférait volontiers ceci:

Plus de saints, plus de mérites.
Plus de pouchiés (cochons) plus de tripes.

Malgré l'épisode du curé-sorcier, l'église était un lieu de contre-magie. Angèle B., aujourd'hui encore, se souvient de ceci qui, dans sa jeunesse, était raconté comme vrai. Lorsque, à la messe, le curé (qui célébrait le dos tourné vers l'assistance) se retournait pour l'élévation, la consécration de l'hostie, il avait le don de distinguer les sorcières lui tournant le dos, alors que, aux yeux des paroissiens, elles avaient l'attitude normale, regardant vers le chœur[1]. Ainsi le prêtre avait le pouvoir de sonder les reins et les cœurs: il voyait physiquement des paroissiens dans leur attitude mentale secrète. Tous les curés n'étaient pas crédités de cette utile clairvoyance.

1 Cette croyance est notée dans de nombreux villages. Le témoignage d'Angèle B., née en 1897, en atteste la vitalité dans les années 1910.

Les «flôves» de Djean d'Mady

Les terroirs ont des héros à leur image. Parfois un personnage venu de l'histoire ou de la légende – souvent des deux à la fois – symbolise toute une région. Toutes proportions gardées, Djean d'Mady, le violoneux farceur, est, au malicieux pays gaumais, ce que Tyl Uylenspiegel est à la Flandre éternelle.

Le Djean doit son nom «de Mady» à la ville natale probable de son père, Mady, la ville basse de ce Montmédy qui, à l'époque, à la fin des années 1500, n'avait pas encore été conquis par la France (il le fut sous Louis XIV).

Mariés depuis plusieurs années, ses parents qui, dit-on, vivaient à Velosnes, en face de Torgny, se désolaient de n'avoir pas d'enfants. Il est habituel que la naissance d'un héros soit accompagnée de quelque prodige. Ici, le ménage du Djean, premier du nom, et de la Marie de Mady était persuadé d'être frappé d'un mauvais sort. La vieille Mélie, la gardeuse de chèvres de Torgny, qui savait beaucoup de choses et en devinait davantage, avait dit à la Marie:

– C'est la vieille Marie-Josèphe qui a jeté un sort pour que tu n'aies pas d'enfant. Tu sais que c'est une sorcière. Elle est jalouse de toi parce que tu es heureuse avec un bon mari qui travaille bien la terre et qui rit toujours.

– Que faut-il faire pour avoir un enfant malgré le sort jeté par la Marie-Josèphe?

– Ma petite, il faut aller au Bois de Croix-Rouge, au trou des fées. Pour combattre le mauvais sort d'une sorcière, les fées sont toujours prêtes. Et elles comprennent vite.

Les époux furent vite décidés. Ils firent bien les choses, voulant mettre toutes les chances de leur côté. Pour avoir «un petit valet» dans le berceau avant le printemps suivant, ils ont observé le grand carême pendant quinze jours: pas de viande, pas de petit vin gris de Torgny ni de tabac, presque rien que des racines à manger, comme les ermites. La Marie se mettait des emplâtres de feuilles de buis bénit et de cornes-de-gatte. Elle courait pieds nus dans la rosée au lever du soleil. Ils allèrent aussi brûler des cierges à Notre-Dame d'Avioth, «pour n'être mal avec personne».

Après deux semaines, fatigués mais très exaltés, ils se sont mis en route à la nuit tombante. La Marie portait des petits œufs de poulettes dans un panier caché sous sa pèlerine et le Djean, un plein boisseau de farine de sarrasin, car chacun sait que les fées aiment bien se préparer des «bouquettes», des crêpes jaunes au sarrasin.

Quand ils entrèrent dans le bois de Bon-Lieu, la terre commençait à sentir le printemps. C'était la première nuit tiède de l'année. Leur agitation était tombée d'un coup. Et voici que près de Croix-Rouge, ils aperçurent une faible lueur du côté de la roche creuse. Sur une souche de bouleau était assise une petite demoiselle aux yeux brillants, aussi blanche que l'écorce de l'arbre. Elle les regardait en souriant.

La Marie est tombée à genoux. C'est tout juste si les deux pèlerins n'ont pas laissé tomber leurs paniers. Ils les ont posés devant eux, sans quitter des yeux la petite créature qui souriait toujours. D'une voix claire comme une source, elle leur dit:

– Vous êtes bien honnêtes, mes amis. Je sais pourquoi vous venez. Soyez tranquilles, nous vous aiderons. Avant le printemps prochain vous aurez un fils comme on n'en a jamais vu. Il fera de la musique. On ne trouvera pas plus malin que lui dans tout le pays. Il ne fera que ce qu'il veut, et on parlera de lui longtemps, longtemps, longtemps.

Sur ces derniers mots, sa voix commença à faiblir comme si elle s'éloignait. Elle-même devint une sorte de buée argentée, puis plus pâle, avant de disparaître, laissant le Djean et sa femme profondément assoupis. Ils se sont réveillés à l'aube, dans les bras l'un de l'autre, couchés à même le sentier.

Ils sortaient de leur sommeil comme d'un bain dans une rivière, lisses, légers, nouveaux. Marie surtout se sentait «toute drôle», étrangement heureuse, comme elle ne l'avait pas été depuis longtemps, jamais peut-être.

Pour le milieu de l'hiver, l'enfant était né. Un beau garçon qu'on appela Djean d'Mady comme son père. Celui-ci voulut faire partager à tous sa joie. Il fit le tour de tous les villages de Gaume et paya la «blanche goutte» à tous les sonneurs de cloches pour qu'ils aillent sonner les cloches annonçant l'heureuse nouvelle. C'est ainsi que Djean d'Mady est né en Gaume, partout à la fois, vers l'an de grâce 1585.

L'heureux père alla jusqu'à Luxembourg chez son frère, qui était ménétrier du gouverneur Pierre-Ernest de Mansfeld. Il arriva au milieu d'un bal que le violoniste rythmait du bout de son archet. Il fit danser une bourrée à toute la noble compagnie en l'honneur de la naissance de son neveu. Et il lui donna son premier violon, un petit instrument en sapin enduit de vernis rouge, de facture rustique comme ceux des Tziganes.

Avec une entrée dans la vie aussi éclatante, il eût été surprenant que le jeune Djean d'Mady croisse tout bonnement en âge et en sagesse. Toute sa famille l'adorait, ses grands-parents, les premiers, mais on ne savait jamais quel tour il préparait. Un après-midi de mai qu'il était allé jouer chez les parents de la Marie, sa mère, il avait été terriblement absorbé par la chasse aux hannetons. Quand il en avait plein les poches et que les bestioles commençaient à lui pincer fort les jambes, il courait vers la maison pour les cacher, puis retournait vite à la chasse avec les autres gamins. Mais où mettait-il ses hannetons? Le mystère fut éclairci le soir.

Au souper, la grand-mère servit à son vieil homme la «toufaye», les pommes de terre à l'étuvée cuites dans la grande marmite en fonte. Le bon-papa, mangeant d'un air songeur, sentit sous ses dents des craquements inusités.

– Eh bien! la mère, dit-il, ça croque beaucoup! Il me semble que vous en avez mis des cretons dans la «toufaye»!

C'étaient, évidemment, les hannetons cachés là par ce diable de Djean d'Mady, qui les y avait oubliés. Exprès ou non? Allez savoir!

Devenu jeune homme, Djean se fit sacristain à Limes, près d'Orval. Le curé, homme pratique, pendait les jambons et les saucisses qu'il recevait pour les frais du culte dans la cheminée de la sacristie.

Il lui sembla que, depuis quelque temps, le compte n'y était plus. Il soupçonna Djean de lui avoir chapardé la saucisse de l'enterrement du vieux Jean-Pierre et le jambon qu'il avait reçu pour le mariage de la petite Anne du Pâquis. Pour faire avouer le Djean, le curé demanda à un gamin d'aller se cacher derrière la statue de la Sainte Vierge, dans l'église:

– Quand je demanderai au Djean qui a volé mes saucisses, tu diras bien doucement, mais assez haut pour qu'on t'entende: «C'est le Djean d'Mady, c'est le Djean d'Mady!»

Le suspect arrivait justement. Le curé essaya de lui faire avouer les larcins, mais le drôle s'y refusa avec indignation.

– Attention, lui dit le pasteur, j'ai le moyen de connaître la vérité. Si tu n'avoues pas, je vais le demander à la Sainte Vierge, près des fonts baptismaux.

– Et elle vous répondra? demanda le Djean sceptique, mais vaguement inquiet.

On se rendit au pied de la statue. Comme le prêtre interrogeait solennellement le suspect, le gamin caché derrière le socle, très excité, se mit à crier à tue-tête:

– C'est le Djean d'Mady! C'est le Djean d'Mady!

À quoi l'intéressé répondit calmement, faisant semblant de s'adresser à l'Enfant Jésus:

– Toi, gamin, tais-toi, on ne t'a rien demandé. Laisse d'abord causer ta mère.

Malgré l'échec de ce miracle, le curé se méfia de son sacristain, et il le congédia. Djean devint d'abord garde forestier, mais cela ne dura pas longtemps, car il parvint tout juste à mettre le feu au bois.

Alors il prit l'habitude d'aller aux bals des villages et d'y jouer du petit violon rouge qu'à sa naissance, il avait reçu de son oncle, le ménétrier du prince-gouverneur. De Muno à Halanzy et de Torgny à Habay, il n'y eut plus de fête réussie sans le Djean d'Mady et son violon rouge. Il en revenait aux petites heures, parfois avec des écus, et parfois seulement avec le gâteau rond de la ducasse, celui en forme de couronne, le «cransse» (de l'allemand *Krautz*), qu'on porte sous le bras.

Une nuit d'hiver pleine de bise et du hurlement des loups, le violoneux revenait du bal de Sainte-Marie-sur-Semois. Il avait faim, mais n'avait pas entamé le «cransse» qui avait été son seul salaire. Il vit une lumière. Ce devait être celle d'une ferme de Fratin. Il frappa au volet.

– Holà! ouvrez-moi, ouvrez-moi! Je suis perdu.

– Perdu? Perdu? lui dit une femme qui entrebâillait la porte. Mais on ne se perd pas ici. On n'est pas en plein bois.

– Laissez-moi entrer, je vais vous expliquer. Ah! qu'il fait bon chez vous! Je meurs de froid et de faim, et j'ai gagné cinq écus au bal. C'est-y pas une pitié? Avoir gagné cinq écus et périr de faim!

– Cinq écus! Mon pauvre homme, comme vous devez être affamé! Que voulez-vous?

– Faites-moi six œufs avec beaucoup de jambon. Pour commencer cela pourra aller!

Quand il fut bien rassasié, le Djean dit à la fermière:

– Vous êtes une fameuse hôtesse. C'était bien bon. Je passerai vous payer un de ces jours, quand il fera moins froid.

– Un de ces jours? Et vos cinq écus!

– Mes cinq écus? Je les ai gagnés, mais on ne me les a pas donnés.

Et voilà notre Djean parti dans la nuit et la neige. Pour rentrer chez lui, il doit traverser la forêt. Il hâte le pas, point trop rassuré. Des branches craquent. Une silhouette noire au museau pointu s'approche avec des aboiements rageurs. C'est le loup. Il barre le chemin au violoneux. Le Djean grimpe dans un arbre avec son instrument sur le dos et son gâteau au bras. Mais la bête s'installe au pied de l'arbre et se met à hurler à la mort. Elle était installée là comme quelqu'un qui a tout son temps.

Djean d'Mady se dit qu'il n'y a qu'une chose à faire pour calmer la bête sauvage, visiblement plus affamée qu'il ne l'était en arrivant à Fratin: lui donner à manger de son gâteau plutôt que ses mollets. Il lui jette une tranche, qui est avalée en une bouchée, puis une deuxième, qui ne fait pas plus long feu, sans calmer plus de quelques secondes l'inquiétante fringale du loup.

«Tout le gâteau y passera», pense notre malheureux, sérieusement inquiet.

C'est ce qui arriva. Et la bête était toujours aussi féroce. Pour ne pas passer toute la nuit dans l'arbre, le Djean d'Mady eut une idée: charmer le loup avec la musique de son violon comme Orphée le faisait avec son chant.

Il dit:

– Ah l'varrat, i n's'saveremm! Fayans l'dansi! (Ah! Le verrat, il ne se sauvera pas, faisons-le danser!)

Tremblant de froid et un peu de peur, les doigts gourds, l'artiste perché se mit à gratter horriblement sur son instrument. Aux sons stridents des cordes désaccordées, le loup se mit à aboyer de façon déchirante et, sans attendre la suite du récital, s'enfuit à belle allure.

– Je n'ai jamais si mal joué, mais je n'ai jamais eu autant de succès, murmura Djean en descendant de l'arbre. Si j'avais su, je n'aurais pas jeté tout mon gâteau à cette sale bête et j'aurais joué mon petit air plus tôt[1].

Un autre soir – était-ce à Virton, Florenville ou Etalle? – Djean d'Mady était allé demander à souper à l'aubergiste avant le bal. Lucie, la brave patronne, s'affolait, craignant de n'être pas prête à temps. Dans son agitation, elle jette, au lieu de sel dans la soupe, une poignée de graines de millet pour le chardonneret.

Djean remarque la méprise, mais n'a garde de le dire.

– La voilà votre soupe Djean. Vous voulez bien que j'en mange avec vous?

– Mais oui Lucie. Elle sent bon.

– Espérons qu'elle vous plaira. Y a l'os de notre jambon dedans. Vous l'aimez bien?

Le Djean avale une cuillerée et siffle. Il sourit d'un malicieux.

– C'est comme je vous le dis, Djean. Vous pouvez croire. Vous goûtez bien le jambon?

Sifflement affirmatif de Djean.

– Pourquoi ne me répondez-vous pas, Djean?

Nouveau sifflement du Djean qui semble avoir perdu sa langue, d'habitude si bien pendue. La Lucie s'inquiète:

– Mais qu'est-ce que vous avez? Vous ne parlez pas. Vous n'êtes pas malade au moins?

Long sifflement délirant de Djean, qui semble signifier: bien plus que vous ne le croyez. La Lucie perd complètement le nord:

– Qué malheur ich' don tajez[2]! (Taisez-vous!) Dju l'avan ben sûr rindu malatt! Il avait l'air si bien tantôt! Qu'est-ce que j'ai bien pu lui faire? Et le bal qui commence bientôt.

Le Djean siffle à qui mieux mieux, comme au comble de la joie. Visiblement il ne partage pas les angoisses de la Lucie. Celle-ci appelle son gamin:

– Cours vite chez les Thiry voir si leur cousin, le docteur, est déjà arrivé chez eux pour le bal. Dis-lui que j'ai un malade ici,

---

1 Des épisodes analogues sont racontés dans l'un ou l'autre terroir français.

2 Exclamation gaumaise.

et qu'il doit venir tout de suite. Dépêche-toi. Mais Djean, dites-moi, je ne vous ai pas empoisonné au moins?

Le violoneux ne répond que par un sifflement affirmatif.

– Doux Jésus, il a l'air de me dire que oui. Ah! vous voilà, docteur! Guérissez-le vite, sinon il sifflera pendant tout le bal. Je crois qu'il a la sifflote.

Ce que Djean confirme d'un sifflement enthousiaste et décidé.

– Lucie, allez me chercher une cuiller en argent dans la belle armoire du «pêle». Il faut que je regarde le fond de sa gorge.

Pendant qu'elle est partie, le docteur demande au Djean ce qui se passe.

– Elle m'a mis une poignée de millet dans la soupe...

En bon Gaumais, le docteur avait déjà compris. Il réprime son sourire quand la patronne revient avec la cuiller et examine gravement le patient qui, la bouche grande ouverte, a cessé de siffler.

Sur un ton sévère, le docteur demande:

– Lucie, est-ce que vous lui avez donné quelque chose à manger?

– Mais... de la soupe aux pois. De la bonne soupe avec l'os de notre jambon. Même qu'à la dernière minute, j'ai vu qu'elle n'était pas assez salée et... Malheur! c'est ça docteur! J'y ai mis du millet au lieu de sel. Voilà pourquoi il siffle tout le temps comme notre chardonneret! Que faire Docteur? Mais moi aussi, j'en ai mangé. Pourquoi est-ce que je ne siffle pas?

– Vous êtes bête, Lucie! Vous avez déjà vu une femelle qui chantait? s'exclama le Djean, qui avait retrouvé tout soudain l'usage de la parole, pour le plaisir d'avoir le mot de la fin.

La renommée de Djean et le succès que remportaient aux ducasses son petit violon et sa grande faconde lui avaient un peu tourné la tête. Il s'était habitué à être fêté partout où il passait. Mais on ne danse pas tous les jours et les écus gagnés gaiement aux bals ne lui suffisaient pas pour vivre. Rentré chez lui, il devait bien reprendre le métier de cordonnier qu'il avait fini par apprendre. Quand les fêtes devenaient rares, il souffrait de n'être plus qu'un artisan comme les autres, et non plus un troubadour. Il commençait à faire le fier. Et, au village, tout se remarque...

Lui, toujours si sociable, oubliait parfois de dire bonjour, comme si de profondes pensées l'occupaient trop pour cela. Il se faisait prier pour ressemeler des souliers: «Si tu crois que ça m'amuse de taper sur vos semelles», avait-il dit au grand Nénesse, qui lui portait les bottines de sa gamine. Plusieurs fois, le dimanche soir au café, il s'était mis à brailler: «Je n'ai peur de personne! Je voudrais bien le voir venir celui qui me ferait trembler.»

Il fallait donner une leçon au matamore. Le Cyrille, le Nénesse et le Narcisse imaginèrent un plan très simple pour rendre le Djean moins vantard.

– Tu sais la nouvelle, Djean?

– Non.

– Eh bien! y a le Zidore qui est mort ce matin.

– Le Zidore! Pas possip'!

– Comme on te le dit!

– Pauvre Zidore! J'aurais pas cru ça. Je l'ai encore vu hier!

– Il faudra le veiller. Je suis son premier voisin. J'ai dit que je le veillerais cette nuit-ci. Mais, sur le moment, j'avais oublié que ma vache va avoir le veau. Tu ne veux pas me remplacer, Djean?

– Ben, il faudra bien puisque tu me le demandes, Nénesse. Je ferai volontiers ça pour le pauv' Zidore. Mais tu sais, je prendrai mes outils et je ferai les souliers de ta sacrée gamine. Cela ne lui portera toujours pas malheur. Le Zidore n'était pas un homme à aller en enfer!

Il n'était pas en enfer, le Zidore, ni au ciel, ni au purgatoire. Il était aussi vivant que vous et moi. C'était l'homme du village qui savait le mieux se retenir de rire. Il adorait les idées bizarres et fut ravi de faire le mort. Tandis que le Narcisse, qui était sacristain, sonnait consciencieusement le glas, le Zidore et sa femme Joséphine arrangèrent une chambre mortuaire «terrible», avec les ornements noirs de l'église, prêtés en catimini par le Narcisse. Ils mirent quelques bougies, pas trop, une lampe à huile dans le coin pour que le Djean puisse travailler, et une bouteille de «blantch goutte» pour qu'il n'y voie quand même pas trop clair. C'était presque trop beau.

Le Zidore avait noblement pris la pose sur le lit mortuaire, avec chapelet et crucifix, quand le Djean arriva. Après avoir bravement «tapé» de l'eau bénite, il se mit au travail. Plein de zèle, il ne s'intéressait presque pas à la bouteille de goutte. Un peu tout de même, par politesse pour le mort. De temps en temps, il jetait un coup d'œil sur son silencieux compagnon. Djean devenait sentimental:

– Pauvre Zidore, murmura-t-il. Il n'a jamais eu si bonne mine. On dirait même qu'il est content. Tu es un homme mystérieux, mon vieux Zidore. Enfin! Il n'y a rien à faire à ça. Il va bientôt être minuit. Ta goutte est bonne Zidore. (Il y faisait honneur.) Cela aura encore vite passé. Est-ce que je n'entends pas quelque chose? Comme si on respirait près de moi. Tant pis! C'est toujours pas lui puisqu'il est mort. On ne peut plus dire: «À ta santé, Zidore!» Mais j'y bois quand même. Sait-on jamais ce qui se passe de l'autre côté. Ils nous écoutent peut-être. Ils nous trouvent peut-être comiques. Tiens, il va être minuit.

Il recommence à taper sur le cuir. Au moment où sonnent les douze coups, le Zidore se soulève à demi et dit d'une voix caverneuse, mais bien nette:

– Djean! On n'bat ni la s'melle quand on veille les morts!

Sans se laisser impressionner par ce défunt qui ne restait pas à sa place, Djean lui assena un bon coup de marteau sur le crâne en lui disant d'un ton qui n'appelait pas de réplique:

– On n'cause pu quand on est mort!

Et il se remit à travailler en caressant de temps en temps la bouteille après avoir averti fermement:

– Et je resterai ici jusqu'au matin s'il le faut, mais tu ne bougeras plus!

À force de faire des bottines, Djean d'Mady finit par trouver chaussure à son pied, comme on dit. À vrai dire, en bon cordonnier qu'il était devenu, c'est par une cheville qu'il fut séduit. Jamais de sa vie, il n'en avait vu de si fine que celle de la Djeanne don Gustave de Saint-Mard, qui était venue lui demander des bottines «minces comme du papier».

– Vous me les ferez pour le dernier dimanche d'août, implora-t-elle d'une voix d'où l'enfance ne s'était pas encore évaporée. Et faites-les moi légères pour aller au bal!

– Je vous chausserai comme une princesse. Ce serait un blasphème que de maltraiter un pied aussi mignon que le vôtre.

Du pied, son regard remonta vers la jeune fille, à qui le rose aux joues allait bien. Il eut un coup au cœur. Cette jeune villageoise, modeste, qui ne lui avait fait aucune impression quand elle était entrée chez lui, était la finesse et la fraîcheur mêmes. Dans sa blouse de lin et sa jupe rugueuse, elle lui faisait penser non pas à une rose, mais à une fleur d'églantine, douce, simple et sauvage. Et il lui sembla entendre en lui une musique que son violon aurait bien du mal à mettre en chanson.

D'une voix toute changée, essayant de masquer son trouble, Djean demanda:

– M'accorderez-vous une danse à la fête de Saint-Mard?

– Oui, si vous me faites les fines bottines que je veux, répondit d'une voix d'ange, un peu troublée aussi, la douce enfant, qui savait ce qu'elle voulait.

Est-ce seulement par goût de la perfection? Djean la fit revenir plusieurs fois pour essayer les bottines. Il avait toujours une petite retouche à faire. Mais le résultat fut parfait. Depuis les pantoufles de verre (de vair...) de Cendrillon, on n'avait rien chaussé de plus délicat entre la Hollande et la Navarre.

Cela valait plus d'une danse à la fête de Saint-Mard. Tout le bal y passa, et Djean fit des jaloux, ce qui n'était pas pour lui déplaire. Le mardi de la ducasse, Djean et Djeanne allèrent ensemble à la messe de la jeunesse et au discours du «Maître jeune homme». Le cordonnier-violoneux courtisa sa Djeanne dans les bonnes traditions, sagement, sur le banc de pierre adossé à la maison du père Gustave, où il venait tous les dimanches après les vêpres. L'hiver, il prit l'habitude d'y aller à la veillée, au «pêle», au son du rouet de la mère de Djeanne.

Les bans furent publiés le dimanche de Pâques. On tira les «campes» (pétards) le jeudi qui suivait Pâques closes, pour la plus gaie noce de l'année. On n'y mourut ni de faim ni de soif, car on avait bien oublié l'édit de Charles Quint interdisant les noces de deux jours et de vingt convives. Et surtout, le Djean, à la fois héros et animateur de la fête, fit rire et danser tout le monde à perdre haleine.

Le soir, les enfants du village vinrent se faire régaler en chantant la chanson qui évoque un hypothétique saint Pansaut dont le nom évoque très clairement l'adjectif gaumais «pansard» (gourmand, goulu, adorateur de son ventre):

Saint Pansaut n'a pas soupé
Je vous prie de lui en donner
Coupez haut

Coupez bas
Coupez au milieu du plat
Si vous n'avez pas de couteau
Donnez tout le morceau.

Et c'est par grands quartiers que furent distribuées les tartes aux «blosses» (prunes).

Le Djean était un bon mari, mais il continua à être bohème et farceur. Et mystérieux avec cela, aimant faire des surprises. Un jour d'hiver, il se dit qu'il achèterait volontiers un cochon pour l'abattre, en manger la viande et en faire fumer les jambons dans la cheminée. C'était jour de marché à Virton. Sans prévenir la Djeanne de ses intentions, il y va, malgré la neige.

Choisir un cochon, cela demande des discussions. Et pour discuter, il faut se réchauffer. La «goutte» est faite pour cela. En en buvant ici et là, le Djean retrouve des amis qu'il n'avait plus vus depuis son mariage.

– Bé quoi, Djean? C'é-t-y qu't'es marié ou moine à Orval? On n'te voit plus!

Une tournée appelant l'autre, le marché se prolonge tard. Quand le Djean retourne à son village, quelque part en Gaume – car il y est de partout et de nulle part –, la nuit tombe déjà, et avec elle une neige abondante.

Le Djean n'est pas fier, tirant son cochon en laisse, le pas un peu incertain, glissant et sacrant «à qui mieux mieux». Et il se demande ce qu'il va raconter à la Djeanne pour expliquer son retard.

Après une heure de marche, comme le cochon est encore bien moins vaillant que lui, Djean décide de l'occire. Il sort son grand couteau et l'abat presque proprement, en ne se tachant qu'un peu les vêtements. Puis il jette la dépouille de l'encombrante bête sur le bord de la route, où elle est bientôt enfouie sous la neige.

La rentrée tardive du jeune époux est du bon théâtre. La tête basse, l'air sombre, accablé, il s'affale sur une chaise et sans laisser à sa femme le temps de l'interroger, il prend les devants en disant d'un ton dramatique:

– Ah! ma pauv' Djeanne! Tè n'sais ç'qui m'est arrivé! J'en ai tué un sur le chemin, en revenant du marché de Virton. Il m'empêchait de rentrer. Alors ça a été plus fort que moi. Je m'en suis débarrassé comme j'ai pu. Quand j'ai vu qu'in' bougeait plus, je m'suis «encouru».

– Où est-il? dit la Djeanne, sans un reproche.

– Sur le bord de la route, dans un tournant à droite, près du bois. Il doit déjà être recouvert de neige.

On organise immédiatement une expédition, en grand secret, avec l'Abdon, un voisin qui n'a peur de rien et sait se taire. La Djeanne tient la lanterne, l'Abdon tire un vieux traîneau avec une pelle. Djean, lui, porte ses remords et sa malice.

On découvre bientôt un tertre comme ceux du cimetière. La neige, légère, est vite enlevée. Au dixième coup de pelle, elle est déjà rouge et la Djeanne retient un cri.

– Mildiou, qu'est-ce qu'il avait pour un costume ton bonhomme? s'écrie l'Abdon, qui ne découvre sous sa bêche qu'une peau épaisse, grasse, velue.

– Mais c'est un cochon! s'écrie la Djeanne découvrant la victime dégagée. Qu'est-ce que tu nous as fait croire? Farceur!

– Je ne vous ai rien fait croire du tout! Je ne vous ai jamais dit que j'avais tué un homme!

De soulagement, la Djeanne oublia ses inquiétudes et sauta au cou de son mari qui n'était pas un assassin. On riait et on pleurait à la fois. Et les jambons du meurtre furent les meilleurs qu'on eût jamais mangés dans le village. Tout le monde voulut en goûter, car, sous le sceau du secret, l'histoire ne fut jamais racontée à plus de trois personnes à la fois. Mais rarement à moins...

Djean d'Mady continua à aller aux ducasses, où il mettait de l'entrain tant par son petit violon que par ses plaisanteries. Mais parfois, celles-ci n'étaient pas du goût de tout le monde. Un jour, il était aux «renos[1]» »à Prouvy avec son vieux compagnon d'aventures, le grand Gustave de Suxy. Les gens du lieu ne trouvèrent pas comiques les moqueries des deux compères et les mirent proprement dehors.

– Attends ici, dit le Djean au Gustave. Mets-toi près de la fenêtre, qui est ouverte. Je vais entrer au bal et je vais tous les défenestrer. Tu n'auras qu'à les compter.

Dès que notre Djean pénètre dans la salle de bal, on y entend un beau tapage. On crie, des tables sont renversées, des verres cassés.

---

1 Le prolongement de la «grande-fête», l'octave de la fête.

Tout à coup, un bolide, jeté de l'intérieur, vient atterrir aux pieds de Gustave.

Tout content, celui-ci commence à compter les victimes de son ami:

– «Un», s'écrie-t-il d'une voix triomphante.

– Arrête, «varrat», ne compte plus. C'est moi! gémit une voix connue.

C'est celle du Djean, qui se relève avec peine en se tenant les reins. Décidément, le héros gaumais était mieux fait pour le rire que pour la bagarre.

À force de courir les fêtes, le Djean en vint à perdre le courage de travailler. Les clients réclamaient en vain pendant des semaines les nouvelles semelles de leurs souliers. La Djeanne, pour une fois, s'est fâchée:

– Finies les fêtes. Tu ne sortiras plus, sinon je retourne chez ma mère, à Saint-Mard.

Le Djean, qui l'aimait bien, avait du remords d'avoir mené une vie de patachon et fait de la peine à sa chère Djeanne. Il se le tint pour dit. Pendant trois jours, il ne bougea pas de la maison, ressemelant les souliers en souffrance, pelant les pommes de terre, nettoyant la maison pour sa femme. Mais celle-ci, obstinément, le boudait. Il lui en coûtait, car le zèle et la contrition de son mari commençaient à l'attendrir. Mais elle voulait qu'il se souvînt de la leçon.

Le troisième jour, il commença, en silence, à retourner, les tiroirs, à fouiller dans les armoires et jusque dans les bûches de bois. À la fin, intriguée, la Djeanne lui demanda:

– Que cherchez-vous comme ça?

– Mais, vot'langue, ma chère!

Ils éclatèrent de rire, et tombèrent dans les bras l'un de l'autre.

L'hiver suivant, le Djean et la Djeanne durent aller à Vlesart, en Ardenne, pour l'enterrement d'une lointaine cousine. Comme le trajet était long, ils le firent dans la carriole tirée par la vieille bourrique, Fanoche. Le Djean avait pris son fusil, car les chemins en forêt n'étaient pas sûrs, et la Djeanne son grand parapluie, car le ciel devenait gris au-dessus de l'horizon vers le nord.

– L'Ardenne es' tchertch'[1], avait-elle dit.

1 L'Ardenne se charge. Il fait mauvais temps en Ardenne.

Elle avait raison, d'être prudente, la Djeanne, car, dès Buzenol, les premiers flocons firent leur apparition.

– Déjà les mouches d'Ardenne, dit Djean.

Dans la forêt, il avait neigé depuis un jour ou deux, et cela ne cessait pas. Après des heures de trajet harassant, ils arrivèrent à la nuit tombante dans une grande clairière nue, sans haies ni arbres ni maisons. Une croix sortait de la neige. Djean y accrocha Fanoche. Tombant de fatigue, il se roula avec la Djeanne dans la bâche, à côté de la voiture, qui les abritait du vent. Ils sombrèrent vite dans un profond sommeil, après s'être recommandés au Seigneur.

Le lendemain, ils se réveillèrent près d'une tombe du cimetière, un peu mouillés, car il n'y avait presque plus de neige et un beau soleil brillait dans le ciel humide, argenté, que quittaient les dernières brumes.

– Mais où sont donc passées Fanoche et not'charrette? demanda le Djean à un villageois qui les regardait avec curiosité.

Taiseux comme un Ardennais, celui-ci ne dit rien et montra du doigt le sommet du clocher. La brave haridelle y était pendue à la croix qui, la veille, émergeait seule de la neige. Et la charrette se balançait doucement devant les abat-sons.

Djean, sans s'émouvoir, prit son fusil, et, d'une seule balle, rompit les rênes. La bourrique et la charrette tombèrent à ses pieds, laissant l'Ardennais médusé par ce coup de maître.

– Chez nous, en Gaume, on tire tous comme ça. Faudrait voir ça, dit-il avec simplicité.

Et il ajouta, en se tournant vers la Djeanne:

– Ce n'est m'el tout d'ça. Il fait meilleur temps chez nous en Gaume. Nous n'en bougerons plus.

Après la cérémonie, ils retournèrent dans leur village et ils ne quittèrent plus la petite Provence des vallées de la Vire et du Ton.

Ils y vécurent de longues années joyeuses. Devenu veuf, le Djean ne vieillissait pas. Il resta trois ans, sans dire une plaisanterie, à faire des souliers qu'il voulait toujours plus fins, en souvenir de la cheville de la Djeanne jeune fille. Enfin il accepta, après s'être beaucoup laissé prier, de reprendre son petit violon pour la noce d'une de ses petites nièces à Dampicourt.

Il se souvint que, jadis, quand il était pauvre et inconnu, il y avait eu, tout jeune, un chagrin d'amour dont il n'avait jamais parlé à personne. Il y courtisait timidement la fille d'un bon fermier. La fille se laissait gentiment conter fleurette en lui faisant les yeux doux. Puis, un jour qu'il passait par le village, le Djean y avait entendu grand tapage. Les cloches sonnaient. Sa petite bonne amie, qui l'avait oublié, se mariait avec le fils d'un riche propriétaire.

On l'avait invité à la noce. Il avait accepté pour la revoir une dernière fois. On l'appelait cousin, on remplissait son assiette de bas morceaux «don magot» (de l'estomac). Mais il ne pouvait pas manger. Tout lui restait dans la gorge. Sauf quand la mariée lui tendit une tranche de jambon, sans presque oser le regarder.

Le soir, tout le monde s'était couché sur le foin. Et Djean, qui n'était pas loin du jeune couple, entendait respirer les jeunes mariés.

Son chagrin d'alors est bien loin. Il en avait fait une chanson qu'on chante encore en Gaume. Il la chanta au mariage de sa petite nièce, qui lui rappelait à la fois son ancienne bonne amie et surtout sa chère Djeanne.

Vers le soir, il se sentit brusquement fatigué. Son visage était devenu gris comme de la poussière. La jeune mariée vint près de lui, inquiète:

– Vous n'êtes pas malade, Djean? Vous n'êtes pas en danger? Vous n'allez pas mourir?

De voir cette gentille petite jeunesse s'occuper de lui comme l'aurait fait sa fille s'il en avait eu une, le Djean sourit, ragaillardi, et un peu de rose lui revint aux joues.

– Ne crains rien, petite. Tu es heureuse, et moi je vais partir, lui dit-il doucement. Non je ne mourrai pas, Djean d'Mady ne mourra pas.

Il avait raison. Djean d'Mady n'est pas mort. Il reste présent un peu partout dans son petit pays gaumais. C'est lui, ce petit sourire mi-amusé, mi-tendre, qui fait plisser les paupières. C'est lui, cette moquerie sans âpreté, cette malice exempte de calcul et de hargne qui donne des ailes à la conversation villageoise. C'est lui, le génie, resté vivace, de la «flôve» et de la fantaisie.

Dans les villages étirés parmi les peupliers, entre les coteaux arrondis si bien faits pour recevoir la douce lumière cuivrée du soir, partout où le parler lorrain est resté beau et chantant, Djean d'Mady vit toujours.

Le porteur de bornes de la route d'Avioth

À chaque région son caractère. Parfois, en joyeuse Gaume, les histoires de revenants, qui font frissonner maint terroir, de l'Écosse à la Chine, trouvent un épilogue malicieux.

Ainsi, dans plusieurs villages de la Vire, du Ton ou de la Chiers, ainsi qu'ailleurs, en Ardenne ou au pays d'Arlon, on narre les errances nocturnes de porteurs de bornes. Ce sont des hommes accablés, dans l'autre monde, par le remords d'avoir, de leur vivant, agrandi leur champ en déplaçant une pierre qui en marquait la limite.

Les biens familiaux étant sacrés, et la terre volontiers magique, ce crime était considéré avec une sévérité sans rapport avec la valeur de la surface détournée.

Du côté de Limes, entre Orval et Avioth, des passants tardifs étaient souvent effrayés par des cris lamentables poussés dans l'obscurité:

– Où vais-je la mettre? Où vais-je la mettre?

Le soir tombé, bien peu de gens osaient s'aventurer dans les parages. Même, avant l'aube, les femmes allant au marché de Montmédy, faisaient de longs détours pour éviter les lieux ainsi hantés. Il fallait que cela cesse.

Les hommes tinrent conseil, à la veillée, chez le Jérôme.

– On devrait bien y aller à trois, dit le Jérôme, qui était grand et fort, mais pas trop courageux.

Personne ne rit de lui, car ils étaient tous plus vaillants pour parler que pour affronter un fantôme armé d'une grosse pierre.

– J'irai, moi, et tout seul dit Pierre la Bouverie, le plus fluet de la bande, mais pas le moins malin. Si nous sommes toute une troupe, le mort s'en ira, pour revenir le lendemain. Ce qu'il faut, c'est lui répondre.

– T'as raison! dirent les autres, soulagés d'échapper à la corvée.

Le lendemain, avant minuit, voilà notre Pierre la Bouverie sur la parcelle hantée.

– Ousque j'vas la mettre? Ousque j'vas la mettre? crie lugubrement le fantôme, brandissant la borne.

– Bin remts-la où tu l'as prise, lui répond, sans s'émouvoir, le petit Pierre la Bouverie.

Vous le croirez ou non: à partir de cette nuit-là personne n'entendit plus le fantôme de la route d'Avioth. Allez-y à minuit, avec ou sans lune, vous pourrez le constater: il n'y a plus personne.

Avioth n'étant pas loin, et situé en «Gaume historique» – en France seulement depuis la prise de Montmédy par Louis XIV –, il faut ici rappeler une émouvante croyance liée à la basilique qui fait la renommée de ce village.

Durant des siècles, des mères d'enfants morts – peu après leur naissance ou lors de celle-ci – sans avoir été baptisés sont venues y présenter à Notre-Dame le corps du pauvre bébé. On était certain qu'elle les ressuscitait pour le temps d'un baptême, les envoyant ainsi au «ciel», chez les anges, et non aux «limbes» où vont les enfants non baptisés.

Le cheval Triquet à Meix-devant-Virton

Au-delà de Gérouville, près de Meix-devant-Virton, les villageois avaient affaire à bien autre chose qu'un porteur de borne.

Dévalant vers la rivière, du côté du lieu-dit « Grand Pont », il y avait, entre deux haies toutes « cagneuses », bossues, tordues, un mauvais chemin boueux: plus un marais qu'une « voyette » (un sentier). C'était la « ruelle perdue », de sinistre réputation.

Tous les soirs, vers onze heures, y passait un étrange équipage qui changeait d'une fois à l'autre: un cheval sans tête portant un cavalier qui en avait une, ou la monture complète, avec, en selle, un reître décapité. Allez savoir pourquoi, cette apparition était appelée « le cheval Triquet ». Elle causait des frayeurs terribles aux pauvres marauds égarés qu'elle rencontrait.

Un soir, le grand Lepage de Meix, un homme brave, les pieds sur terre, non suspect d'avoir des visions, très peu porté sur la goutte, revenait, par la « ruelle perdue », d'une de ses pâtures où il avait été « toner » l'eau du ruisseau (la faire couler sur l'herbe, après l'avoir détournée par un barrage).

Il marchait à grands pas, sa bêche sur l'épaule, lorsqu'il se trouva nez à nez avec le cheval Triquet. Cette nuit-là, la vieille rosse était sans tête, et le cavalier, un hercule, avait bien la sienne, énorme, moustachue, avec des yeux étincelants, de vraies braises.

Pour montrer qu'il n'avait pas peur, rassemblant tout son courage, le grand Lepage lui crie d'une voix qui ne tremble pas trop:

– Bonsoir!

On ne risque rien à être poli, se disait-il.

Il risquait une réponse, ce qui vaut mieux qu'un mauvais coup:

– Les jours pour toi, la nuit pour moi, proféra la voix caverneuse du cavalier.

Tout vaillant qu'il était, le grand Lepage s'enfuit à toutes pattes, laissant tomber sa bêche. De terreur, il eut les entrailles à feu et à sang pendant trois jours, et une jaunisse dont il mit deux mois à se remettre. Plus jamais il ne se hasarda après le coucher du soleil, du côté de la «ruelle perdue».

Le «duc de Lahage» à la fontaine Mimi

On ne le croirait pas lorsqu'on y passe aujourd'hui. Meix-devant-Virton n'était pas, jadis, si rassurant que cela. Outre, la «ruelle perdue» du «cheval Triquet», il fallait se méfier d'un autre coin, humide aussi – l'eau est volontiers maléfique – la «fontaine Mimi».

Le nom est bien joli. Ce qui s'y passait l'était moins, disait-on: des sabbats de sorciers et de sorcières. Vieux berger, habitué à la solitude, pas vite impressionné, le père Jérôme était sceptique. Comme saint Thomas, il voulait voir avant de croire. Un soir, il était près de son âtre, à fabriquer des balais en rameaux de bouleau. Sa porte s'ouvre, et qui voilà? Le «duc de Lahage».

On appelait ainsi un grand bonhomme, très malin, vivant dans une masure à l'écart du hameau de Lahage, pas loin de la célèbre roche-source blanche, le «cron» de Lahage. On ne savait pas trop de quoi vivait ce personnage, berger à ses heures, rebouteux, averti de toutes les nouvelles avant les autres, entremetteur à la foire aux bestiaux, crieur aux ventes publiques. À l'occasion, il arrangeait des mariages, car il était au courant des secrets de bien des familles.

Comme tous ceux qui en connaissent trop, ce bougre à fière allure, qui riait toujours, était soupçonné de pratiquer la sorcellerie. Était-il un malin au service du Malin?

Le duc de Lahage était un vieux copain du père Jérôme. Ils faisaient parfois de joyeuses sorties ensemble. Mais le berger de Meix ne voulait rien savoir de «dijaïes» (racontars) sur le duc et la magie. Il s'est tout de même un peu méfié quand son compère lui a dit:

– Tu viens avec moi t'amuser à la fontaine Mimi?

– Tu ne vas tout de même pas me conduire à un sabbat de sorciers?

– Comment peux-tu croire de pareilles fariboles? On va là pour danser, c'est tout. Et il y a des belles filles. Il y en a qui viennent de France.

– Comment peut-on faire un bal là-bas, dans une prairie? Et si tard la nuit!

– Tu verras. Si tu viens, je te montrerai le secret pour que les chèvres fassent au moins trois biquins (chevreaux) à chaque coup. Et tu sais qu'avec moi, tu ne risques rien.

Les deux drôles bavardent, Jérôme hésite toujours, le temps passe. Finalement, la curiosité l'emporte.

– On y va comment? demande Jérôme.

– Pas avec ton chariot bien sûr, répond le duc. Tu as tout ce qu'il faut ici. Et il lui montre deux balais.

Ils sont enfourchés séance tenante. Les compères, fendant l'air froid de minuit – cette fois il n'y avait plus de doute –, foncent vers la fameuse fontaine Mimi. S'ils avaient su ce qui les attendait, ils n'y seraient pas allés.

Prudent, le père Jérôme s'est d'ailleurs bien gardé de bouger de l'endroit où il avait atterri, à cent pas d'un drôle de spectacle.

Près de la fontaine, sorciers et sorcières dansaient et «houppaient» (sautaient) au milieu d'un vacarme infernal. Ils faisaient des bonds au-dessus d'un feu aux flammes énormes qui jetait des lueurs rouges sur les arbres d'alentour. À chaque fois, ils poussaient des cris sauvages.

– Tu pouvais bien me dire qu'avec toi je ne risque rien, murmure le père Jérôme. Tu m'as amené ici pour m'emmakraler (ensorceler: makrale signifie sorcière). Vas-y tout seul si tu veux. Moi je reste ici.

– Ne bouge pas, répond le duc. J'y vais. Il y a longtemps qu'ils m'attendent.

Et il s'avance, fier et sûr de lui comme toujours, certain d'être bien accueilli. Ah! Il le fut! Une douzaine de sorciers et de sorcières se précipitent sur lui, le jettent par terre, le bourrent de coups de pieds, l'assomment à coups de balais, déchirent ses vêtements. Ils se le lancent de l'un à l'autre, couvrant ses cris par leurs hurlements stridents.

– C'est ça! Ils vont le jeter dans le feu! Et alors, vouye mon duc (mon duc sera parti, disparu).

La correction n'est tout de même pas allé jusque là. Solidement rossé, roussi, dérouillé, rétamé, en guenilles, l'œil au beurre noir, balafré, boitillant, le fier duc de Lahage se traîne jusque près de son copain à moitié mort de peur et lui dit:

– C'est de ta faute, sacré maraud! Tu m'as fait perdre du temps à discuter chez toi. Quand on arrive en retard à la fontaine Mimi, on est puni.

– Et le tour pour avoir trois biquins d'une fois, ils te l'ont appris ce soir? lui demande le père Jérôme, comme ils s'éloignaient du sabbat aussi vite qu'il était possible au pauvre duc. Les invalides revenant de guerre avaient meilleure allure que lui.

Ni l'un ni l'autre des deux compères ne s'est vanté de ce qui s'était passé à la fontaine Mimi où on s'amuse si bien. On l'a tout de même su, car les sorciers, quand ils reviennent au village, font parfois marcher leur langue. Comme les autres.

Le Djanlôt l'Ardennais

D'un village à l'autre les plaisanteries et sobriquets abondent. Le thème en est classique: c'est toujours celui d'à côté qui a des défauts. Ainsi les habitants de Chantemelle et de Somethonne sont brocardés comme Sarrazins, car supposés peu sociables, d'humeur et de teint sombre.

Pour une raison analogue, à Gomery, on est réputé «buchon» (buisson épineux). Ceux des Bulles et de Meix-le-Tige, sont dits braillards. À Chassepierre, on est des soquets (des bûches) à cause d'une prétendue bêtise congénitale. Est-ce pour la rime qu'à Marbehan on est réputé «fromage puant»?

À Bleid les femmes sont dites «soyettes» (petites scies) car elles ont le renom d'agacer le monde en posant sans cesse des questions. Par un jeu de mots, les villageois de Ruette sont dits «rwétis» (curieux) et ceux de Villers-la-Loue, bien sûr des loups, quand ils ne sont pas traités de camoussés (moisis). Jeu de mots aussi pour Moyen, où l'on est «mohiné» (moyenné, pourvu de moyens, riche).

Les moins bien lotis sont les gens de Sainte-Marie-sur-Semois, dits «savarrats» (verrats, cochons) mais l'épithète s'est émoussée par excès d'usage dans la conversation rustique[1].

Bien sûr, d'une région à l'autre, on se plaisante avec encore plus d'entrain et de conviction. Et les Gaumais accusent volon-

---

1 Pour tout ce «blason populaire», qui comporte aussi nombre de métiers traditionnels de tel ou tel village, la source est la plaisante liste qui figure dans les dernières pages de *La Gaume, quelques aspects de la terre et des hommes,* par Edmond P. Fouss, dans la collection «Wallonie, art et histoire», Duculot, Gembloux, 1979.

tiers les Ardennais, avec qui ils n'aiment pas être confondus, d'être avares, compliqués et peu sûrs en affaires.

Mais l'humour local est toujours particulièrement disert sur la bêtise attribuée, avec générosité, au prochain. C'est ainsi qu'Albert Yande (de Harinsart où l'on est aimablement dit «cû d'tchaka» cul de chabot, un poisson dit aussi meunier) se souvient, dans sa «Louvète à racontes» des dijaïes[1] sur la bêtise «surréaliste» attribuée à un Ardennais, portrait fantaisiste de ses concitoyens. Enfant, l'auteur aurait entendu ces «racontes» dans la bouche d'un de ces légendaires colporteurs de Mussy-la-Ville, surnommés «cabus» à cause de la culture, encore vivace dans leur village, du chou-cabus et de son commerce ambulant, traditionnellement très actif.

Selon le colporteur de Mussy, le fils unique d'une brave femme d'un village ardennais du côté de Montplainchamps au pays de Neufchateau, était si «lôgne» (demeuré) et si «heuré» (ahuri) qu'on l'avait appelé «l'Djanlôt» (ce qui suggère l'idée «Jean l'idiot»).

Il n'y avait pas plus gentil et commode. Il faisait tout ce qu'on lui disait. Mais, comme il comprenait tout de travers, cette obéissance d'«éwaré» (égaré) n'amenait que des catastrophes. Si on lui expliquait son erreur, avec la meilleure volonté du monde, il comprenait tout à la lettre, et c'était encore pire.

Un jour de foire au «Tchesté» (c'est ainsi que les villageois des environs appellent Neufchateau, comme Saint-Hubert est dit le «Bork» (le bourg), sa mère dit au Djanlôt:

– Vous me rapporterez de la foire un pouch'lan (porcelet) à la maison.

Suant et tout «hodé» (fourbu), par trois heures de marche, notre Djanlôt ramène dans ses bras un grand jeune porc qui gigotait en poussant des cris aigus.

– Waye, grand nigaud, qu'elle dit sa mère, pourquoi est-ce que tu ne l'as pas laissé trotter tout seul? Ou tu aurais bien pu le mettre sur la charrette de l'un ou l'autre qui revenait de la foire.

---

1 Pour tous les récits légendaires de «La louvète à racontes», Albert Yande a, outre ses souvenirs, des sources sérieuses. Pour le Djanlôt, il existe un bon résumé du conte dans le *Bulletin de l'Institut archéologique du Luxembourg*, 1926, n° 1. Yande est plus détaillé, drôle et pittoresque.

Il a bien retenu la leçon, le Djanlôt. La semaine suivante, il devait rapporter de la foire des «nounettes» (des épingles). Voilà-t-y pas que pour ne pas les porter, il les met sur une charrette? Et une charrette de foin encore! Bien sûr, personne n'a pu les retrouver, et sa mère a encore «bacaïé» (crié).

– Vous ne vouliez tout de même pas que je les fasse courir toutes seules sur la route, qu'il a répondu le Djanlôt.

Une troisième fois, la mère, n'ayant pas la comprenure très rapide, l'envoie au Tchesté acheter un grand pot à deux anses en grès gris de La Roche.

Et le voilà, comme une femme africaine, revenant avec le «baril» sur sa tête. Encore une chance qu'il ne l'avait pas laissé tomber. Mais, tout compte fait, pas dégourdi dans la cervelle, il était encore assez adroit de ses mains. On ne peut pas avoir tous les malheurs!

– Waye, sacré maraud, qu'elle dit sa mère, si tu avais passé une corde ou un bâton dans les oreilles du pot, tu aurais eu bien plus facile.

Il n'avait pas oublié le conseil, à la foire suivante. Il fallait ramener une servante que sa mère avait embauchée quelques jours plus tôt. Le Djanlôt l'a tiré en la tenant en laisse, une corde nouée autour des oreilles. Comme il n'avait pas l'air méchant, la pauvre innocente, à qui ses parents avaient dit de bien obéir à ses nouveaux maîtres, s'était laissé faire sans protester. Sitôt arrivé à la maison, il lui met un balai dans les mains et va dire à sa mère:

– Viens voir comme j'ai bien ramené cette bochèle (fille). C'est beaucoup plus facile avec une corde. J'ai essayé avec un bâton mais ça n'allait pas!

– Ce coup-ci t'es vraiment «aradji» (enragé), qu'elle dit la mère du Djanlôt.

Dégoûtée de l'envoyer encore à la foire, la fois suivante, elle y est allée elle-même.

– Il vaut mieux que tu fasses l'ouvrage à la maison, qu'elle lui a dit. Les gens pourraient commencer à rire de nous!

– Vous croyez? qu'il répond le Djanlôt. Mais j'ai toujours bien fait ce que vous m'avez dit. Il n'y a rien à rire à ça!

– C'est ça, qu'elle répond, la mère du Djanlôt. Dites tout de suite que c'est moi qui suis «berzinque» (un des nombreux mots qui signifient bizarre, fou). Vous allez bien plutôt rester ici et battre le beurre. Voilà la baratte. Et faites bien attention de la battre «bien haut» (complètement, jusqu'en haut), pour que la crème ne tourne pas: le beurre irait à «grumiotes» (se formerait en grumeaux, en petites boules).

– Comptez sur moi, dit le Djanlôt tout faraud (fier, sûr de lui). Je ne suis pas si bête, hein moi!

Pour battre le beurre «bien haut», il monte avec la baratte aussi haut qu'il peut, sur le toit, et il commence à baratter de tout son cœur. Le soleil tape fort là-haut, et notre Djanlôt a soif. Avec sa baratte sous le bras, il va boire au puits. Comme il se penche, la crème coule dedans.

– Ah! qu'il dit le Djanlôt, il ne faut pas qu'elle soit perdue. J'ai de l'idée, moi! Je vais la donner au pouch'lan!

Il va chercher le porcelet et le jette dans le puits pour qu'il se régale. La pauvre bête pousse des cris, se débat et finit par se noyer. Quand la mère revient, elle la voit, les pattes en l'air, dans l'eau pleine de saletés et de crème.

– Sacré cornichon! qu'elle dit au Djanlôt. T'en fais encore de plus belles ici qu'à la foire. Je me demande s'il ne faudrait pas t'enfermer un de ces jours.

Après, elle n'y a plus pensé. À la foire suivante, elle va au Tchesté pour remplacer le porcelet noyé par un plus gros, un cochon adulte.

Ce coup-ci, qu'elle dit au Djanlôt, il faut faire quelque chose de facile. Ramasse tout ce qui est «noir» (sale) et met-le dans le grand chaudron de la «buaye» (la lessive).

Rien de plus simple. Un enfant de trois ans est capable de faire ça. Plein de zèle, notre Djanlôt s'y met, prend le linge, les vêtements souillés et aussi les torchons, les loques, les «firloques» (chiffons, pires que les loques). Il met aussi dans la buaye un vieux chapeau et le tisonnier, parce qu'ils étaient noirs, et passant par l'étable, il voit la seule vache noire du troupeau. Il la tue, lui enlève la peau, qu'il entasse avec le reste, toute sanguinolente. Cela fait un beau massacre dans le grand chaudron plein de savonnée bouillante. Avec, à côté, le cadavre de la vache écorchée.

Cette fois, à son retour, la fermière se fâche vraiment devant le spectacle:

– Sacré dabo! (idiot). Tu n'en feras jamais que de pareilles!

Et, lui mettant sur les bras la peau de la vache, elle le «fout à l'uche» (met à la porte):

– Sacré «broyeu di manadch» (démolisseur de ménage, casse-tout), ne reviens pas ici avant d'avoir vendu la peau de la vache, sinon gare à toi!

Pas ému du tout, voilà le Djanlôt «vouye» (part), tout flambard, avec sa belle peau de vache noire. Pour en tirer bon profit, il avait sa petite idée dans sa cervelle tordue.

Il entre dans un cabaret, s'installe dans un coin, d'un air mystérieux, et fait semblant de dire des secrets, à voix basse à la peau de vache.

– Qu'est-ce que tu caches de si rare dans la peau de vache? Et qu'est-ce que tu lui «tchoufèle» (siffle) entre tes dents? demande un des hommes qui buvaient leur chope au comptoir.

– Bin voilà, qu'il dit le Djanlôt avec une «margoulette» (gueule, figure) de conspirateur: gn'é la-d'dés (il y a là-dedans) un grand magicien qui fait tout ce que je lui demande.

– Et où est-ce que tu l'as trouvé ton magicien? demande un autre.

– Il est sorti du puits à minuit. Alors le jour il se cache de la lumière. C'est pour ça que je lui ai mis la peau de notre vache noire.

Cette belle logique impressionne les hommes au comptoir.

– Combien tu veux pour nous le vendre, ton magicien?

– Oh si vous me donniez cette charrette de foin, là devant la porte, vous ne l'auriez pas encore. Ni pour le tonneau de bière avec! Je le garde mon magicien. Il me rapporte bien plus que tout ça!

À ce moment, le Djanlôt remarque un homme vêtu de noir tout «racrapotchi» (recroquevillé) dans un grand tonneau ouvert par le dessus, le saloir. C'était le curé, embusqué là-dedans, car, en ce temps-là les religieux et les ma-sœurs, persécutés, devaient se cacher. Du coup notre gaillard se ravise:

– Bin, c'est bin pour vous faire plaisir. Si vous me donnez la charrette de foin, le tonneau de bière et encore le saloir, vous l'aurez mon magicien. Mais il faut le laisser bien tranquille, caché dans la peau jusqu' «à la nieu» (à la nuit). Sinon il se fâche. Il ne supporte pas la lumière. Et quand il se fâche, il fait du dégât! La nuit, y a pas plus gentil!

– D'accord, ça va, tope-là. Marché conclu.

Et le Djanlôt met sur la charrette de foin le tonneau de bière et le saloir avec le curé. Il se met en route avec son chargement, s'arrête dans le bois et dit au prêtre:

– Si vous ne me donnez pas toutes vos pièces d'argent, je vous dénonce et je vais raconter partout où je vous ai trouvé embusqué.

Le curé lui remet ses sous, et le Djanlôt va même au presbytère prendre trois jambons et l'argent du ménage que le curé avait laissé à sa servante, une vieille sainte femme timide, terrorisée par ce grand Djanlôt tout «éwaré» (l'air égaré).

Là-dessus, le bougre revient chez lui avec la charrette, la barrique de bière, les jambons et les sous. Il montre aux voisins tout ce qu'il avait reçu en payement de la peau de la vache. Du coup, pour faire d'aussi bonnes affaires, ils massacrent leurs bêtes pour en vendre la peau.

Au Tchesté, tout le monde s'est moqué d'eux.

– Vous êtes aussi logne que votre Djanlôt qu'on leur dit. Ou plutôt non: c'est vous les dabos. Vous êtes bien plus biesses (bêtes) que lui puisqu'il vous a bernés.

Ils rencontrent un homme furieux. C'était le cafetier, enragé d'avoir donné une charrette de foin, un saloir et un tonneau de bière pour une peau de vache sans magicien dedans. Les compères boivent quelques pintes ensemble pour y voir plus clair et, «à la nieu», pénètrent chez le Djanlôt pour lui foutre une «rouffe» (une correction) dont il se souviendrait longtemps.

Sur la pointe des pieds, dans le noir, ils vont jusqu'à sa chambre avec des gros bâtons, et ils tapent à qui mieux mieux. Mais voilà justement que, cette nuit-là le Djanlôt avait changé de lit avec sa mère. Les gens ont tapé tellement fort qu'ils ont tué la pauvre femme.

Plus éwaré que jamais, le Djanlôt, sûr d'être né sous une bonne étoile, coupe la tête de sa mère et la vend bien cher à un forain qui la met dans un bocal et la montre aux badauds comme celle d'une célèbre empoisonneuse décapitée. Du coup, tous les gens du village massacrent leurs parents pour gagner autant que le Djanlôt.

Ils sont tous pris, jugés au tribunal du Tchesté. Comme il était le responsable de la tuerie – alors qu'il n'avait tué personne – le Djanlôt est condamné à être noyé. Les gens du Tchesté le mettent dans un sac pour le porter à la rivière.

– Je m'en tirerai bien, se disait le Djanlôt. Le magicien de la peau de vache, il existe. C'est mi. «C'est mi qu'est mi» (c'est moi qui suis moi: parole supposée des gens qui se prennent pour plus que les autres).

Il fait chaud. Grand bougre, le Djanlôt pèse lourd malgré sa petite cervelle. Comme il y a une chapelle au bord de la route, les porteurs s'arrêtent et posent le sac:

– On va dire une prière pour ce pauvre Djanlôt qui, tout à l'heure, sera trépassé. Il faut bien recommander son âme, s'il en a une, ce «lad varrat» (ce laid cochon).

Pendant que les pieuses gens du Tchesté sont en oraison pour lui dans la chapelle, le Djanlôt passe un œil dans un trou du sac. Il voit un berger avec un troupeau de moutons.

– Sors-moi d'ici, berger, lui dit le chenapan et mets un mouton à ma place. Tu auras une bonne dringuèle (*trinkgeld*: pourboire). Et il fait sonner les pièces d'argent du curé.

Convaincu, le herdier défait le nœud, prend une belle pièce que lui tend le Djanlôt libéré. À deux, ils enferment à sa place un gros mouton. Pour remercier le Bon Dieu de cette aubaine, le berger est pris d'un accès de piété:

– Surveille mon troupeau, dit-il au Djanlôt, je vais faire une prière avec ces braves gens-là, qui sont dans la chapelle.

– Pour des braves gens, c'est des braves gens, qu'il dit le Djanlôt riant sous cape.

Au fond, le Bon Dieu est pour les innocents, donc pour le Djanlôt. Est-ce pourtant Dieu ou le diable qui a soufflé au maraud l'idée de partir avec le troupeau? Oh! Il ne s'est pas encouru (sauvé). Il a simplement été faire un tour. Même qu'il a rencontré les gens du Tchesté, qui revenaient d'avoir été noyer le gros mouton à sa place, sûrs de l'avoir vu se débattre dans le sac au fond de la rivière, la Vierre.

– Comment! Te voilà ici! C'est-y Dieu possible! C'est un miracle! Qu'est-ce qui t'est arrivé?

– Chouté bin là, vous-autes (écoutez bien là vous autres). C'est les fées de la Vierre qui m'ont sauvé. Quand vous m'avez jeté à l'eau, chaque bulle que je faisais en respirant, elles l'ont transformée en mouton. Une fois qu'il y avait tout un troupeau, je me suis accroché à une toison par-ci, une toison par-là, je suis grimpé dessus, et je suis sorti de l'eau avec tout le troupeau que voilà. Et les fées m'ont dit qu'elles auraient toujours l'œil sur moi pour me protéger contre les méchants comme vous. Gare à qui voudra encore me faire du mal! Elles savent se fâcher les fées de la Vierre!

– Nous, on t'en voulait pas, crient les porteurs. C'est les juges! Il faut le dire aux fées.

Puis, ils ont réfléchi, trouvant que le troupeau était beau. Le moyen d'en avoir un pareil était de se jeter à l'eau pour faire des bulles comme le grand fripon. C'est ce qu'ils ont fait, et le Djanlôt a été bien tranquille: ils se sont tous noyés.

Mais, comme on ne sait jamais, il a trouvé prudent de quitter le village. Il a été se faire berger ou porcher dans une grosse «cinse» (ferme) loin de là, au pays des «capères» (c'est ainsi qu'on surnomme les gens de la région de Dinant).

On dit même que, assagi ou bien conseillé par les fées, il finit bedeau dans ce pays-là, chez les moines «qu'avant toudjous les doûyes au laurdje èt la bounète d'sus la hénète» (qui ont toujours les orteils à l'air et le bonnet, le capuchon sur la nuque). C'est du moins ce qu'a raconté, jadis, au petit Albert Yande, un colporteur de Mussy qui vendait des «arminaks» (almanachs). S'il vendait ces livres-là, c'est qu'il savait. L'histoire doit donc être vraie.

Le lièvre du Tchofile

La Gaume, où l'on cause bien et joyeux, ne colporte pas seulement, comme tous les terroirs, des histoires de fées, sorcières et revenants.

Les anecdotes drôles de la malice populaire y semblent plus vivaces que dans les régions voisines. Toutes ne se sont pas cristallisées autour du personnage symbolique, du farceur «national», le Djean d'Mady. Dans le sac de sa succulente «Louvète à racontes», Albert Yande en puise plusieurs qui reflètent à merveille l'humour et le ton des «flôves» (blagues) et «dijaïes» (racontars) d'entre Vire et Semois. Pour ne pas trahir le climat, il est nécessaire de se tenir près du texte, en dialecte gaumais, d'Albert Yande.

Celle-ci vient de Tintigny. Le Tchofile (Théophile) du Bernaud (fils du Bernard), s'était marié avec la Mélanie du Henri du Djâcque (fille de Henri, lui-même fils de Jacques). Il savait bien, le varrat (cochon: employé si familièrement que l'aspect injurieux s'est éventé, comme lorsqu'on traite un enfant de coquin), qu'il ne devrait pas se mettre en peine pour gagner sa croûte. La Mélanie, qui était seule, sans charge de famille, tenait une boutique d'épicerie et de vaisselle dans le bas de Tintigny, après la maison du Marotin. Situation en or, il n'y avait qu'à attendre les gens de par là qui venaient aux commissions, surtout les jours de foire et de marché. Les affaires marchaient d'un train d'enfer, malgré le caractère de la Mélanie, qui avait ses humeurs et n'était pas toujours bien lunée.

Le Tchofile, qui ne perdait pas le nord et avait encore bien des idées de grandeur, avait dit un jour à sa femme:

– Comme j'en ai les moyens, il me semble bien, Mélanie,

que je pourrais faire le Monsieur et aller à la chasse, comme les grandiveux (vaniteux, qui se croient plus qu'ils ne sont) de la grand-route, qui ont pourtant le gousset bien plat.

La Mélanie avait ses petites fiertés. Elle s'est laissé faire, et notre Tchofile, fier comme Artaban, eut un beau fusil, un chien qu'il appela Cartouche, et, bien entendu, tout l'accoutrement qu'on trouva nécessaire pour chasser par tous les temps et par tous les champs.

C'était bien joli, il avait grande allure le Tchofile, mais, soit il tirait mal, soit il n'avait pas de chance. Saison après saison, il battait la campagne sans jamais rien ramener. Avec son chien Cartouche, il revenait parfois tout crotté et déchiré, toujours bredouille.

La Mélanie ne décolérait pas: il y avait encore, «des fois», des mal embouchés qui racontaient, même dans sa boutique, des sornettes sur le Tchofile, et les lièvres des environs qui rient entre eux des exploits d'un grand chasseur qui ne les «achore» (effraye) plus, parce qu'il les rate toujours.

– Tchofile, qu'elle dit la Mélanie, ça doit finir! Avec vous, c'est toujours la même comédie. Quand j'ai «renettoyé» vos affaires, vous partez, flambard comme à la revue du régiment, et vous revenez «à fripe» (en loques), tout niche (sale). Le pire c'est que vous ne ramenez jamais une chique. J'en ai assez, savez-vous Tchofile!

– C'est bon, Mélanie, qu'il dit le Tchofîle. Laissez-moi encore y aller. Je vous promets que vous aurez au moins un gros lièvre pour la Saint-Martin, et même peut-être avant.

Un des premiers jours d'octobre, tôt le matin, voilà notre Tchofile, tout harnaché, qui ramasse quelques pièces de monnaie dans le comptoir et part comme un brave, en sifflotant, vers Ansart et jusqu'au-dessus de Breuvanne, avec le chien Cartouche qui gambade, tout joyeux, autour de lui.

Ah! Il n'est pas passé inaperçu notre Tchofile! Il tirait «tous côtés», sur tout ce qui bougeait, à terre ou en l'air. Excité, le vaillant Cartouche avait beau renifler dans tous les coins, jamais il ne rapportait rien.

– Cela me semble drôle, qu'il se dit le Tchofile. Tous les lièvres que j'ai déjà effrayés ou blessés doivent s'être donne rendez-vous au bois de la Prince. Maintenant, fini de rire! J'y vais! On va voir ce qu'on va voir!

Le bois de la Prince est situé de l'autre côté du chemin d'Orsainfaing. Il couvre une bonne partie de la pente qui dévale jusqu'à la Rulles, à la limite du ban d'Harinsart. Toujours optimiste, Tchofile traque dans le bois, dans les pâtures alentour. Tirant dans les arbres, dans les buissons, dans les talus, il sème la terreur. Les oiseaux volent d'une branche à l'autre, des bêtes s'enfuient dans les «voïètes» (sentiers) en faisant tourbillonner les feuilles mortes. Cela sent tellement la poudre que le pauvre Cartouche en a les larmes aux yeux et n'y voit plus clair. Pour du «derrame» (chahut), il y en a autant qu'on veut. Mais pour les poils, les plumes, le gibier: bernique!

Le pauvre chasseur et son chien, fourbus, trempés de sueur et le ventre aussi plat qu'une crêpe, sont bien contents de trouver, le long du «Prayian», un ruisseau, à quelques pas de la Rulles, une belle petite place à l'ombre, pour casser la croûte vers midi. Pendant que Cartouche «tripèle» (s'ébroue, remue) dans l'eau, Tchofile, à son aise, pique une petite sieste, vautré dans les grandes herbes, les «fénasses».

Il est à peine un peu reposé, voilà bien une belle fille qui débouche de la voïète d'Orsainfaing, et vient s'asseoir, sans façons, près de lui. On a beau être encore «hodé» (fatigué) et avoir un «froyon» (derrière irrité) de tous les diables, on n'en est pas moins un homme! Le Tchofile, appuyé sur son coude, regarde la tourterelle avec des yeux brillants. Il aurait bien voulu trouver un compliment pour être «en conversation», mais il est seulement capable de dire:

– Il fait bon, la belle, pour se promener. Où allez-vous comme ça avec votre panier? D'abord, qu'est-ce qu'il y a dedans?

– Bin, vous êtes bien honnête, Monsieur, qu'elle répond. C'est un lièvre que je vais vendre à Tintigny. Avec le prix qu'on me payera, je rapporterai des commissions.

– Un lièvre, qu'il dit le Tchofile. C'est le bon Dieu qui vous envoie ma belle. Je vous l'achète, et je vous le paye encore une grosse pièce de plus que les gens de Tintigny ne vous en donneraient.

Marché conclu. Mais quand la bochèle (la fille) eut regardé les pièces que le Tchofile lui donnait, elle ne leur a pas trouvé un air habituel:

– Est-ce que ce sont de bonnes pièces au moins? Je n'en ai

jamais vu des comme ça. Je crois qu'elles ne sont pas valables. Je préfère reprendre mon lièvre. Je vous rends votre monnaie.

– Mais elles sont bonnes mes pièces! s'écrie le Tchofile. On peut se fier à moi. Je suis un honnête homme de Tintigny. Les marchands ambulants qui viennent aux foires et les commerçants de Tintigny me prennent ces pièces-là comme du sucre.

Il a l'air si sincère que la fille les garde, lui laisse le lièvre, et la voilà «vouye» (partie) avec sa jupe à fleurs qui danse autour d'elle.

Il faut dire que, l'après-midi, le Tchofile, avec son gros lièvre dans son sac, et le froyon qui ne passait pas, n'a pas chassé beaucoup. Le gibier du bois de la Prince et des bords de la Rulles était bien plus tranquille que le matin.

Pendant ce temps-là, la jolie bochèle écumait toutes les boutiques de Tintigny pour faire ses commissions. Partout on lui refusait les pièces du Tchofile. Elle avait donc eu raison de se méfier. Pas tombée de la dernière pluie, elle avait reconnu dans le fameux chasseur le mari de Mélanie, l'épicière. Franc battant, elle y va, achète du sucre, de la farine, du café, du savon noir, des allumettes.

Mine de rien, pour payer, elle sort les pièces du Tchofile. La Mélanie n'est pas d'accord:

– Je ne veux pas de vos pièces ma fille. Elles sont «démarquayes» (elles n'ont plus cours). Et, d'abord, où est-ce que vous les avez eues?

– Bin ma foi, qu'elle répond la bochèle avec un petit sourire finaud, c'est votre homme qui me les a «bayis» (baillées, données).

La Mélanie n'est pas contente du tout. Les poings sur les hanches, elle dit à cette jeunesse un peu trop hardie:

– Ah! C'est comme ça! Mon mari vous baille des sous! Eh bien vous allez me dire et quand, et comment et surtout pourquoi!

Pas effrayée, la futée bochèle répond:

– Oh! C'était il n'y a pas longtemps, au bord du «Prayian». Il m'a demandé ce que j'avais dans le panier que voilà.

– Ah! Le sacré bouc! marmonne la Mélanie entre ses dents. Vous êtes sûre que c'était votre panier qu'il regardait?

– Oui, et même qu'il y avait un lièvre dedans!

– Un lièvre? Qu'est-ce que vous faisiez au bord du ruisseau avec un lièvre?

– Je l'apportais pour le vendre à Tintigny. Il a été tout content de le voir, et il me l'a acheté. Même qu'il m'a dit qu'il me payerait une belle pièce de plus qu'on ne m'en donnerait à Tintigny. Une belle pièce! Il pouvait bien dire! Les voilà ses pièces! Qu'est-ce que vous voulez que j'en fasse! C'est pas honnête!

– Ne vous fâchez pas ma fille! Je vous les prends vos pièces. Vous êtes sûre que vous dites la vérité?

– Noum don! (et comment donc!) Si je suis sûre. Vous pouvez lui demander, s'il n'est pas un menteur! Faire ce coup-là à une pauvre innocente!

– Ah! C'est comme ça! se dit la Mélanie quand la bochèle fut partie. Voilà qu'il fait le joli cœur avec une bochèle au bord du ruisseau, qu'il lui achète un lièvre pour avoir l'air d'un grand chasseur. Et qu'il le paye trop cher, même avec des mauvaises pièces. Il aura de mes nouvelles quand il rentrera! Qu'est-ce qu'il va bien me raconter?

Voilà, justement, le Tchofile qui rentre, tout flambard, fusil vainqueur à l'épaule, la gibecière gonflée.

– R'watez (regardez) Mélanie, le beau gros lièvre que je vous ramène. Vous ne direz plus que je ne ramène jamais rien. J'ai tiré ce castard à plus de cent mètres.

– Et où avez-vous fait ça? demande la Mélanie intéressée.

– Au-dessus du bois de la Prince. Je m'étais toujours dit qu'ils devaient se cacher là, tous ceux que j'ai blessés. Il sortait d'un buisson et paf! au premier coup!

– Vous êtes sûr que c'est vous qui l'a tiré?

– Que le diable m'emporte si ce n'est pas vrai. Le coquin ne m'avait pas vu venir. Pas senti non plus: j'étais contre le vent. Parole d'honneur c'était mon plus beau coup!

– Vous ne croyez pas plutôt que c'était au bord du ruisseau, le Prayian?

Voilà notre Tchofile moins fanfaron. «La Mélanie a l'air de savoir quelque chose», qu'il se dit.

– Tchofile, qu'elle dit, ce n'est pas bien de me raconter des «flôves» (blagues). Et d'abord comment se fait-il qu'une belle bochèle, bien tournée, avec une jolie figure, des frisettes et pas ses yeux en poche, est venue me rapporter les pièces démarquées de vingt sous qui étaient dans le fond du tiroir? Elle était sans doute à cent mètres de votre fusil? Vous n'êtes pas honteux, à votre âge, de payer des fillettes au bord du ruisseau? Et de gaspiller comme ça l'argent de notre commerce?

– Mais ce n'était pas pour mal me conduire! C'était pour lui acheter le lièvre, s'écrie Tchofile, qui était un farceur mais pas un vieux satyre tout de même. Et il ajoute:

– Et pour ce que valaient nos pièces!

– Ah, maraud de Tchofile, avec vos bêtises, j'ai dû les reprendre contre du beau sucre, du bon café et du savon noir! Voilà ce qu'il nous a coûté votre fameux lièvre. Et votre parole d'honneur, elle ne vaut pas plus que les pièces!

– Écoutez bien, Mélanie. Si on ne peut plus raconter des «mentes» (mensonges), qu'on revient bredouille après s'être fourbu à courir les buissons, qu'en plus on a attrapé le froyon dans la culotte de velours!

La Mélanie, qui n'est pas méchante, n'a pu se retenir. Elle a ri de tout son cœur, à en avoir les larmes aux yeux. Bien aise de s'en tirer à si bon compte, le Tchofile a ri aussi puis il a dit:

– Vous savez Mélanie, je crois que je vais vendre le beau fusil. Quand j'aurai envie d'un lièvre, j'irai m'embusquer près du ruisseau, pour voir s'il n'y a pas une belle bochèle qui en a un dans son panier.

– Waye non eh! sacré maraud! Quand on aura besoin d'un lièvre, j'irai l'acheter moi-même. Vous seriez encore bien capable de faire plus de bêtises sans fusil qu'avec tout votre harnachement. Je me méfie des flôves des hommes qui voient à cent mètres des lièvres plus gros que celui que saint Pierre prétendait avoir vu à Habay.

– Le lièvre de saint Pierre, on en causera un autre jour, qu'il dit le Tchofile. En attendant, je vais dépiauter celui que nous avons. C'est une belle bête. Nous nous en régalerons bien pendant trois jours!

Quant au fusil, si vous en voulez un beau d'occasion, il doit y en avoir un qui se couvre de poussière dans le grenier de l'épicerie, près de la maison de Marotin à Tintigny...

Le lièvre de saint Pierre

Le lièvre de saint Pierre, dont parlaient la Mélanie et le Tchofile, c'est bien sûr une vieille «dijaïe» sur le voyage de Jésus et du chef des apôtres dans nos régions, en Ardenne et ailleurs.

Ce jour-là, les deux saints voyageurs venaient d'Ardenne par Béhème, Anlier et Vlessart. Au sortir de la grande forêt, ils aperçoivent deux clochers.

– Quels sont ces villages? demande Jésus.

– C'est les deux Habay, la Neuve et la Vieille.

– Et ce sont des braves gens par ici? interroge le Seigneur.

– Bin, un peu comme partout! Ils se chamaillent encore bien d'un village à l'autre. Ceux d'Habay-la-Neuve disent que ceux de la Vieille sont des «kakirans». Ceux d'Habay-la-Vieille disent que ce sont ceux de la Neuve qui sont des «kakirans».

– Et qu'est-ce que ça signifie?

– Rien! C'est une façon de se faire enrager.

– Qu'est-ce qu'on dit encore?

– Que c'est tous des vantards, qu'il ne faut pas croire ce qu'ils racontent: «à Haba, gn'è toudjous tout-plé pus d'dit quu d'fat» (à Habay, on en dit toujours beaucoup plus qu'on en fait).

– Oh! dit le Seigneur, regarde le gros lièvre près du bois!

– Il est beau, répond saint Pierre, mais je viens d'en voir un bien plus gros du côté de cette pâture. Il est comme un bœuf.

Souriant sans rien dire dans sa belle barbe blonde-rousse, Jésus ne dit rien mais songe au proverbe qu'il vient d'apprendre: «À Haba, où gn'é pus d'dit quu d'fat.»

Pour aller chez le curé de Villers-sur-Semois pas celui de Habay parce qu' «à Haba, le cafa, il est fa, mais i n'è'm cu bu» (à Habay, le café est fait, mais il n'est pas encore bu: autre proverbe sur Habay), il fallait traverser la Rulles sur une étroite passerelle en bois. Ce n'était pas une petite affaire.

La rivière, à cet endroit, est large, avec des gouffres et des tourbillons. Il faut avoir la conscience tranquille et le pied sûr.

– J'ai entendu parler de ce petit pont. Ici, les gens qui mentent tombent dans l'eau, dit Jésus, comme il en approchait avec son compagnon.

Voyant combien les quelques planches de la passerelle étaient frêles, tenant à peine, saint Pierre pense à son mensonge.

– Vous savez, Seigneur, le lièvre de tantôt, il n'était pas plus gros qu'un veau.

Jésus sourit et ne dit rien. Vu de près, le «trou des menteurs», comme on l'appelait dans la région, avait vraiment l'air redoutable. La Rulles en crue faisait de grands remous couleur de boue.

– À bien y réfléchir, bon Maître, je crois qu'il avait seulement la taille du cochon de votre serviteur saint Antoine.

Jésus ne dit toujours rien. Le pied sur la passerelle, saint Pierre n'ose pas avancer. Il recule, se met à genoux:

– Seigneur, pardonnez-moi, tout ce que j'ai raconté est de la carabistouille (des bêtises). Je renonce une troisième fois comme lorsque je vous ai renié trois fois et que le coq a chanté. Tout compte fait, je crois que c'était seulement un jeune de l'année.

– Relève-toi, Pierre, dit Jésus. Et ne dis plus de «mentes». Et prie pour l'âme de tous les gens de Habay qui sont tombés ici dans l'eau. Et pas seulement ceux de Habay.

Quelques semaines plus tard, la passerelle étant tombée dans la rivière sous le poids de trois menteurs, elle fut remplacée par un pont en pierre. Depuis lors, chez les Hoguets (habitants de la Gaume du nord-est, du côté de Habay, Houdemont, Rulles, Villers-sur-Semois) et aussi chez les Gaumais méridionaux qui passent par là, on peut de nouveau, sans vergogne, se vanter d'avoir vu du gibier énorme.

Les miracles de Jésus en Gaume

Quand on visite un petit pays comme la Gaume, il faut bien loger, même si on est Jésus et saint Pierre. Pour voir si les gens étaient bons ou mauvais, les deux saints voyageurs ne disaient, bien sûr, pas qui ils étaient. Jamais ils ne voulaient être hébergés sans payer.

– Nous n'avons pas d'argent, disait Jésus, mais faites un souhait. Il se réalisera.

Ainsi, chacun était récompensé selon son caractère et son esprit. Le champion d'astuce fut, en Ardenne, le fameux forgeron Misère[1].

Souvent, les choses se passaient plus simplement. Les souhaits les plus candides étaient les plus bénéfiques. Ainsi celui d'une bonne hôtesse qui tissait une pièce de toile:

– Je voudrais que mon travail se fasse tout seul jusqu'au soir.

À la nuit, sa maison était remplie de toile dont le chanvre et le lin étaient venus d'on ne sait où.

Une autre fois, les deux pèlerins avaient logé chez des gens «arabes» (On ne sait pourquoi, dans nos villages, on traitait d'arabe des gens avares.)

En les quittant, Jésus avait dit à la ménagère:

– Le premier travail que vous ferez se continuera tout seul jusqu'au soir.

La femme se dit: «Pour bien m'y mettre, et ne pas perdre de temps, je vais d'abord aller "arroser" les groseillers.» Ce qu'elle fit. Mais la promesse étant prise au mot, elle ne cessa qu'à la nuit tombante. C'est l'origine du ruisseau que l'on appelle «la

1 Voir F. Kiesel, *Le meunier de Quarreux et autres légendes d'Ourthe et Amblève*, volume 3 de la présente trilogie.

Pichelotte». Comme son origine est un miracle narquois, mais un miracle tout de même, il ne tarit jamais, même par les étés les plus secs.

Dans une grande ferme isolée, Jésus et saint Pierre eurent affaire à un patron dur et exigeant, fier de son beau logis.

– Chez moi, vous n'irez pas sur le foin. Je vous donne une chambre avec un grand lit pour que vous dormiez bien. Mais je ne loge pas les fainéants. Demain, dès l'aube, il s'agit de travailler. C'est la moisson, et il n'y a pas de temps à perdre.

– Ne crains rien, patron, ton travail sera fait et bien fait, lui dit Jésus.

Les saints visiteurs, «hodés», fourbus après une longue journée de marche par monts et par vaux, s'endorment d'un sommeil pesant. À la première lueur du jour, le fermier va secouer rudement le premier qu'il voit dans le lit, près de la porte. C'est saint Pierre qui grommelle:

– Oui, ça va, nous arrivons!

Il se lève, chancelant de fatigue, fait quelques pas, et va se recoucher de l'autre côté du lit. Cinq minutes plus tard, ne voyant venir personne, le patron s'impatiente. «Je vais secouer l'autre», se dit-il. «Il sera peut-être plus courageux.» Mais ayant changé de place, c'est encore saint Pierre qui reçoit les bourrades, ronchonne et se rendort.

À la troisième fois, comme il s'apprêtait à donner des coups de poings à Jésus, celui-ci se dresse et dit d'une voix douce:

– De quoi vous inquiétez vous mon brave? Le lys des champs ne sème ni ne moissonne, et pourtant il est plus beau que Salomon dans toute sa gloire.

– Je me fous pas mal du lys et de votre sale Aumont. Il faut que mon blé soit fauché, et il fait déjà clair, répond le «cinsi» (fermier) furieux.

– Mon ami, vous avez des yeux et vous ne voyez point, répond Jésus. Tout votre ouvrage est fait. Allez dans vos champs et à la grange, vous verrez que vous êtes payé pour le bon lit que vous nous avez offert.

Le patron n'en a pas cru ses yeux. Les champs étaient moissonnés, n'offrant au soleil levant que des éteules dorées. Le blé était non seulement rentré mais battu, la paille rangée en bottes et les grains en sacs.

– Mais ça n'è'm possip! (ce n'est pas possible!), s'écrie le cinsi. Je comprends pourquoi ils sont «hodés» et dorment si fort! Ce n'est tout de même pas naturel. Il doit y avoir de la magie là-dedans. Enfin, n'en parlons pas. Je pourrais avoir des ennuis avec le curé. Il serait encore bien capable de me dire que je me suis fait aider par le diable. Ils ont d'ailleurs un air pas catholique, ces deux-là. Mais l'essentiel c'est que toute la moisson soit rentrée. Je vais être bien poli avec eux. «Revenez quand vous voudrez», leur dit-il, quand ils quittèrent sa ferme en direction de Florenville. «Vous serez toujours les bienvenus.»

Par intérêt, espérant encore une telle aubaine, le fermier dur à la besogne hébergea tous les vagabonds qui passaient. Il n'y eut plus de miracles dans ses champs. Il s'en fit un dans son cœur qui était de pierre et devint bon comme le pain. Le pain cuit avec la farine de la moisson faite par les anges, aux ordres de Jésus que le «cinsi» avait pris pour le diable.

Les fées

Descendantes lointaines de divinités païennes appelées par les Romains *fata* (destins), d'où leur nom, les fées ont survécu à plus d'un millénaire de christianisme. Modifiée au cours des siècles, leur image est constante: mystérieuses mais familières quand elles s'adressent aux humains, rustiques, fines, proches de la nature, elles ont volontiers quelque chose de la dryade, esprit féminin des bois.

Bienveillantes, quoique susceptibles, aimant rendre service aux braves gens, mais ne supportant pas qu'on se moque d'elles, les fées ont laissé d'assez bons souvenirs en Gaume. Mais il fallait être prudent.

Le laboureur pris d'une faim subite, loin de chez lui, dans son champ, pouvait les invoquer. S'il les appelait gentiment, elles venaient lui apporter une bonne «potaye» de légumes, une tourte de porc et veau mariné comme on fait en Lorraine française, ou une grosse marmite de roustiquette (pommes de terre au lard) ou de touffaye (autre préparation très populaire: pommes de terre aux oignons avec du laurier).

Il s'agissait de ne rien dédaigner. Laisser, de leur festin, un morceau de patate, un créton de lard ou la moindre miette était dangereux. Les petites dames, vexées, jetaient un sort. Toutes les moissons de l'année étaient gâchées, roussies par le soleil, «déchirées» par l'orage, les carottes rongées par les campagnols, les doryphores se mettaient dans les pommes de terre et n'en laissaient pas une feuille.

Traitées poliment, les «bavolettes» (on les nommait parfois ainsi) raccommodaient des ménages, aidaient les enfants à venir au monde quand une naissance était difficile. Les couples sans descendance leur portaient des «bouquettes» (crêpes de sarrasin) en offrande.

On le sait, les parents de Djean d'Mady, vinrent s'unir la nuit près de leur repaire. Leur vœu fut exaucé. Ainsi, c'est aux fées que la Gaume doit son héros immortel. Ce n'est pas un mince cadeau.

Plusieurs demeures des fées sont identifiées. À Chassepierre, avant qu'elles ne se dispersent, on les entendait rire en faisant des sons bizarres «Thi-Thi, Thi-Thi-Thi». On montre encore, dans la roche, sous le cimetière, un Trou des fées[1]. Mais le plus connu est celui de Croix-Rouge, près du carrefour de la route Virton-Etalle et de celle d'Ethe à Bellefontaine. Ce sont de petits souterrains dans la pierre de sable qui affleure sous les arbres. Les enfants, et même les adultes aiment y ramper, avec le pincement d'une petite angoisse en arrivant au coude d'une galerie, d'où le jour n'est plus visible. Si les fées se vengeaient de la profanation de leur maison?

Au temps où elles hantaient encore les parages, et faisaient leurs grandes fêtes aux changements de lune, un homme de Fratin, ouvrier au Fourneau-Marchand, entre Buzenol et Croix-Rouge, passait un soir près du Trou des fées. Y voyant, à l'orée du bois, les restes d'un feu, il y prit une braise pour allumer sa pipe. Il eut beau tirer, la pipe resta éteinte.

– Encore un tour de ces garces! murmura-t-il, agacé.

Heureusement, il avait marmonné entre ses dents. Les petites dames ne l'avaient pas entendu. C'était en effet un cadeau: quand il fut rentré chez lui, la braise, éteinte, était devenue une pièce d'or.

Au pays d'Arlon, plusieurs histoires de *Geldfeuer* (feu d'or), analogues à celle-ci sont racontées. Mais leur climat est plus ténébreux: des vagabonds patibulaires s'affairent autour du feu, et se fâchent si quelqu'un vient chercher des braises à plusieurs reprises. Ou bien, une voix menaçante, toute proche, d'un personnage invisible, dit au fumeur qu'il a assez pris de braises comme cela.

---

1 Il était supposé être le point de départ d'un souterrain allant jusque Carignan.

En Gaume, pourtant aimable, les bavolettes sont associées à une légende inquiétante – à moins qu'elle ne soit bouffonne. Des fées gardaient sous le château des quatre fils Aymon, près de Buzenol, non loin de Croix-Rouge, l'entrée d'un souterrain étroit et redoutable. Là se trouvait le trésor du château en ruines. Il était défendu par un terrifiant dragon ou un grand serpent qui en tenait la clé dans sa langue.

Ce trésor de Montauban excitait bien des convoitises. Il y a des fanfarons partout. Le Djoseph Marchau (Marchal) de Chantemelle ne voulait pas croire ce que les gens de Buzenol racontaient du dragon de Montauban.

– Je l'aurai, le trésor. Je parie que leur dragon est un renard dit-il à trois de ses copains.

Comme des Sarrazins qu'ils étaient (puisqu'on appelle Sarrazins les gens de Chantemelle), ils se mirent hardiment en marche. On allait voir ce qu'on allait voir. Les quatre gaillards parlaient haut et fort, se racontant des «flôves». À Buzenol, ils ont ravivé leur courage avec deux tournées de gouttes. Il fallait bien tout ça, car, en approchant, la silhouette de la colline de Montauban avait l'air bien sombre et menaçante. L'entrée du souterrain, était noire entre les broussailles et des éboulis de pierres moussues. Les fées n'étaient pas là. Un des copains demanda au Djoseph Marchau:

– Alors, tu es toujours décidé? Tu y vas?

– Bien sûr répond le Djoseph, tout de même un peu moins flambard.

Ouvrant son sac, il dit à ses compagnons:

– J'ai pris avec moi une grosse corde et une sonnette. Aidez-moi, que j'attache la corde autour de ma ceinture. Voilà, elle est bien nouée. Vous tenez le bout ici, dehors. «En cas que» ce ne serait pas un renard, mais un monstre, comme on le dit. Si je ne le tue pas, je sonne et vous tirez vite et bien fort pour me ramener dehors. Entendu?

Ainsi fut fait. Le Djoseph entre dans le souterrain. Ses copains le voient disparaître. Ils l'entendent ramper, grogner, puis plus rien: il était trop loin.

– Qu'est-ce qu'il fait donc? demande un des compères. Et s'il allait trouver le trésor! Ou se faire tuer! Vous croyez qu'on le reverra?

À ce moment, tinte la sonnette. Ils tirent de toutes leurs forces. Cela résiste. Ils tirent de plus belle, ça lâche. Horrifiés, ils voient venir, au bout de la corde, bien serrée dans un nœud, la tête du Djoseph Marchau.

Là-dessus, tout Sarrazins qu'ils étaient, ils ont pris leurs jambes à leur cou et se sont enfuis jusqu'à Chantemelle.

Le lendemain, ils sont revenus. La tête avait été picorée par les corbeaux. Il n'en restait que les os. Plus jamais personne ne s'est aventuré dans le souterrain de Montauban.

Si les fées avaient été là, elles auraient dit à l'imprudent ce qu'il risquait, et le malheur ne serait pas arrivé.

Pêches miraculeuses

Les fées n'aimaient pas les tragédies. Elles préféraient les miracles un peu bizarres, les plaisanteries magiques. Ainsi à Robelmont, en plein milieu du village pour épater les braves Tahons[1], elles se sont mises à pêcher dans les rigoles, les flaques d'eau et même dans le purin, près des tas de fumier. Ce fut une pêche miraculeuse: elles ont pris des centaines de poissons dans quelques centimètres d'eau. Puis, pour sécher leurs vêtements, elles ont allumé des grands feux juste à côté des meules de foin et de paille. On a cru qu'elles allaient tout faire flamber. Rien du tout. Il n'y a pas eu le moindre incendie. Ayant bien ébahi les Tahons, les fées, contentes, sont parties en riant.

Comme vous pouvez le penser, les gens de Robelmont ont raconté partout qu'ils s'étaient régalés des poissons des fées. Ils n'en avaient jamais mangé d'aussi bons, surtout ceux qui avaient été pêchés dans le purin.

On en a parlé dans toute la région. Quelques semaines plus tard, le village de Lamorteau était envahi par une bande de bohémiens rigolards, pieds nus avec leur marmaille aux yeux noirs, en pans volants, leurs filles sales et belles dans leurs guenilles bariolées. Descendant de leurs carrioles bâchées, ils jouaient de l'accordéon et faisaient des boniments.

Le plus grand d'entre eux, au teint sombre comme un diable, les accompagnait de roulements de tambour. D'une voix caverneuse, en faisant des grimaces, il criait:

– Bonnes gens de Lamorteau, faut pas être jaloux des Tahons de Robelmont. Les fées ont fait chez eux une pêche miracu-

1 Tahon est le sobriquet, énigmatique, des gens de Robelmont.

leuse. Nous ferons mieux chez vous. Rendez-vous à trois heures, devant l'église. Nous déploierons nos filets dans vos nobles rigoles. Par les enchantements de l'Orient, nous y pêcherons pour vous truites et saumons en masse, à pleines nasses. Qu'on se le dise!

À trois heures, tout le village était sur la place, curieux, goguenard, pour voir les simagrées des gitans. Ce fut, comme on s'en doutait, une comédie. Le plus sérieusement du monde, ils ont traîné partout de vieux filets troués, ne ramassant, bien sûr, que de la boue et des cailloux.

Ils avaient l'air tout étonnés, juraient dans une langue inconnue, s'acharnaient dans tous les coins sous les quolibets des villageois.

Ils ont fini par partir tout penauds, vers Ecouviez et la France. Les gens de Lamorteau ont bien ri. Jusqu'au moment où, rentrés chez eux, ils ont vu que, pendant les fliabuses[1] et les simagrées de leurs aînés, les enfants gitans avaient chapardé poules, jambons et morceaux de lards dans les maisons vides et les poulaillers. C'était donc ça, la pêche miraculeuse, meilleure que celle des fées à Robelmont!

1 Boniments, sornettes.

Tcha-Tcha, la flûte et les fées du Hultai

Les Bohémiens, à Lamorteau, singeaient les fées. Les vraies avaient leur façon de se faire respecter. Il fallait être très malin pour «rouler» ces astucieuses petites personnes. Au village de Hayons, près de la Semois, ce n'est plus la Gaume aux terres meubles. Le schiste n'est pas loin de la surface du sol. Les étés secs, bien des pâtures sont roussies, n'offrant pas de pitance au troupeau.

C'était le cas en l'an de grâce 1800. Dès la fin de juillet, les vaches affamées, grappillant un peu d'herbe dans les fossés, ne trouvaient plus dans les prés banaux (appartenant au village) que les «refus» à brouter: chardons, roseaux.

Toute la vallée renvoyait les échos de leurs meuglements lamentables. Et pourtant, chacun savait que, sur le plateau du Hultai, une herbe grasse, bien verte, abondante, pleine de fleurs, subsistait intacte.

Nul n'avait l'audace d'y mener les bêtes, car c'était le domaine des fées. Sur ce pré qui, du haut de roches escarpées, domine un coude de la Semois, elles dansaient la nuit au clair de lune. Elles ne faisaient de tort à personne mais, chacun le savait: pas question de les déranger.

Or cet été-là aux premiers jours d'août, le vieux herdier (berger du troupeau commun du village) étant mort depuis peu, un inconnu se présenta pour le remplacer.

C'était un petit homme peu bavard, aux yeux malins, nommé curieusement Tcha-Tcha. Quand on lui posait une question, s'il voulait ne répondre ni oui ni non, il hochait la tête d'un air mystérieux en disant «tcha-tcha».

Comme beaucoup de bergers, habitués à de longues heures en seule compagnie du troupeau, il était un peu magicien.

Sa singularité était une petite flûte. Il en jouait rarement, mais elle ne le quittait jamais.

– Tu nous joues un air? lui demandait-on.

– Tcha-Tcha, répondait-il avec un sourire en coin qui signifiait: peut-être tantôt, ou un autre jour.

D'où venait cette flûte? Un villageois, ancien soldat revenu des guerres, en avait vu de pareilles chez les Italiens. Tcha-Tcha devait-il son teint basané à des vagabondages près de la Méditerranée? Selon le curé, homme savant, c'était un vieil instrument celte des druides qui officiaient jadis dans nos forêts.

– À votre place, je me méfierais de cet homme-là, disait-il. Il a l'air sournois.

Mais comme on n'avait aucun reproche à lui faire, le herdier conduisit le troupeau banal, qui maintenant, faute d'herbe, mangeait les feuilles des haies et des branches basses des arbres.

Après quelques jours, sans prévenir personne, il mena les bêtes par le chemin étroit, raboteux, montant sous bois au plateau du Hultai. Elles s'attardaient à ravager myrtilliers, jeunes sorbiers, chéneaux et jets de bouleaux. Mais, à coups de bâton, le Tcha-Tcha les poussait, meuglantes, affaiblies, vers le sommet.

Arrivées au Hultai, dans une prairie fabuleuse, luxuriante, neuve comme le paradis terrestre, on ne les entendit plus que brouter, goulûment, la belle herbe pleine de boutons d'or (renoncules) qui leur montait jusqu'au ventre. Ce fut un festin, juteux, parfumé, capiteux, pour les pauvres vaches des Hayons au sortir d'un long carême. Un beau carnage aussi.

Le pré pâturé, en désordre, ressemblait à un champ de bataille. La belle prairie était foulée, ravagée comme par une tempête, pleine de bouses et de traces de sabots. Aux Hayons, le Tcha-Tcha fut accueilli avec joie et inquiétude. Les bêtes avaient mangé. Mais craignons la colère des dames du lieu. «Comme de fait», au lever de la lune, les fées furent bien fâchées de voir le lieu de leurs ébats sauvagement dévasté. Mais, bien élevées, les fées ne sont pas des sorcières. Elles ne jettent pas des sorts sans prévenir.

Le lendemain, Tcha-Tcha, ramenant le troupeau vers le Hultai rencontre, au sortir du bois, une jolie petite personne vêtue d'une robe couleur de brume de juin, constellée de reines-des-prés.

D'une voix de cristal, douce mais décidée, elle lui dit:

– Brave homme, vous êtes nouveau dans le pays. Ne savez-vous pas ce que vous faites? Vous violez notre domaine. Ce saccage doit cesser. À chacun son bien. Menez ailleurs votre troupeau.

– Où voulez-vous que j'aille? répond, sans se troubler, le Tcha-Tcha, qui avait la langue bien pendue quand il fallait. À part le Hultai, il n'y a plus un brin de bonne herbe dans toute la vallée. Il faut que mes bêtes mangent. Aux Hayons, les enfants pleurent faute de lait. Sauf votre respect, je ne conduirai le troupeau nulle part ailleurs qu'ici.

– Vous vous moquez de moi, dit la petite personne, d'une voix aiguë et menaçante. Redoutez notre colère si, dans cinq minutes, vous n'avez pas quitté ces lieux avec vos sales bêtes. Nous avons déjà été trop patientes.

Voyant Tcha-Tcha peu ému par ses menaces, elle disparaît dans un petit nuage, dissipé en quelques instants. Un quart d'heure plus tard, un autre nuage s'approche à grand bruit. Une nuée bourdonnante de guêpes s'abat sur le troupeau. C'est la vengeance de fées. Les premières vaches à peine piquées, Tcha-Tcha sort sa louvète (besace) son flûtiau. Il y joue une sarabande magique. Arrachées à leurs proies, les guêpes se rassemblent en un essaim compact, qui amorce une ronde autour du Hultai. Tcha-Tcha accélère le rythme. Le ballet devient endiablé. Après un dernier tour vertigineux, l'essaim se précipite à toute force dans la Semois, fouettant l'eau comme une grêle. Et le calme revient sur le plateau.

Ce n'est pas pour longtemps. Une foule de petites fées surgissent des herbes pour tourmenter les vaches. Elles leur donnent des coups de leurs baguettes acérées et, se suspendant à leurs queues, elles jouent à la balançoire en poussant des cris perçants. Puis, elles ont griffé. Alors les vaches ont commencé à «biser» (courir en fonçant, la queue en l'air, comme lorsque les taons les affolent).

Tcha-Tcha, d'abord curieux de la tournure des événements, trouva que la plaisanterie avait assez duré. Sortant son flûtiau, il joua une nouvelle sarabande, qui arracha de terre les irascibles petites dames. Il leur fit danser, en plein soleil, un fameux sabbat sur le lieu de leurs gentils ébats nocturnes. Les vaches leur donnèrent des coups de cornes. Puis, accélérant la cadence de sa musique, le herdier leur fit prendre de l'altitude, et les précipita, comme les guêpes, dans la Semois, du haut des rochers.

Le village des Hayons avait gagné une belle pâture, et perdu la féerie. Avec le bon lait onctueux, gras et parfumé de l'herbe broutée au Hultai, avait-il gagné au change?

Mais voilà: étaient-ce bien des fées? La version où Tcha-Tcha est le dernier des druides fut popularisée, dans le charmant *Un peu de tout à propos de la Semois* par Alphonse de Prémorel (ancêtre d'Adrien). Elle n'est pas la seule.

Une autre[1] dit tout le contraire. Colas Chacha – évidemment le même personnage que Tcha-Tcha – aurait été un entremetteur du diable. Il dirigeait les danses du sabbat des sorcières au plateau du Hultai dominant à la fois la Semois et le ruisseau des Alleines. Il leur apprit aussi à sauter à reculons de la roche surplombant la Semois. De là viendrait le nom de cette roche: «saut des sorcières». Le berger aurait mal fini. Une épidémie ayant dévasté une étable, une femme suspecte soumise à la torture l'a dénoncé. Lui-même, sous la question avoua être sorcier et fut brûlé vif sur un bûcher d'épines noires au milieu du pont de Bouillon.

Cette version pourrait bien être plus conforme à la tradition ancienne, car les fées, dans le conte de Prémorel, ont un comportement anormalement agressif. Et le site est marqué par la sorcellerie. Du «saut des sorcières» on voit, vers le sud, au-delà de la roche percée, un affleurement rocheux, la Saupire ou «pierre des sorciers». Sous le chêne qui se trouvait à proximité, les sorciers tenaient leur sabbat. Leurs danses y avaient laissé une trace circulaire.

---

1 Rapportée, comme la première, par Joseph Remisch dans son guide *La Semois et ses affluents,* Éd. du Touring Club, Bruxelles, 1920. Paul Saint-Hilaire, dans *L'Ardenne mystérieuse* (Rossel, Bruxelles, 1976), choisit la seconde.

Le château des fées

Travaillant des journées entières sans voir âme qui vive, les bergers avaient, plus que d'autres, l'occasion de rencontrer les fées. Souvent, les choses se passaient mieux qu'avec le Tcha-Tcha des Hayons. Le pâtre de Bertrix aimait bien mener ses vaches près d'un rocher massif et dénudé qu'on appelait le château des fées.

Y avaient-elles élu domicile? À tout hasard, quelques villageois, pour se concilier leurs bonnes grâces, leur portaient du lait près du «château». À chaque fois, il était bu, mais était-ce par les fées? Le berger, lui, savait que c'étaient les «bavolettes». La nuit il les voyait danser au clair de lune, chantant de douces mélopées.

Des profondeurs du «château», audible jusqu'à plus d'une lieue, criait un coq inconnu. C'était une voix d'or, claire et forte. «Il chante comme un Lombard», disaient les vieilles gens de Bertrix. S'il vivait là, on ne sait de quoi, dans ces roches, seules les bavolettes pouvaient en être propriétaires.

Les fées possédaient aussi une vache, belle et grasse, plus grande que celle de la herde (le troupeau commun). Le herdier, prudent, la laissait tranquillement paître dans les prés banaux de Bertrix. Or, les petites dames connaissaient les usages. Elles savaient que le herdier était nourri par les propriétaires des bêtes. Aussi avaient-elles l'habitude, ponctuelle, d'attacher, à la corne de leur vache, pain, lard et jambon, voire de la maquée (fromage blanc) toute fraîche, soigneusement noués dans un mouchoir blanc. Car elles sont délicates, les fées.

Délicates et aussi jalouses de leur secret. Jamais les villageois les plus curieux ne réussirent à trouver l'entrée de leur demeure. Parfois, après la «sevraie» (le partage du bétail entre ses propriétaires, le soir) l'un ou l'autre «cinsi» (fermier) suivait la vache des fées rentrant chez elle. Elle allait paisiblement, de son allure lourde de vache bien nourrie, sans prêter aucune attention à qui la suivait. Puis elle se dirigeait vers l'un ou l'autre gros buisson épineux qu'elle traversait aussi aisément que de l'herbe. Pendant que le fermier s'y griffait la figure et s' y déchirait les vêtements, elle disparaissait.

Le herdier, lui, connaissait bien les moeurs des fées. Il ne se hasardait pas à de telles poursuites. Il savait qu'il était vain d'agacer ainsi les fées par la curiosité. Les bavolettes, en effet, se font connaître à qui elles veulent et quand elles le veulent. Il fallait, sans le savoir ni le vouloir, mériter leur amitié. Bienheureux les cœurs purs.

C'était le cas du pauvre bossu Jean-Louis, de Bertrix. Son infirmité lui interdisant les rudes travaux des champs, il gagnait sa vie comme violoneux aux bals, tel Djean d'Mady en Gaume. Il grattait valses, polkas et mazurkas, connues alors depuis peu dans nos villages. Chacun l'aimait pour son bon caractère, peu assombri par son infirmité.

Dans les fêtes, il regardait pourtant avec mélancolie les garçons aux dos droits danser en tenant de jolies filles point faites pour lui. Son archet menait le bal. Au fond, elles dansaient toutes un peu avec lui. Un peu seulement.

Elles lui souriaient doucement, dans son rêve, lorsque, revenant d'une fête, il jouait, par plaisir, une valse qu'il inventait, en plein bois.

Mais «voilà-t-il pas» qu'un soir de juillet où il grattait ainsi de l'archet, entre Rossart et Bertrix, il se sentit fatigué. La nuit était tiède et sentait la reine-des-prés. Le «château des fées» n'était pas loin. Il s'endormit. En songe, il entendit une musique, pas celle de son violon: des voix claires, naïves de toutes jeunes filles. Il se réveilla. C'était le chant de bien mignonnes jouvencelles qui dansaient au clair de lune. Les fées à n'en pas douter.

Leur refrain, à vrai dire, était simplet: «Dimanche, lundi.» L'air, trop court, était monotone et un rien triste.

«Je vais leur apprendre à égayer cela», se dit Jean-Louis.

Prenant son violon, il joua la ritournelle des fées en y ajoutant quelques notes joyeuses. Étonnées, souriantes, les «bochelles» (filles) se tournèrent vers lui. Il rejoua le refrain, complété, en chantant: «Dimanche, lundi, mardi.»

Les bavolettes, enchantées, entonnèrent, avec Jean-Louis, la chanson améliorée.

– Encore, demandèrent-elles en battant des mains, et elles firent leur ronde autour de l'artiste.

La plus belle de la bande – la reine des fées, pensa-t-il – lui dit:

– Tu nous as fait un grand plaisir. Grâce à toi, notre chanson est beaucoup plus jolie. Nous la chanterons toujours ainsi. Pour te remercier, je vais t'enlever ta bosse. Tu mérites d'avoir le corps aussi beau que le cœur.

Elle lui caressa légèrement le dos. De tordu qu'il était, vieux sarment de vigne, il devint droit: un jeune peuplier. Sautant de joie, Jean-Louis reprit la chansonnette sur un rythme de menuet que les fées dansèrent à ravir en s'éloignant. En quelques secondes elles avaient disparu laissant pour seule trace un écho, répercuté par la roche du château des fées: «Dimanche, lundi, mardi, dimanche, lundi, mardi.»

Puis ce fut le silence, rongé au loin par le crissement des sauterelles.

«Ai-je rêvé?», se demanda Jean-Louis. Tâtant son dos redressé, il ne pouvait plus douter: la charmante rencontre avait bien eu lieu. Il courut à Bertrix annoncer la bonne nouvelle, qui fit sensation. Le violoneux était connu dans tous les villages de Vierre et Semois. Jusque vers Bastogne, la moitié de l'Ardenne apprit en quelques jours le miracle des fées.

Voyant que Jean-Louis, devenu fort et beau était regardé avec tendresse par plusieurs jolies filles, un autre bossu de la région, Anselme, jaloux, lui demanda ce qu'il avait fait pour bénéficier de ce prodige.

«S'il suffit d'allonger la chanson de ces petites sottes, ce n'est pas bien malin, se dit-il. Je suis bien capable d'en faire autant.»

Il faut savoir qu'Anselme était un homme bien différent de Jean-Louis. Il n'essayait pas de se rendre utile, ne tressait pas des paniers comme certains infirmes. Paresseux, bougon, il vivait de mendicité, refusait de rendre de menus services à ceux qui donnaient une pièce d'argent ou une miche de pain, grognait lorsqu'on n'était pas assez généreux avec lui, chapardait à l'occasion une poule ou des œufs. Dans les cafés, les patrons lui donnaient à boire pour qu'il s'en aille et n'ennuie pas les clients, car il était toujours prêt à chahuter.

Le voilà donc posté près du château des fées, et déjà impatient: «Viendront-elles, ces garces.» Il était comme ça, l'Anselme. Un mot aimable lui aurait tordu la bouche pire que son dos.

Garces ou pas, les bavolettes furent bientôt là, chantonnant comme Jean-Louis leur avait appris: «Dimanche, lundi, mardi, dimanche, lundi, mardi.»

Tout excité, sans prendre le temps d'écouter l'air que chantaient les fées, l'Anselme brailla à pleins poumons, de sa voix éraillée: «Dimanche, lundi, mardi, mercredi!»

Les fées arrêtèrent leur ronde en s'exclamant:

– Comme c'est vilain! Qui est-ce qui crie comme ça!

Et la reine, se tournant vers l'Anselme lui dit:

– Tu sais bien qu'il est interdit de déranger la danse des fées. Pour tes méchants cris, tu seras puni. Je te fais bossu en avant comme en arrière.

Et d'un geste, elle lui envoya sur la poitrine la bosse retirée du dos de Jean-Louis. Devenu ainsi énorme, il ne fut plus capable d'entrer dans les poulaillers, à la maraude.

Comme quoi le ton fait la chanson, et la chanson vient du cœur. Faut-il être fée pour le deviner?

Il semble bien que la croyance aux fées ait été moins longtemps tenace que celle aux sorcières, bien que laissant des traces dans la toponymie. Outre le fameux Trou des fées à Croix-Rouge près de Fratin et celui de Chassepierre, on en trouve un à Frahan, un autre à Bohan, en plus d'une «table des fées», belle plateforme rocheuse sortant en éperon d'une pente boisée. Ces «trous» sont souvent des couloirs et petites chambres, creusés artificiellement dans des roches tendres, de sable ou de calcaire. Pour la Basse-Semois, l'extraordinaire enquêteur que fut le docteur Delogne signale une grotte dans les rochers, entre Vresse et Orchimont, au lieu-dit Scuvelles. Elles y habitaient, comme dans les ruines d'un des deux châteaux de Sugny, celui qui dépendait des seigneurs de La Roche. Pour Frahan, un site des fées particulièrement beau, sauvage et d'accès difficile, est le château de Montragut, ruine d'une fortification médiévale, au milieu d'éboulis. Dans une prairie proche, s'ébattaient les bavolettes. À la fin du XIXe siècle, un habitant de Frahan trouva dans les vestiges du castel une clé rudimentaire. Il la rapporta chez lui mais s'en repentit bien. Elle remuait nuit et jour, avec un cliquetis insupportable. Pour se débarrasser de cet inquiétant phénomène, il rapporta la clé agitée là où il l'avait prise. Elle y est restée, dit-on.

Il y a aussi un Courtil des fées à Laforêt près de Vresse. Presque partout on rapportait l'histoire de la vache en surnombre de la herde du village, celle des fées, qui attachaient, pour rémunérer le herdier, un repas à la corne de la bête. Pour Bertrix, dans «L'Académie des Baudets», Georges Laport note une variante assez exceptionnelle: le casse-croûte noué à la queue.

Fées et nutons

La sage-femme de Vresse, ayant accouché une fée de la localité, reçut en payement deux épis de blé. Rentrée chez elle, elle constata qu'ils étaient changés en or. Ceci établit un pont entre les fées et les nutons, chez qui il est question d'épis d'or.

À la ferme d'Anselme A., à l'époque de la moisson, une petite fée, très affairée, ne cessait, depuis le matin, de monter l'échelle du fenil (on ne précise pas comment elle descendait...).

– Descends, embarras! lui cria, impatientée, la femme d'Anselme A.

– Je t'ai enrichie épi par épi. Je te ruinerai gerbe par gerbe, répliqua la fée en disparaissant.

Cette menace, typique des contes de nutons chassés et vexés, s'est réalisée. La fée était peut-être une «nutonne». Il en fallait bien, quoique les récits indiquent toujours les sottais, maniquets et autres *Wichtelmänchen* comme mâles (et point désincarnés puisqu'ils avaient à l'occasion des sentiments pour de jeunes villageoises...).

Le mythe des fées et celui des nutons se recoupent parfois. Delogne note, chez les fées qui venaient la nuit s'ébattre dans la jolie vallée de Liresse, près de Mogimont, un comportement plus «farce» qu'à l'habitude. Un paysan les a surprises un jour, jouant, comme des enfants, avec ses meulons de foin sur la tête. Le rustre voulut leur allonger des coups de fouet, mais il reçut, d'êtres invisibles (non pas des fées elles-mêmes), une raclée formidable qui le laissa pour mort sur le terrain.

Elles correspondaient par ailleurs au signalement habituel des fées, puisqu'elles faisaient paître leur vache avec la herde d'un village voisin, Vivy, et, quand c'était leur tour de nourrir le herdier, attachaient la «marinde» (le repas: «marader» signifie goûter, en gaumais[1]), à une corne de la bête.

Or, en mai 1976, à Noirefontaine la même histoire, à propos des génies de Liresse, fut racontée à Albert Doppagne. Mais, cette fois, les êtres facétieux n'étaient pas des fées mais des nutons. Il note le récit de la façon suivante:

«Au moment de la fenaison, le fermier de Liresse avait remarqué que tous ses tas de foin étaient défaits le matin. Il voulut en connaître la cause et, une nuit, il se cacha pour observer. Son attente ne fut pas longue: les nutons de Liresse arrivèrent en bande et chacun se coiffa d'un petit tas. Tous se mirent à danser en chantant:

Frère, frérot,
Mon capuchon va-t-il bien?

En colère, le fermier leur cria:

Frère, frérot,
Mon «stron» va-t-il bien?

Et les nutons flanquèrent une raclée au fermier!»

«Frère, frérot» indique clairement le sexe masculin des petits personnages. Dans la psychologie délicate souvent attribuée aux nutons (aux fées aussi), ceux-ci ne toléraient pas la grossièreté scatologique du «stron». Trait bien mâle, ils rossaient eux-mêmes le coupable.

Dans le pays au nord de la Semois, la différence entre nutons et fées est assez floue. Le docteur Delogne parlait d'êtres surnaturels «généralement représentés par des femmes». Et, à Chairière, il est question de «fés», conçus «plutôt comme de petits hommes».

En Gaume – comme en Picardie –, dit Doppagne, les fées ont d'étranges ressemblances avec les nutons de Wallonie. Aujourd'hui, les uns comme les autres ne se manifestent plus. Selon les vieux villageois, ces êtres se sont endormis. Mais il y

---

1 Dans son *Parler et coutumes de la Lorraine belge*, Éd. G. Hoyoux, Bruxelles, 1963, le docteur Albert Hustin note que le mot «marader», inconnu dans la langue française existe, presque identique, avec le sens de pique-nique, en portugais.

a de l'espoir: ils se réveilleront «lorsque les prêtres, à la messe, ne réciteront plus l'Évangile selon saint Jean». Or, depuis le concile Vatican II, le début de cet évangile: «Au commencement était le Verbe», ne fait plus partie de l'ordinaire de la messe. Il est donc temps, sur la pointe des pieds, d'aller voir ce qui se passe à minuit, au trou des fées...

Pour ce qui est des nutons, on en parle peu en Gaume, moins qu'en Ardenne où le souvenir est gardé de leur savoir-faire, leur caractère serviable et susceptible et leur vengeance. Le schéma classique est, à travers certaines variantes, le suivant: les fermiers favorisés par la bienveillance du maniquet sont embarrassés par les racontars du village – ou un début d'idylle entre le petit homme et une de leurs filles. Pour le décourager, à l'heure de sa venue, ils se groupent sans mot dire auprès de l'âtre et font tourner des fétus de paille dans des coquilles d'œufs. Le nuton, comprenant qu'il est exclu pour sa petite taille, ainsi moquée, s'en va sur une malédiction, qui se réalise en quelques mois: «Épi à épi je vous l'ai apportée (la richesse); gerbe à gerbe je vous la reprendrai.» Et c'est la ruine: vaches péries, moissons dévastées.

Pour la Semois inférieure, un chercheur aussi exemplaire que le docteur Delogne rapporte peu de choses au sujet des nutons. Guère plus que, pour Frahan, le «trou Perpète», ouvert comme un forage d'ardoisière au niveau du pic «moyen» des Crêtes. On le disait jadis habité par de petits hommes réparant les outils que des paysans leur portaient le soir. Ils les retrouvaient le lendemain en parfait état. Le salaire était perçu en argent ou en nature. En 1834 seulement, des villageois osèrent pénétrer dans le trou Perpète. Ils le firent s'éclairant d'une chandelle bénite. En rampant dans un couloir d'une quarantaine de mètres, ils trouvèrent une salle rudimentaire, carrée, habitable car aérée par des soupiraux naturels dans les rochers. Après les nutons, elle servit de logement à un mendiant ermite ayant une réputation de sorcier.

«Pépé crotchet» et «roudje bounette»

Si peu de nutons sont signalés en Ardenne méridionale, la Semois, comme nombre de cours d'eau – et même des puits – était le repaire fabuleux d'autres petits personnages, mais dangereux, dont on menaçait les enfants qui se penchent sur la margelle ou la rive: les «pépés crotchets» (ou par corruption «crotchets»). Ils étaient censés attirer dans l'eau les imprudents au moyen d'un crochet. La peur de cet épouvantail aquatique a sauvé de la noyade plus d'un enfant. Il est analogue, note Delogne, au *Nix* allemand, aux *Waterman* ou *Waterduivel* flamands. En Campine, le noir *Manneken-haak* entraîne avec son crochet les enfants au fond de l'eau. Il suce leur sang et enferme leur âme dans une cruche dont l'ouverture est tournée vers le bas. L'âme ne redevient libre que si la cruche est renversée (cette croyance campinoise se retrouve en Allemagne, reprise dans les *Deutsche Sagen* de Grimm).

Esprits (sans crotchets) de la terre, d'autres «pépés», petits vieillards malicieux ou méchants, sont tapis dans l'ombre des caves et des greniers, ou des buissons voisins des maisons. Dans un décor familier, ils cristallisent la peur de l'obscurité, étant des sortes de dieux lares négatifs. On en menaçait aussi les enfants.

Le plus spectaculaire de ces petits personnages, analogue aux Kobolds allemands, est nommé en wallon «roudje bounette». Coiffé d'un bonnet rouge, comme son nom l'indique, ainsi que le *Roodmutsje* ou *Jan met de roode muts* de plusieurs terroirs flamands, où il est vu aussi avec un pantalon rouge et un frac gris, c'est un esprit du feu, habitant sous terre, dans les collines et les talus.

C'est lui qui, du haut de chemins en forte pente, comme la côte de Rochehaut, en face de Laviot, lançait des chariots ou charrettes en flammes. Éclairant la nuit, elles dévalaient le raidillon à toute allure, dans un fracas terrifiant. Souvent, plusieurs véhicules en feu menaient ainsi grand tapage. Ils n'étaient jamais attelés et le dernier roulait les brancards en arrière. Le «roudje bounette» accompagnait toujours ce convoi d'allure infernale, évoqué aussi dans les traditions de Flandre et d'Allemagne, qui jamais n'écrasait ou ne brûlait personne. Il n'allumait pas d'incendie. C'était une vision de magie, comme les tonneaux géants dévalant des pentes dans le pays d'Arlon. De la peur, pas de mal. Un des témoins du docteur Delogne dit même que la scène était devenue banale qu'on ne s'en émouvait plus. Ainsi le «roudje bounette» était, pour les villageois point trop craintifs, un farceur plus qu'autre chose. Farceur sans flammes, plutôt voué à l'eau qu'au feu, était, toujours près de Rochehaut, à Hour, un autre «roudje bounette». La nuit, il ouvrait les vannes du moulin, mettant ainsi la roue en marche, inutilement. Le meunier devait se lever pour arrêter ce gaspillage. Mais peut-être attribuait-il le bonnet rouge à un autre «pépé». Voire à un mauvais plaisant qui exploitait les obsessions magiques de l'époque. Parfois, bien sûr, des supercheries peuvent être devinées dans les récits de faits insolites, racontés comme vrais, d'assez visible bonne foi, par des paysans âgés du début des années 1900. Mais le phénomène intéressant est celui de la croyance, et des analogies entre des terroirs très éloignés les uns des autres.

Chevaux enchantés, verbouc

Si les chars de feu, à Rochehaut et ailleurs, passaient en trombe sans cheval, ne causant que frayeur, point de blessure ni dégâts, les animaux féeriques étaient plus dangereux.

Ainsi, près d'Orchimont, au bois Moinil, lieu mal famé la nuit, évité par les gens prudents, un cheval blanc surgissait des ténèbres, jetant feu et flammes par les naseaux. Il était parfois suivi par son double, un autre cheval, rouge, couleur de feu. Comme avec le cheval blanc des rues d'Arlon, il n'était pas bon de jouer au fanfaron et de l'affronter.

Hardi et incrédule, le maçon D. l'apprit à ses dépens. Par défi, il traversa le bois Moinil à minuit. La terrible monture blanche sortit de l'ombre, comme un ouragan, elle renversa D., le piétina et le traîna sur une bonne centaine de mètres. Couvert de contusions, il mit des semaines à guérir des suites de cette aventure. Depuis, il se garda bien de faire l'esprit fort.

Dans la même région, au lieu-dit Belle-Taille, près de la frontière française, un cheval blanc, avec selle et bride, était souvent rencontré, même le jour, ce qui est peu habituel pour ce genre d'apparition. D'allure familière et commode, il se laissait docilement monter par n'importe qui. Il fallait bien s'en garder. Aucun de ceux qui ont tenté l'expérience n'en est revenu. Au pays d'Arlon, d'autres animaux, un petit chien ou un cochon bien dodu, sans maître, excitent la convoitise, le jour, d'un paysan de passage. Ils se révèlent être des animaux enchantés, qui parlent ou répondent à des voix inconnues, craignent le buis bénit, et sont libérés, par peur, avant d'avoir causé du dommage.

Un certain Jean Ch. de Frahan revenait tard de C. Vers minuit, passant à 300 mètres du «Bochet» (petit bois) près de Rochehaut, en bas du lieu-dit Gohichamps, il vit arriver, monté par un squelette portant un casque à crinière, un cheval couleur d'ébène, jetant des flammes par les yeux, les naseaux et la bouche. Jean Ch. faillit tomber mort de terreur. En courant, il rentra chez lui et dut longtemps garder le lit, «en proie à une fièvre ardente».

Sans cheval, un autre fantôme hantait au bois de Rochehaut, la «faude» de Burhai (site où travaillaient les «faudeurs», qui faisaient le charbon de bois, et qu'on disait parfois acteurs ou victimes de magie). Ce spectre ne faisait de mal à personne. Mais ses doigts brûlaient les vêtements qu'il touchait.

Revenons aux animaux. Le mouton, et plus volontiers le bouc, effrayaient, la nuit, les braves gens. H. d'Orchimont s'était vanté de donner une sévère leçon au mouton crachant feu et flammes qui s'attaquait aux passants tardifs du côté du «chemin utile» à Serivau. À vrai dire, il ne croyait pas trop à cette bête effrayante. L'ayant rencontrée une nuit, il fut assommé, piétiné. Il se tira de cette expérience «salement arrangé».

Le villageois de Nafraiture qui narra, comme vrai, cet épisode, en connaissait un, plus curieux, en rapport direct avec le diable. Un homme s'était laissé dire qu'un bon moyen existait pour devenir riche. Il fallait aller à minuit, la veille de la fête de la conversion de saint Paul – le 25 janvier[1] –, à un certain carrefour, en tenant une poule noire. Si, alors, on criait «Argent de ma poule noire!», on devait recevoir, du diable, une forte somme d'argent.

L'homme fit ce qui était prescrit. Mais son invocation était à peine terminée qu'il vit sortir de terre un bouc infernal crachant feu et flammes. Il lâcha sa poule et, pétrifié, resta sur place. Le bouc se jeta sur lui à coups de cornes, le laissant pour mort sur le terrain.

Du bouc au fabuleux «verbouc», il n'y a qu'un pas. Cet animal redouté causait une émotion si violente que les descriptions précises manquent. Pour le docteur Delogne, il ne s'agissait pas d'un bouc vert, seule étymologie à laquelle se résigne Albert

---

1 Date magique: les quatre vents du ciel s'y battaient pour savoir lequel dominerait l'an. C'était logique: à la veille de sa conversion, saint Paul était au service de la loi ancienne contre les chrétiens. Le «retournement» était majeur.

Doppagne[1] mais d'un homme-bouc comme le loup-garou, *Werwolf* en allemand, est un homme-loup, le *Were* allemand étant, selon cette théorie, apparenté au *vir* latin…

En tout cas, vert (ou vart en wallon), *Wer* ou *vir*, le verbouc est acoquiné au diable, ce que montre un récit populaire encore vivace, avec de menues variantes, de la Semois à l'Amblève. Un fermier, au printemps, constate, furieux, que son avoine est gelée.

– Elle est fichue, s'écrie-t-il. Elle est pour le diable!

Or le diable (qui est partout, entend toujours quand on le nomme ou l'appelle, même sans y penser) apparaît et demande:

– Qu'est-ce qui est pour le diable? La récolte ou ton âme?

– Sans la récolte, comment veux-tu que je nourrisse ma famille? dit le fermier.

Satan lui propose un marché:

– Nous revenons ici demain, chacun avec une bête. Si tu reconnais la mienne, et moi pas la tienne, tu garderas ton âme et tu auras une belle récolte. Sinon, tu perds les deux.

Marché conclu.

Le lendemain, il déshabille sa femme selon certains, sa vieille mère toute difforme selon d'autres, la roule dans le miel (version délicate) ou dans la fiente (version rustique), puis dans des plumes. La tenant en laisse, il la fait, ainsi emplumée, marcher à reculons à quatre pattes vers le lieu de rendez-vous. Il entend le diable, passant le ruisseau, qui dit à son animal:

– Vas-y! Saute verbouc!

Le fermier répond donc aisément à l'énigme de Belzébuth, qui a beau examiner, renifler l'étrange animal du «cinsi»: il doit donner sa langue au chat en disant: «Je n'ai jamais vu une bête avec la tête aussi près du cul.» C'est ainsi que, ayant roulé le diable – vieux thème: à «Malin», malin ardennais et demi –, il garde son âme et gagne une moisson.

Ces récits, drôles, voire un peu gaillards, et non tragiques datent visiblement d'une époque, relativement récente où le verbouc, longtemps terrible, n'effrayait plus.

Mais, à Oisy, le monstre hantait les environs du cimetière, et même plus volontiers la partie nord, où personne ne voulait être

---

1 Dans son *Esprits et génies du terroir*, Duculot, Gembloux, 1977.

enterré. Dans ces parages, le verbouc dont les yeux jetaient des flammes attaqua un grand gamin, à peine sorti de l'école, mais qui courait déjà les bals, faisait le carnaval (alors considéré comme ce qu'il est à l'origine, une festivité païenne), et désertait l'église.

Le jeune mauvais sujet avait de bonnes jambes et s'enfuit, mais la bête l'atteignit vite, lui passa entre les jambes, le souleva de terre, le «hourballa» (secoua) dans tous les sens. Il fut laissé sur le sol presque sans connaissance, et s'amenda par la suite, ayant compris l'avertissement.

Issue morale analogue pour un autre joyeux drille, très jeune aussi, orphelin de mère, trop peu surveillé par son père, et qui s'était masqué lors du carnaval. C'était fort critiqué à l'époque surtout chez des «djaunes drolles» de son âge: une quinzaine d'années. Près du cimetière, également, il fut poursuivi une nuit par un bouc aux yeux étincelants. Il entendait, toujours plus près, le hoquet rauque, et sentait sur sa nuque l'haleine brûlante de la bête. Il avait déjà reçu plusieurs coups et se croyait sauvé, sur le seuil de sa maison, quand il reçut une formidable secousse dans le dos. Il se coucha et délira plusieurs jours. Ses habits étaient «comme brûlés» en plusieurs endroits. Plus d'une semaine il garda des ecchymoses entre les épaules. Non seulement il s'assagit, mais n'osa plus sortir de chez lui que le jour.

Les bagues d'herbe

Le jeune comte Othon de Chiny était un seigneur hardi, vif, aussi séduisant que brave. Une enfance solitaire, passée à courir librement les forêts des confins d'Ardenne et de Gaume avait accentué le caractère indépendant et impulsif qu'il tenait de ses ancêtres. Reçu à Nancy à la cour du duc de Lorraine, il tomba follement amoureux de la fille unique du duc, Berthe, belle comme l'aurore et douce comme le miel.

Dès le premier regard, c'était comme si la foudre était tombée à leurs pieds: les jeunes gens n'avaient d'yeux que l'un pour l'autre. Le duc, étonné par cette passion si subite, refusa la main de sa fille à l'impétueux jouvenceau.

Quand vint pour lui le moment de quitter Nancy, Othon ne put se résigner à se séparer de Berthe, qui était devenue le soleil de ses journées. Il ne l'enleva pas. Les jeunes gens partirent ensemble à l'aube, dans le vent vif, comme pour une promenade. Sur leurs chevaux, ils rêvaient éveillés. Berthe, qui était aussi endurante que délicate, montait comme un chevalier. Au crépuscule du deuxième jour, le couple entrait au château de Chiny. Il ne put jouir longtemps en paix de son amour que berçait le chant clair de la Semois sur les roches au pied du château. Après quelques jours, le duc de Lorraine était là avec mille hommes d'armes pour reprendre de force sa fille et venger l'outrage qui était fait à sa noble maison.

Vaillant, Othon n'était pas insensé. Il savait qu'avec sa trentaine de chevaliers et d'écuyers, le château était indéfendable. À la nuit, il se sauva avec Berthe par un chemin dérobé qui les mena à Chassepierre, au travers d'épais fourrés.

Ils ne se reposèrent qu'en vue du village, sous un chêne d'où ils pouvaient observer s'ils étaient poursuivis. La vallée était silencieuse, vide de soldats, mais Berthe, épuisée, avait peur, et voulait se soumettre à son père.

Othon ne savait que dire, lorsqu'un bel oiseau aux reflets bleus se mit à voleter autour d'eux. Sa vue suffit à calmer les jeunes amants qui, en quelques instants, oublièrent angoisse et lassitude. Ils furent à peine étonnés lorsque l'oiseau se transforma en une jeune femme au visage d'ange à la fois frais et ardent, à la robe tissée de fils de la Vierge perlés de rosée. Elle s'avançait sans poids sur ses pieds nus brillants comme de l'argent.

– Je suis Herva, dit la fée, sœur de Morgue et d'Oriande. Tes aïeux nous ont rendu service et je te protégerai, Othon de Chiny. Vous n'êtes pas mariés devant Dieu, Berthe et toi, mais je vous unis au nom de Diane, déesse des forêts.

Herva étendit la main, et des futaies surgit un château escarpé, aux fortes tours d'angle, tout neuf, étincelant de quartz, comme si de la poussière de diamant le recouvrait.

– Abritez votre bonheur dans ce château. Il n'est visible que de vous. Et pour vous marier, échangez les bagues d'herbe que voici.

Passant le sien au doigt de Berthe, Othon remarqua que les anneaux légers étaient faits de tiges de circée, la plante aux sombres feuilles, à qui les fées confient secrets et pouvoirs. Les bagues à peine passées à leurs doigts, Herva avait disparu. Les jeunes gens crurent un instant avoir rêvé, mais le château était là, brillant dans une lumière doucement irisée, au bout d'une allée de hêtres aux fûts lisses et pâles. La poterne s'abaissa sans bruit devant eux et se referma de même, sans qu'ils puissent voir personne la manœuvrer.

Ils visitèrent salles d'armes, cours dallées de marbre, écuries et vastes pièces de réception voûtées, sans rencontrer âme qui vive ni voir une chapelle. Ce lieu exquis était visiblement peu catholique.

Dans le petit jardin plein d'aubépines rouges comme le sang, au pied du donjon, s'ouvrait un puits à margelle finement ouvragée, tellement profond qu'une vapeur blanche en sortait.

Même toutes portes et toutes fenêtres fermées, les salles, dont les murs de quartz éclairaient la nuit, sentaient la forêt et la fougère comme si l'on se trouvait dans une clairière. Une odeur de gibier aux sauces riches s'y mêla pourtant, guidant les seigneurs de ce manoir étrange vers une haute salle à manger dont les oiseaux traversaient librement les murs. La table était chargée de somptueuses venaisons, que nul serviteur visible n'avait préparées ni disposées dans la vaisselle finement ciselée.

Othon et Berthe étaient trop amoureux pour s'étonner de ces étrangetés: leurs moindres souhaits, à peine exprimés, étaient réalisés sans qu'ils voient personne.

Dans leur jeune passion, la solitude à deux ne leur pesait nullement. Ils chassaient dans les bois des alentours. Avec les années, qui passaient comme un songe, deux enfants naquirent, une fille et un fils, beaux comme des anges.

Pendant des années, Othon et Berthe ne virent pas leur bienfaitrice. Un matin pourtant, elle leur apparut en forêt. Elle semblait soucieuse.

– J'aurais voulu te rendre ton château de Chiny, dit-elle à Othon. Mais le duc de Lorraine l'occupe toujours avec les hommes de l'évêque de Trèves. Les moines d'Orval et autres moutiers font reculer notre puissance. Les villageois nous invoquent moins. Ils quittent nos belles divinités pour l'image d'un supplicié sur une croix... Une croix comme celle que Berthe porte à son cou, ajouta la fée en jetant un regard mauvais à la jeune femme.

Après un silence énigmatique, Herva disparut, laissant derrière elle une sourde angoisse. Le soir, avant le repas, elle versa un philtre dans le verre de Berthe qui s'endormit au sortir de table. Othon étant seul, Herva lui apparut plus belle que jamais, de cette froide et brûlante beauté sans âge qui est celle de la magie.

Sa vue à elle seule était un maléfice délicieux auquel Othon succomba sur l'heure, oubliant son amour pour Berthe. Il lui semblait que, tout au fond de lui, son cœur restait fidèle à Berthe. Mais un corps, qui était à peine le sien, son image presque, se livrait aux étreintes furieuses, foudroyantes, de la fée aux membres de lait et de pourpre qui se tordaient comme flammes dans la nuit.

– Je ferai de toi un dieu, lui disait-elle, haletante. Ensemble nous chasserons de tes terres les tristes moines et les barons lorrains.

Cette vie double, qu'il parvenait à cacher à Berthe, dura tout un été, balançant Othon entre le remords et des délices infernales. Il devenait sombre, absent. Le jour, il regardait la douce Berthe avec une expression de regret bouleversé, dont elle ne comprenait pas la raison, le croyant malade. Chacun d'eux, en secret, soupirait en regrettant sa jeunesse.

Un soir, pourtant, Herva ne vint pas et ils se retrouvèrent comme aux premiers temps de leur amour. Par la fenêtre de leur chambre, ils virent, au milieu de la nuit, la lueur d'un incendie à l'horizon. Herva survint après minuit, les cheveux en désordre, son beau visage devenu féroce comme celui d'une furie.

– J'ai mis le feu à l'oratoire de l'ermite Walfroy, qui offensait l'autel des dieux de la colline. L'heure de ma victoire approche! Et elle éclata d'un rire strident. Effrayés, Othon et Berthe se signèrent.

– Ingrats! Vous oubliez tous mes dons! Vous vous en repentirez!

Othon, détachant la croix d'or du cou de Berthe, commença à tracer dans l'air le signe des bénédictions et des exorcismes. Il n'avait pas fini qu'Herva était disparue, laissant à sa place un nuage de soufre. Othon et Berthe allèrent sur leur balcon, tendrement enlacés. La nuit, d'une incroyable pureté sous la lune, leur rendit la paix. Une cloche sonna bientôt matines. C'était celle d'Orval, claire dans l'aube d'automne.

Alors, ils virent que les bagues de sombre herbe circée avaient disparu de leurs doigts. Ils n'en gardaient à l'annulaire, qu'une fine trace ombrée. La protection de la fée leur était retirée. Ils n'en avaient cure. Était-ce à tort ou à raison?

Après avoir pris quelques heures de repos, ils enfourchèrent leurs montures et se jetèrent à la poursuite d'un énorme sanglier qui les fuyait, fonçant dans leurs chiens, puis traversant les fourrés les plus épais.

Après des heures, la bête commença à donner des signes de lassitude. Othon allait la transpercer de son épieu lorsqu'elle disparut.

Des arbres, surgirent, lance pointée, les chevaliers du duc de Lorraine qui ordonnèrent au couple de se rendre. Sachant toute résistance impossible, Othon et Berthe se laissèrent capturer. Ils comprenaient que le sanglier n'était qu'un phantasme envoyé par la fée pour les conduire au milieu de leurs ennemis. Ils allaient devoir expier leurs années de liberté dues à la magie.

Les deux amants furent conduits devant le duc de Lorraine. Le courroux de celui-ci leur fit craindre le pire. Le duc voulait enfermer sa fille dans un couvent sévère, en Souabe ou en Bohême et faire jeter Othon dans une oubliette. Mais lorsqu'on lui montra ses deux petits-enfants, le fils et la fille d'Othon et de Berthe, il se laissa fléchir par le repentir des deux coupables et par les larmes de la duchesse, toute heureuse de retrouver son enfant.

– Mariez-vous devant Dieu, et je vous rendrai Chiny et ses forêts jusqu'Avioth et Montmédy. Soyez-y heureux et faites le bien, après avoir vécu d'enchantements et de sorcellerie. Votre amour vous aura sauvés de justesse.

Et lorsque, devant l'abbé d'Orval, Othon et Berthe échangèrent les anneaux d'or bénits, une onde tiède, infiniment douce, parcourut leurs mains. L'étroite ligne obscure laissée par les bagues d'herbe venait de s'effacer.

Alpaïdis au château d'Oridon

On peut rêver au Montauban des quatre fils Aymon dans bien des ruines de châteaux d'Ardenne ou de Gaume, des environs d'Aywaille à Buzenol et à Montessor, près de Monthermé, au-dessus du confluent de la Semois et de la Meuse.

Là aussi, comme à Waridon, dans la commune de Montcy-Notre-Dame, dans le canton de Mézières, ou ailleurs dans la grande forêt semoisienne, nous pouvons songer au château légendaire d'Oridon.

Le castel fut célèbre comme repaire du plus pittoresque des seigneurs bandits ardennais, Lambert d'Oridon. C'était un lieu de magie où Lambert, qui ne reconnaissait aucun suzerain et ne servait nul homme que lui-même, gardait les trésors et les jolies filles qu'il avait capturés par ses sortilèges, monté sur son cheval merveilleux, nommé Papillon. Ni prières, ni rochers, ni tours ne pouvaient faire obstacle aux enchantements de Lambert, qui envoûtait ceux qu'il voulait enlever ou déposséder. Et personne ne pouvait, contre la volonté de Lambert, approcher d'Oridon, que défendait un pouvoir mystérieux.

Dans le roman médiéval *Girard de Roussillon*, nous apprenons que le château enchanté abrita aussi un autre trésor que les rapines et les belles captives de Lambert. Il fut un temps la demeure d'Alpaïdis – ou Aupaix – noble damoiselle boiteuse et rousse, de cœur tendre et résolu. Était-elle jolie ? Seulement aux yeux de ceux qui méritaient de la voir ainsi. Elle était la fille du vieux Thierry d'Ardenne, qui avait été tué traîtreusement dans un guet-apens en forêt.

Le roi Charles de France n'avait pu capturer les meurtriers, qui étaient connus de tous, mais seulement leur frère Foulque.

Il livra le jeune Foulque à Alpaïdis pour qu'elle en tirât vengeance à son gré.

Le gré d'Alpaïdis fut étrange... Sa boiterie la tenant, par crainte de la moquerie ou de la pitié, à l'écart des cours et des jeux de galanterie, elle avait l'âme neuve et ne jugeait que par elle-même. Quand elle vit arriver Foulque enchaîné, elle se garda de lui dire de dures paroles. Elle le regarda et fut étonnée. Captif, il semblait plus libre et fier que les hommes d'armes qui tenaient ses chaînes. Il croyait aller au supplice et à la mort, mais son regard n'implorait pas. Était-ce le fait de son juvénile courage ou de l'enchantement, qui faisait d'Oridon un château de magie? Dès qu'il en avait franchi la poterne, ses liens lui avaient semblé plus légers que fils de soie. Une merveilleuse joie de vivre rayonnait de ce condamné. Alpaïdis, en croisant son regard, sentit tomber les chaînes invisibles qui l'accablaient elle-même depuis qu'elle s'était sue boiteuse et rousse. Elle venait de comprendre qu'elle était, à tout le moins pour un homme au monde, belle et digne de désir autant que de respect.

Que se passa-t-il au château d'Oridon? L'histoire ne nous le dit pas, elle ne nous laisse rien deviner. Mais Alpaïdis ne fit ni tuer ni torturer le frère des meurtriers de son père. Le soir on entendit jouer de la viole et chanter des ballades d'Ardenne, de Bretagne et de Provence.

On raconta qu'Alpaïdis avait fait faire pour Foulque des chaînes d'argent et non de fer ou de laiton, et qu'il vivait à Oridon plus à son aise qu'un poisson dans l'eau.

Le roi Charles tenta de marier la jeune fille au riche comte d'Alsace, puis au duc de Bretagne, mais elle refusa. Dépités du refus, qu'Alpaïdis leur opposa sans daigner les recevoir, ils firent la guerre au roi Charles qui entra dans une grande colère contre la jeune femme. Non seulement elle négligeait le devoir de venger dans le sang l'honneur de sa famille, mais elle refusait de brillants partis qui, maintenant, semaient le trouble aux frontières. Tout cela pour vivre aux côtés du frère des meurtriers de son père.

Le roi lui fit donc envoyer un messager pour lui demander de livrer Foulque à sa justice.

– Dites au Roi, lui répondit-elle, que je le respecte beaucoup et serais bien peinée de lui déplaire. Mais j'aime mieux la justice de Dieu que celle qu'il s'apprête à rendre. Foulque n'a pas tué et j'ai résolu de le protéger contre une vengeance qui ne ferait qu'ajouter un crime à celui qui a coûté la vie à mon pauvre père. Du ciel, je prie pour qu'il y soit, il ne peut exiger de moi que je fasse, ou que je laisse couler en son nom un sang innocent. Là se trouve le véritable honneur de la fille de Thierry d'Ardenne. Cet honneur-là, je suis résolue à le défendre au péril de ma vie, de mes gens et de mes biens contre quiconque, fût-il le Roi. J'en aurai grande douleur, mais mes guerriers valent ceux de Sa Majesté. Et ils ont une cause juste et belle à défendre, même si du sang doit se répandre dans l'injuste guerre dont le Roi me menace.

Lorsque le roi Charles entendit ce message, il crut en mourir de rage et envoya une armée pour prendre d'assaut Oridon et faire entendre raison à cette jeune rebelle et à son prisonnier. En même temps, le seigneur Girart de Roussillon, qui en avait été averti, partit en toute hâte à Oridon avec ses meilleurs chevaliers pour se joindre aux défenseurs d'Alpaïdis.

Au château, Foulque avait fait couper ses jolies chaînes d'argent. Il prit un écu, revêtit le haubert et ceignit l'épée. Alpaïdis, la jolie rousse au talon contraint, crut défaillir de bonheur quand elle le vit ainsi armé. Elle ne put pourtant faire taire une crainte qui venait de surgir dans son cœur, à le voir libre, prêt à partir à cheval vers le combat et l'inconnu, car qui sait ce que fait un chevalier au soir d'une bataille? Pour remplacer par un lien d'honneur celui d'argent, qui venait d'être rompu, elle lui demanda:

– Beau doux seigneur que voilà libre comme l'air, voulez-vous jurer sur les reliques que voici que, si nous échappons de ces dangers-ci, vous me prendrez pour épouse devant Dieu et devant les hommes.

– C'est mon plus cher désir, noble dame. Je me battrai pour cela bien plus rudement que je ne ferais pour ma vie. Je le jure avec joie. Et je ne vous demande pour le combat d'autre talisman que vous-même. J'ai le meilleur cheval d'Oridon. Il court l'amble comme vole un ange. Lui et moi, nous vous garderons de tout péril.

Foulque, impatient, sauta en selle sans toucher l'étrier. Et ceux qui le virent se dirent entre eux:

«Voilà un homme qui a eu des geôliers à sa convenance. Ses membres ne se sont pas raidis dans la prison.»

Il le prouva aussitôt en allant culbuter les hommes du Roi comme pions d'échecs. Les assiégeants d'Oridon, défaits, durent se replier en désordre sans enterrer leurs morts. À peine eurent-ils le temps d'emmener leurs blessés.

Le lendemain de cette bataille, Foulque et Alpaïdis arrivèrent au camp de Roussillon. Girart vint à leur rencontre.

– Sire, lui dit Alpaïdis, je vous confie Foulque, le chevalier vaillant que voici, pour que vous me le donniez comme pair et compagnon.

– Par mon chef, dit Girart, cela m'agrée. Et vous, Foulque, que vous en semble?

Foulque répond sans hésiter, fidèle à son goût autant qu'à son serment:

– Je me donne et me livre tout entier à elle.

Ils vont ensemble sur le perron, sous un beau laurier vert. Foulque y accueille Alpaïdis entre les arçons dorés et ajourés. La reine de France arrive avec sa sœur. En gage de confiance et d'affection, elles baisent Alpaïdis sur sa chevelure cuivrée.

Le lendemain en sa cour, devant tous, la reine prend Alpaïdis par la main. Elle s'adresse à Oudin, le plus proche parent de la demoiselle, son cousin, neveu du vieux Thierry qui avait été tué par les frères de Foulque. Elle lui dit:

– Va Oudin, donne ta cousine au jeune Foulque.

Oudin, mécontent, détourne le visage et dit:

– Je ne m'occupe pas de cette histoire... Il y a beau temps qu'elle a fait de lui son châtelain et qu'il lui a appris à jouer au jeu de l'homme.

Foulque ne lui répond rien, mais, sans se troubler, il demande à voix basse au chapelain de lui apporter les reliques. Il étend les mains sur celles-ci, disant d'une voix forte:

– Puisse Dieu, le Tout-Puissant et les saints dont les reliques sont ici visibles me venir en aide, autant qu'il est vrai que je n'ai jamais touché Alpaïdis d'une façon dont elle puisse avoir honte, elle ni sa parenté, et que je n'ai jamais joué avec elle à un jeu inconvenant.

– Comte, tu as bien parlé, dit la reine. C'est moi qui te la donnerai. Prends-moi pour répondant.

– Dame, mille mercis. Je la prends de vos mains.

Le mariage fut aussitôt célébré devant tous. Foulque fit don à Alpaïdis de la Provence avec Arles, Vienne et Valence. Ce jour-là, il arma cent chevaliers, donnant à chacun armes et destrier. Il y eut grande abondance de mets délicats à manger et de vins fins à boire, et Foulque fit donner mille sols à chaque bon jongleur venu animer la fête, et cent aux moins habiles.

Et jamais plus personne ne dit rien contre l'honneur ou le bonheur de Foulque et d'Alpaïdis.

Le diable, la fille coquette et les liards du curé

Il est dangereux d'être coquette au point d'accepter les services d'inconnus trop obligeants. C'est ce que devait apprendre à ses dépens la jolie Marie L. d'Alle-sur-Semois, mignonne mais point assez réfléchie. Elle montait en pleurant la côte du gros bois d'Alle, pour aller se placer comme servante. Elle aurait bien aimé, jeunette, vingt ans à peine, rester chez ses parents, en espérant un gentil mari.

Mais voilà, pour que les garçons vous regardent, il faut une belle robe et, pour le bal, des souliers blancs avec un «flot»[1] de rubans. C'est la mode qui veut ça.

Or, dans le bois, la petite Marie en larmes rencontre un gros monsieur bien habillé, l'air riche et important.

– Pourquoi es-tu triste, mon enfant? demande-t-il d'un ton paternel que dément la lueur étrange de ses yeux.

– Mon bon monsieur, je dois aller me placer en service, sinon jamais je ne pourrai me payer une belle robe et des souliers à rubans.

– Qu'est-ce que cela coûte?

– Douze francs, Monsieur. Où voulez-vous que je les trouve?

– Les voici, dit-il, sortant de son gousset douze pièces d'or. Je te les prête. Tu me les rendras au double quand tu pourras. Sinon, tu entreras à mon service.

Sans penser à l'allure étrange de la proposition, au moyen de rendre vingt-quatre francs, sans demander quel genre de service l'inconnu lui demandait, Marie ne voit pas plus loin que le bout de son nez:

– Oh! Merci, Monsieur, dit-elle en sautant de joie.

---

1 Nœud.

Elle prend les douze francs et rentre chez elle en chantant. Ses parents, d'anciens « baraquis » (forains, romanichels) n'étaient pas beaucoup plus malins qu'elle. Habitués à ses caprices, ils ne lui demandèrent pas pourquoi elle avait changé d'avis, ni où elle avait trouvé de l'argent.

Cette famille insouciante habitait une maison inachevée. Seul le rez-de-chaussée était terminé. De la chambre, à l'étage, on voyait le ciel d'automne entre les chevrons du toit.

La petite Marie n'eut pas longtemps du plaisir de sa belle robe et des souliers à rubans. Elle pleurait à tout bout de champ. Elle avait peur, criait la nuit. C'est que la pauvrette avait compris. Le gros monsieur cossu avec des pièces dans son gousset était le diable. Tous les soirs, il venait dans la charpente. Il jetait des petites pierres en direction de Marie.

Quand on lui demandait pourquoi elle mettait la main devant son visage, comme pour se protéger, elle répondait :

– C'est à cause des mouches.

Car elle était seule à voir lancer les cailloux. Pour bien lui rappeler sa dette, le diable faisait tomber à ses pieds une ardoise du toit sur laquelle il avait écrit le chiffre 12.

– Qu'est-ce que tu ramasses par terre ? lui demandait sa mère.

– Ce n'est rien, c'est mon mouchoir, répondait-elle entre deux sanglots.

– Pourquoi regardes-tu si souvent le toit ?

– J'y vois un beau crucifix.

Elle ne voyait pas de crucifix du tout, bien au contraire. Elle épiait les signes du diable.

Quand le toit fut achevé, Marie ne fut pas plus tranquille pour autant. Sans dire où elle allait, elle quittait souvent la maison une fois la nuit tombée. On ne voyait pas trace de ses pas sur la neige fine de novembre. Elle revenait à la fin de la veillée, discrète sur son emploi du temps. En insistant beaucoup, ses parents finirent par savoir qu'elle retrouvait d'autres jeunes filles à de belles et grandes assemblées. La musique était si jolie, bien plus douce que l'accordéon du village, et on dansait gaiement. La donzelle riait en racontant cela, mais son rire était comme fêlé.

– Et tu ne trouves pas un galant à ces belles fêtes-là ? demandait sa mère. Il doit sûrement y avoir du beau monde, des fils de châtelains, si la musique est plus belle que l'accordéon du petit Nestor.

Là-dessus la fillette s'est sauvée en pleurant. Elle n'a pas pu cacher longtemps le genre de bal où elle se rendait. Souvent, au-dessus du village, on entendait passer des bandes de sorcières avec violons et tambours. Elles criaient:

– Houp! Houp! Eh, la petite Marie est-elle avec nous?

Il n'y avait plus de doutes. Elle allait au sabbat. La pauvre petite sotte dépérissait à vue d'œil. Bientôt, elle ne fut plus capable de sortir. Dans son lit, où ses parents la veillaient à tour de rôle, elle avait peur, et criait parfois:

– Attention! Le voilà encore qui revient!

– Mais qui est-ce? demandait sa mère.

Longtemps, elle refusa de répondre, secouant la tête d'un air triste et buté. Elle finit pourtant par narrer la rencontre, et le marché conclu au Gros Bois d'Alle. Il n'y avait plus de doute: la pauvrette était possédée du démon.

– Il faut faire venir le curé Mineur, dit une voisine avisée. C'est un prêtre sage et instruit, et un homme de bien.

C'est que, pour combattre le diable, qui est grand clerc et sait tout sur tout le monde, il faut être savant et n'avoir rien à se reprocher.

Ce fut toute une affaire. Le village, en émoi, en a gardé longtemps le souvenir. Tout Alle était là, et encore bien des gens de Muzaive, Frahan et Rochehaut.

Le curé a commencé par déposer sur une table les vingt-quatre francs qu'il fallait rendre au diable. Généreux, il en avait fait l'avance. Les pièces d'or étaient posées sur un morceau de la belle robe blanche, cause de tout le malheur.

Dans le bonnet de la petite Marie on avait cousu des «clous», en fait des grains d'encens du cierge pascal, pour empêcher le diable d'enlever sa victime.

Assisté de Jean le Greffier et d'un autre paroissien, le curé lisait dans son gros rituel. D'une voix forte, énergique, avec de nombreux signes de croix, il clamait en latin les formules de conjuration. Ses acolytes et lui avaient le visage grave, la sueur aux tempes. Toute la maison vibrait. On entendait le son clair des verres qui s'entrechoquaient. Visiblement, le diable résistait.

– Que te faut-il, Satan? demanda le prêtre en français.

Caverneuse, la réponse vint des environs du lit:

– Tu n'as pas le pouvoir de m'expulser. Tu n'as pas la conscience nette. Un jour, tu as pris une grappe de raisins dans la vigne du grand Joseph Marchal.

– C'est vrai, reconnut le prêtre. Je mourais de soif. Mais j'ai payé les raisins pour leur valeur et au-delà: j'ai déposé six liards au pied de la vigne.

À l'instant, on entendit un rugissement infernal, rageur, puis le raclement des ongles crochus qui enlevaient les vingt-quatre francs et la pièce d'étoffe blanche, que l'on vit disparaître. Une odeur pestilentielle se répandit dans toute la maison: le diable partait, furieux d'abandonner la jeune fille. Il aime l'or, mais encore bien plus les âmes.

Marie guérit rapidement de sa langueur et de sa sotte coquetterie. Elle trouva du travail du côté de Namur et y épousa un bon garçon. Il valait mieux aller loin de chez elle, car, de Bohan à Bouillon, les jeunes gens n'osaient pas trop danser avec elle. On ne sait jamais: si la lubie lui reprenait brusquement d'aller au sabbat! Cette envie ne l'a jamais reprise. Qui est pris est appris, comme on dit.

Jean, dit le Greffier, qui servit d'acolyte au curé Mineur pour l'exorcisme de la petite Marie, possédée du démon, eut lui-même à souffrir de maléfices. Il transportait régulièrement du charbon de bois d'Houdrémont jusqu'à Givonne, en France. Pour les 35 à 40 kilomètres du trajet, il employait un gros char tiré par des bœufs très robustes. C'étaient des bêtes puissantes, magnifiques, bien connues dans toute la région.

Or, un beau jour, si l'on peut dire, elles se mirent à dépérir. Il n'y avait pas, dans la région, de maladie du bétail, et les bœufs de Jean le Greffier n'en montraient aucun symptôme connu. Seul indice: un chat noir, venu on ne sait d'où, restait couché dans la mangeoire, en face du bœuf malade. Quand celui-ci fut sur le point de périr, le chat vint s'installer devant un autre qui se mit bientôt à souffrir du même mal mystérieux. Il n'avait fallu que trois jours à un bœuf très costaud pour passer d'une santé florissante à l'état de charogne.

C'était si rapide que, lorsqu'un bœuf était atteint, Jean le Greffier commençait déjà à creuser la fosse pour l'enfouir. Personne ne parvenait à prendre ou à chasser le chat.

Jean n'était pas homme à s'effrayer pour des riens ni à croire trop vite à des coups de sorciers. Mais il n'était plus possible de douter: le chat en était un.

Le curé Mineur vint, avec un acolyte, exorciser l'écurie. Pour prolonger l'effet des conjurations, il enfonça trois «clous» du cierge pascal dans le châssis de la porte et, au mur, il suspendit son étole, qui y resta longtemps. Depuis lors, le bétail de Jean le Greffier ne souffrit plus de maladies suspectes.

Les lézards

Le plus beau sortilège d'écurie est situé à Vivy, entre Carlsbourg et Rochehaut. Deux frères y étaient fermiers, presque voisins. On ne sait pour quelle sombre raison – le savaient-ils eux-mêmes? – ils étaient brouillés.

Or l'un des deux trouvait souvent, le matin, son cheval épuisé, trempé de sueur, portant l'empreinte d'une selle nettement marquée sur le dos et la crinière tressée. C'était le cas typique du «cauchemar des chevaux», victimes d'un mauvais sort. Ils sont enfourchés, la nuit, par un sorcier, qu'ils mènent au loin, à un sabbat. Souvent ce maléfice s'accompagne de tapage infernal dans l'écurie. La mangeoire et le râtelier sont arrachés.

Le propriétaire du cheval ainsi «enchanté» va, à Charleville, demander conseil à un gromancien. Celui-ci lui recommande le procédé classique des prêtres exorcistes: utiliser les «clous» du cierge pascal. Mais il lui conseille de les utiliser par une astuce moins catholique: placer ces grains d'encens devant chaque issue de l'écurie, sauf la serrure, et prononcer une formule de conjuration dont il lui remet le texte.

Le fermier, posté à l'intérieur de l'écurie, près de la porte, une fois les «clous» posés où il fallait, récite la conjuration. Aussitôt, une multitude de petits lézards, venus de tous les coins de l'écurie, se précipitent, vifs et agiles, vers le trou de la serrure et sortent ainsi. Un seul, plus gros, n'y parvient pas.

– C'est le chef! se dit notre homme, et il se jette dessus à coups de fourche, le faisant saigner.

À la première goutte, le lézard prend forme humaine. C'est le frère ennemi. Terrorisé, il se met à genoux et implore pardon. Son frère lui laisse la vie sauve. Quant à savoir si les deux bougres se sont réconciliés, c'est une autre affaire.

On n'est jamais trop prudent

La crainte des maléfices avait parfois des effets pittoresques. Ainsi, à Naomé, les deux frères Jacques, de vieux célibataires, étaient connus pour leurs précautions en vue de protéger leur ferme du mauvais sort. Tous les mois, ils inspectaient les bâtiments, sondaient, avec un bâton pointu, les trous des murs, entrées possibles des sortilèges, en psalmodiant des conjurations latines dont le refrain était «*Et satanas, et diaboli*».

Quand ils achetaient une tête de bétail, ils se méfiaient des influences malignes qu'elle pouvait avoir subies. Pour l'en débarrasser, ils la faisaient entrer dans l'étable à reculons. Ils participaient tous deux à l'opération: l'un à droite tenant la corne opposée et inversement pour l'autre. Leurs bras se croisaient donc, et ils disaient: «*et verbum caro factum est*», employant au hasard des mots du *Credo* de la messe, qui ne figurent pas dans le rituel des exorcismes. Une fois la bête entrée, ils lui faisaient des signes de croix sur l'échine, la tête et les pattes avec de l'eau bénite, en marmonnant des conjurations.

Protection classique: au-dessus de la porte de l'écurie, à l'intérieur, était suspendue une pierre trouée. Pour être sûrs de son efficacité, ils l'avaient choisie très lourde: bien cent kilos. Une autre pendait au-dessus de l'entrée du logis.

Les villageois ne riaient pas des deux frères. Ils avaient de bonnes raisons d'être circonspects. Jadis, huit de leurs vaches avaient été ensorcelées. Ne donnant plus de lait, devenues agressives, donnant des coups de cornes, elles avaient été vendues, au prix de la viande – et encore, de la mauvaise! – à un marchand de Bièvre. Leur cheval, qui ne valait pas mieux, les frères l'avaient cédé pour neuf francs à un fermier de Graide.

Ils étaient aussi inquiets pour leurs récoltes. Pour les protéger contre les mauvais sorts, chaque mois, d'avril jusqu'à la moisson, ils semaient du sel en forme de croix aux quatre coins de leurs champs.

Grâce à toutes ces précautions, il ne leur arrivait pas de catastrophe. Ils étaient maniaques peut-être, mais bien portants. Pour cela aussi, ils avaient un truc. Un jour, l'un d'eux rencontre un de leurs cousins, curé du côté de Dinant.

– Comment va la santé? demande le prêtre.

– Très bien, Nom de Dieu, mon parent, répond le vieux Jacques (c'était sans doute un exorcisme plus qu'un juron).

– Et comment faites-vous pour être si vaillant à votre âge, sans enfant pour vous aider à la ferme?

– C'est que j'ai un talisman contre toutes les maladies.

– Un talisman! dit le curé, méfiant. Et lequel?

– Eh bien! tous les matins, je bois une tasse de mon urine.

Est-ce de la magie? En tous cas, c'est à ce titre que le vieux Jacques le faisait. Avec son frère, il allait trois fois par an consulter les gromanciens de Charleville à une bonne quarantaine de kilomètres.

La panacée du frère Jacques ne fait point partie de la médecine populaire la plus appétissante. Il est plus agréable de boire, contre la jaunisse, de la tisane de deuxième écorce d'osier, de cautériser les verrues avec du suc de chélidoine, dite «soulougne» (remède populaire admis comme efficace: plus que les applications de vers de terre, l'autre procédé ancien étant de se les faire mordre par la grande sauterelle verte actuellement si rare dans nos campagnes).

Cependant, bien sûr, les coutumes les plus tenaces et respectées sont pieuses: l'invocation de tel saint contre telle maladie, sainte Apolline pour les maux de dents, comme saint Quirin ou saint Hubert pour la rage, saint Roch pour le bubon pesteux, saint Eutrope pour les convulsions.

Quant aux frères Jacques, ils préféraient pratiquer une magie frottée de latin d'Église.

Instruments pour la magie

Les sorciers – le plus souvent – jettent des sorts par la seule pensée. Ils sont assez forts pour cela. Mais il faut faire attention à leurs paroles. «Grommeler» est menaçant, après une aumône refusée.

Mais la magie aime aussi se servir d'objets. Le plus courant symbolise la victime visée. C'est une poupée grossière, plus efficace si tachée d'un peu de sang de la personne, portant un morceau de tissu d'un de ses vêtements ou, très prisées dans les magies de nombreux pays, des rognures d'ongles. On en trouve en Ardenne comme dans le texte du *Don Juan* de Tirso de Molina. La figurine subit les gifles, avanies ou coups de couteau qu'elle transmet à la personne visée.

Les figurines servent ainsi de «médium» à la magie. Dans une ouverture d'un rocher, aux anciens remparts de Luxembourg, vers Eich, les bougies du «Peter Unruh» (Pierre l'Inquiet) restent populaires. Le Peter en question est, derrière la grille qui le protège, un beau gisant gothique en bois, sévère dans sa courte barbe. L'époux, l'épouse, l'amant, l'amante qui se croient ou se savent trompés font brûler près du «Peter Unruh», qui en a d'ailleurs les pieds carbonisés, une bougie hérissée d'aiguilles. Chaque fois que la flamme brûlante fait sauter une de ces aiguilles, l'infidèle ressent au cœur un vif pincement de remords. Cette pratique superstitieuse, encore utilisée, en principe «pour rire», est connue jusqu'en Gaume.

Le plus étrange des objets de magie rustique, signalé d'ailleurs rarement, est l'os qui rend invisible. À Chairière, un fermier cambriolé malgré une garde vigilante exercée avec son chien, un molosse, était sûr d'avoir été «entchaurné», ensorcelé, empêché de voir, au moyen d'un doigt d'enfant mort-né. Dans la deuxième moitié du siècle dernier, en Bavière et en Rhénanie, ce talisman était si recherché pour devenir invisible, qu'on dut, près de Spire, surveiller un cimetière où il était convoité.

Plus amusant est l'os provenant d'un chat noir. La difficulté était de l'identifier. Après avoir fait bouillir et désossé l'animal, on se plaçait devant un miroir. Il suffisait de prendre en bouche, successivement, tous les os du chat. Lorsqu'on rencontrait l'os magique, on cessait de se voir dans la glace.

Il faut croire que l'expérience n'était pas souvent tentée – ou que tous les chats ne possédaient pas l'os en question. Car, désireux de se rendre invisible, le berger Grosjean de Rochehaut en avait acheté un à un mendiant sorcier (on liait souvent les deux professions: chantage à la peur d'un côté, malveillance de l'autre). Grosjean s'en servit longtemps, content de se rendre invisible, et ses brebis avec lui, quand il les menait hors des prés de Rochehaut: un passant égaré aurait cru avoir la berlue en voyant l'herbe décroître toute seule. Grosjean s'en servait aussi pour des farces: faire voler les chapeaux des bons fermiers ou soulever les jupes des vieilles bigotes au sortir de l'église. Il n'était pas mauvais homme, et ne se serait pas servi de l'osselet pour commettre un vol dans l'impunité. Tout au plus vidait-il, invisible, une chope dans un café, pour inquiéter les clients, qui, alors, se disaient: «Je suis vraiment plus saoul que je le croyais.»

La magie, c'est amusant pendant quelque temps. Mais, à la longue, on comprend que cela dérange quelque chose, sur terre et dans le ciel. Grosjean n'osait plus se regarder dans un miroir quand il redevenait visible. Il ne savait pas très bien dans quel état il sortait du monde que l'on ne voit pas. Il avait l'impression d'être à côté de ses sabots.

– Un de ces jours, je resterai invisible pour de bon, se dit-il. Je serai Grosjean comme devant, mais seul le diable me dira encore bonjour. Je vais me débarrasser de l'osselet.

Il alla chez les ouvriers de la brasserie banale, comme il y en avait un peu partout, brassant la bière de ménage.

– Cassez-moi cet os-là en mille morceaux, et jetez-le au feu, leur demanda-t-il. C'est ce qu'ils firent. Peine perdue. Le lendemain, le talisman était revenu dans sa poche. Cette fois, il fut vraiment anxieux. Il prit son bâton et sa besace pour aller à Charleville consulter un gromancien (un contre-sorcier). Ce vieil homme sage, expert en grimoires, lui dit:

– Tu n'en seras débarrassé que si tu le vends à un prix supérieur à celui que tu as payé. Et ton acheteur n'en sera quitte que de la même façon, et ainsi de suite.

Grosjean trouva un amateur, un bûcheron, qui accepta le marché, prévenu de la façon de refiler l'osselet à un autre mauvais drôle. Mais il ne trouva pourtant pas la paix. Était-ce le remords d'avoir dérangé l'ordre divin pendant quelques mois ou l'idée du talisman en balade qui continuait à jeter le trouble on ne sait où? Grosjean, le cœur lourd et le corps léger, car il dépérissait à vue d'œil, alla trouver un prêtre connu comme expert en confessions difficiles: sage, instruit en sciences mystérieuses et ne se fâchant pas:

– Mon fils, pour casser le sortilège, tu te rendras chaque nuit, pendant un an, à la chapelle d'Oisy. Tu te mettras en route à minuit, et tu ne te retourneras jamais, quel que soit le vacarme que tu entendras derrière toi.

C'est ce que fit Grosjean, sans manquer une nuit. Il en eut du mérite car, à chaque fois, un tintamarre infernal le suivait. Mais sachant qu'il ne faut pas se retourner vers les Enfers, il fut plus heureux qu'Orphée.

Ayant chaque fois les cheveux qui se dressaient sur la tête, il arriva au bout de son épreuve, et acheva paisiblement sa vie, le chef couronné de neige et le cerveau lavé de pensées noires.

Le docteur Delogne, à qui ce récit fut confié, le compare à ce que les frères Grimm rapportent au sujet d'un autre talisman: une petite bouteille contenant un esprit familier, qui procure toutes sortes d'avantages. Celui qui le conserve jusqu'à sa mort doit descendre avec lui aux Enfers. Il ne peut s'en délivrer qu'en le revendant, à l'inverse du conte de Rochehaut, à un prix inférieur. Ainsi l'esprit est sûr d'emmener quelqu'un chez Satan: l'acheteur l'a payé avec la plus petite pièce de monnaie ayant cours.

Le gosier sec des bergers

À Rochehaut, les barriques de bon bourgogne du curé se vidaient toutes seules. Comme il arrivait au herdier de revenir inexplicablement guilleret des landes désertes où il menait le troupeau, le curé chargea le plus futé de ses petits enfants de chœur de le suivre en douce.

– Surtout, arrange-toi pour qu'il ne te voie pas. Quand il sera arrêté près du bois Lion ou aux Fetchirs, pour faire paître les bêtes, grimpe sans bruit dans un arbre et regarde bien ce qu'il fait.

Agile et pas bête, le gamin, se doutant d'un mystère, fit ce que le pasteur des âmes lui avait demandé. Aux Fetchirs, il vit le pasteur des moutons jeter un coup d'œil circulaire. Le vieux bougre voulait vérifier si personne ne l'observait. Puis, fichant en terre, d'un geste énergique, sa houlette, le grand bâton des bergers, il y adapta une sorte de petit robinet de bois. Installé en dessous, la bouche ouverte, il y but un liquide rouge, à grandes goulées. Il s'arrêtait pour entonner des gaudrioles en latin de cuisine.

«Mais on dirait que c'est du vin, se dit le garçon dans son arbre. Et quelle prière chante-t-il? Ce n'est pas tout à fait ce qu'on entend à l'église, mais cela y ressemble...»

Cela y ressemblait d'assez loin. L'histoire ne nous dit pas comment le curé fit comprendre au berger que son manège pouvait devenir dangereux pour lui. Ces affaires-là ressemblent au secret de la confession. Le bon curé put boire tranquillement son bourgogne lui-même avec ses confrères. Mais était-ce bien un coup du diable, de l'en priver? Son ange gardien pouvait très bien veiller sur le foie du brave abbé. Bien sûr les robinets magiques ne sont pas des accessoires habituels du ciel. Mais allez savoir! Les voies du Seigneur sont impénétrables.

Le berger de Rochehaut n'était pas le seul à posséder le truc pour se rincer la dalle sans frais. Celui de Naomé vidait ainsi, à distance, le vin ou la bière de l'un ou l'autre villageois. Il se nommait Jean-Lambert, et, vers 1910, un tiers – les aînés – de la population de Naomé se souvenait très bien de lui.

Comme il menait son troupeau dans les «virées» (les sections de coupes de bois) du côté de Carlsbourg, il y rencontra son collègue de ce village. Plutôt porté sur la boisson, le collègue dit à Jean-Lambert:

– Nous avons un bon métier. C'est dommage qu'il y fait si soif. Tout ce qu'on peut boire par ici, c'est l'eau de la source.

– Je puis t'offrir mieux que cela, lui dit Jean-Lambert. Sais-tu comment est placé le robinet sur le tonneau de bière de ton patron?

– Bien sûr, répondit le berger de Carlsbourg, la voix altérée par le gosier sec.

Là-dessus, Jean-Lambert planta son bâton dans la terre, comme faisait le berger de Rochehaut. Y ayant appliqué une embouchure de bois, il invita son collègue:

– Vas-y, bois tout ton saoul. C'est ton patron qui a payé la bière.

Le berger de Carlsbourg ne se le fit pas dire deux fois. Quand il en eut lampé un ou deux litres, s'essuyant la bouche du revers de la main, il se tourna vers Jean-Lambert:

– Tu en as de la chance. Je voudrais en savoir autant que toi!

– Hélas, répondit Jean-Lambert, que le Bon Dieu t'en préserve! Tu aimes peut-être bien boire un coup, mais tu es un homme comme il faut. Moi, je suis maudit et malheureux comme une âme en peine.

La flûte enchantée, le «faudeur» et les pipes

Plus poétique, et, curieusement, plus menaçante que le robinet des bergers assoiffés, la flûte servait aussi d'instrument de magie. On sait comment, aux Hayons, le berger Tcha-Tcha s'en servit pour se débarrasser des fées – peut-être bien des sorcières – qui voulaient lui interdire la belle prairie réservée à leurs débats.

Or deux grands «valets» (garçons) de Vivy se moquaient d'un vieux mendiant, fourbu, aux jambes cagneuses, courbé sous sa hotte. Ils auraient mieux fait d'être plus charitables ou plus prudents. Le vagabond, les regardant «par en dessous», grommela entre ses dents:

– Ah mes gaillards! C'est comme ça que vous traitez le pauvre monde! Bientôt vous marcherez plus tordus que moi.

Tirant de sa poche une petite flûte, il en fit sortir des sons bizarres, aigus, sur un rythme rapide.

À l'instant, les deux moqueurs furent emmenés dans le tourbillon d'une danse de Saint-Guy, sautant en l'air avec des contorsions invraisemblables. Ils bondissaient, retombaient désarticulés comme des pantins, étaient entraînés en l'air, atterrissaient sur une jambe pour repartir de plus belle.

Ce manège ne passa pas inaperçu. Voisins et passants goguenards s'attroupèrent, ébahis du spectacle et lançant des quolibets aux deux gaillards. Après un quart d'heure, harrassés, ceux-ci crièrent:

– Brave homme! Tu nous a assez punis. Grâce! On te demande pardon! Cesse ta musique.

– Non, chenapans! Vous n'êtes qu'à la moitié de la rigolade, leur répondit le mendiant, qui accéléra encore la cadence comme s'il voulait réduire en loques les deux bougres.

Ils ont dansé une bonne demi-heure, et leurs voisins ont dû les aider à rentrer chez eux pour se mettre au lit. Ils y sont restés deux jours et deux nuits, et en sont sortis très peu flambards, le pas hésitant et le cœur contrit. Ils y ont regardé à deux fois avant de se moquer encore des gens. «Tu rigole un peu, et, flûte!», se disaient-ils.

Les métiers pratiqués dans l'isolement, loin du village, se prêtaient, plus que d'autres, à la magie. Les histoires de bergers un peu sorciers ne sont pas rares. On ne sait pas quel objet magique employait le herdier Toussaint de Rochehaut, mais il se tirait toujours d'affaire quand il menait paître le troupeau à la maraude. Ses brebis se transformaient en fougères. Lui-même devenait une vieille souche de chêne. Un jour, le garde vint même, sans méfiance, s'asseoir dessus. Une fois le cerbère parti, moutons et pâtre reprenaient leur aspect normal.

Un autre travail retiré était celui, vaguement infernal, des «faudeurs», les hommes qui fabriquaient le charbon de bois. Noirs comme des diables, dans des clairières éloignées de tout, ils préparaient, selon des règles minutieuses, de grands dômes contenant, pour que le feu couve longtemps, du bois protégé par de la terre. Les orifices assurant le tirage étaient disposés de façon à entretenir une combustion douce. Trop vive, elle réduisait le bois en cendres inutilisables. Et si le feu s'éteignait trop tôt, le travail était à refaire.

Surveiller ces feux sans flammes était une besogne continue, un peu maléfique. Un faudeur joyeux drille, imprudent et notoire, abandonnait volontiers ses «faudes» pendant cinq ou six jours pour faire la noce. Et pourtant, jamais il n'eut de mésaventure. Quand il partait en ribote, il disait: «Arrête-toi, feu!» Obéissantes, les faudes s'endormaient.

À son retour, il criait, de loin:

– Rallumez vos pipes!

Aussitôt, la fumée recommençait à sortir.

Un vieux sorcier lui avait transmis ce pouvoir. Toutefois, quand le diable devient vieux, il se fait ermite. Le faudeur, avec les années, sentit comme du remords. Il avait l'impression que Satan le guettait. Des contrariétés inexplicables, de l'argent perdu et retrouvé, un cheval devenu subitement hargneux, des ricanements entendus la nuit dans la solitude, tout cela le fit réfléchir.

Il alla trouver un prêtre, lui avoua sa pratique de la sorcellerie, et lui demanda de le débarrasser de son pouvoir magique.

– Dis un rosaire chaque soir pendant un an et couche à la dure, comme les moines, lui dit le prêtre. Dans un an, tu seras délivré du don reçu du sorcier.

C'est ce qu'il fit. Douze mois plus tard, le faudeur tenta l'expérience. Avant de quitter une faude, il dit les paroles rituelles. À son retour, quand il cria «rallumez vos pipes!», aucune fumée ne sortit. Il en fut quitte pour refaire le travail. Il le fit en sifflotant: il avait retrouvé la paix du cœur. Les seuls à s'en plaindre furent les cabaretiers. Ils avaient perdu un bon client.

Chasses maudites...
et sortilèges d'accouchements

Au pays d'Arlon, notamment à propos du «Junker Dietz» de Noedelange près d'Athus[1], les légendes du chasseur maudit sont comparables aux schémas populaires en Allemagne: un seigneur sauvagement passionné de chasse, dévaste les champs et, défi majeur, manque la messe du dimanche, à la poursuite du gibier. Après sa mort, il revient, dans un tumulte d'aboiements et de corps de feu qui effraient les populations.

Cette terreur est souvent associée aux tempêtes des nuits d'automne. En Haute-Ardenne, à la Vaulx-Renard, près de Stoumont, sur l'Amblève, une tradition de ce genre est restée vivace: le seigneur y aurait tué le prêtre, qui, las de l'attendre, avait commencé sans lui à célébrer l'office dominical[2].

Dans l'aimable Gaume, où certaines légendes sont pourtant terrifiantes, il est difficile de trouver une trace de récits populaires analogues. Dans la région de la Basse-Semois, une variante finalement bénigne a été relevée par le docteur Delogne à Sugny, Rochehaut, Alle, Membre et Laforêt.

Un vacarme de chasse fantastique, cor de chasse, coups de fusil, aboiements, cris «Taïaut! Taïaut!» est suivi de l'apparition, sur le sol, de centaines de petits chiens, parfois décrits comme noirs, ou aboyant «gnaf-gnaf», mais inoffensifs. Ils vont rentrer bredouille. Dans un village, quelqu'un prend deux ou trois de ces chiens dans sa bannette (tablier) et les enferme dans son fournil. Mais, le lendemain, ils ont disparu.

---

1 Voir nos *Légendes et contes du pays d'Arlon*, Legrain, Bruxelles, 1988.

2 Voir *Le meunier de Quarreux et autres légendes d'Ourthe et Amblève,* volume 3 de la présente trilogie.

Ces apparitions-illusions, sans dommages, se rattachent à la magie rurale familière, encore vivace dans les croyances à la fin du XIXe siècle. Dans deux cas, à Laforêt, les petits chiens, par centaines, viennent aboyer, jusque sur le seuil de la porte, au moment ou une femme va accoucher. Par des prières à haute voix, chez les plus pieux, ou en faisant du bruit, chez les autres, on essaie de dissimuler à la future mère ce tapage inquiétant, mais c'est en vain. Le lendemain, elle dit:

– Vous n'aviez pas besoin de faire tant de cachotteries. J'ai tout entendu.

Le lien est étrange entre l'angoisse de la chasse venue du monde des morts et la foule de petits chiens, symboles possibles des âmes attendant de naître.

Il existe d'ailleurs un rapport entre les accouchements, passage à la vie, mystérieux et comportant un danger, et des faits insolites. Non seulement des apparitions ou des musiques nocturnes – comme au pays d'Arlon – mais aussi des animaux survenus par magie. Le plus souvent, il s'agit d'un mauvais sort, en vue de contrarier la naissance. Ainsi est-il recommandé de ne jamais aller seul chercher le médecin ou la sage-femme. Le diable, à l'affût de l'âme de l'enfant, cherche à égarer ou retarder, en l'effrayant, le messager. Il veut que l'enfant arrive mort-né. Ici la croyance populaire assimile à l'empire du diable les mystérieux limbes, qui sont pour l'Église catholique le séjour des enfants morts sans baptême.

Un paysan de Rochehaut n'avait pas eu la prudence de se faire accompagner en allant quérir l'accoucheuse. Tout le long du trajet, il fut poursuivi par deux brebis lançant des éclairs par les narines, la bouche et les yeux. Pour s'en débarrasser, il passa dans des buissons, mais elle l'y ont suivi, laissant aux épines des touffes de laine lumineuse.

Des rencontres magiques n'étaient d'ailleurs pas exclues, même lorsqu'on avait la prudence de ne pas se rendre seul chez la sage-femme. À Laforêt, deux homme qui y allaient ensemble virent une foule de poissons dans le ruisseau qu'ils traversaient.

– Prenons une friture, dit le plus jeune.

– Idiot! Ne faisons surtout pas cela! Tu n'as pas compris que le diable nous tente, pour que nous arrivions en retard.

Ils firent un signe de croix et passèrent leur chemin.

Sorcellerie en Basse-Semois: Tchalette et compagnie

Avec ses villages pauvres, à l'écart des modestes voies de communications de l'époque, nichés dans les méandres rocheux de la rivière, égrenés le long de la frontière, la Basse-Semois a gardé longtemps des traditions et croyances venues d'un lointain passé. Cette région n'est pas la seule dans une situation comparable. Mais, pour les curieux de vieille psychologie rurale, elle eut le privilège d'être prospectée, à la période précédant la guerre de 1914-1918 par le docteur Th. Delogne (cité plusieurs fois dans les chapitres précédents). Enfant du pays, né à Oisy, gradué ès lettres en plus de son diplôme de médecine, il correspondait avec des sociétés d'archéologie. Ayant exercé longtemps à Alle, ce médecin de campagne, familier des villages, en confiance avec une population dont il était issu, alliait la rigueur scientifique à une solide culture littéraire polyglotte, germanique notamment. Il pouvait ainsi recouper avec la Bible, le folklore flamand ou les recherches allemandes, de Grimm et autres, les témoignages de paysans âgés, informateurs particulièrement précieux, se souvenant d'événements ruraux autour de 1850.

Il ne faut donc pas, à la lecture, souvent terrifiante, de *L'Ardenne méridionale belge, une page de son histoire et son folklore,* suivis du *Procès des sorcières de Sugny*[1], prendre le secteur ardennais de la Semois pour une région tellement plus maléfique et infernale que d'autres.

Fertile en croyances magiques, elle fut observée à cet égard avec une minutie et une intelligence qui ont fixé plus complètement qu'ailleurs la mémoire populaire.

---

1 H. Lamertin, Bruxelles, 1914.

La moisson du docteur Delogne – qui a aussi étudié la vie sociale et agricole ancienne – est particulièrement somptueuse en fait de sorcellerie. Dans les campagnes, cette croyance fut longtemps tenace. L'écrivain Marie Gevers m'a dit que, vers 1930, elle passait exprès des heures à cirer inutilement le plancher, à genoux, avec une jeune servante campinoise illettrée, pour mettre celle-ci en confiance et obtenir d'elle, mine de rien, des renseignements sur les sorciers et sorcières de Campine. Leur hiérarchie, me dit-elle, régnait jusqu'au cœur de la ville d'Anvers, ou siégeait le chef, l'évêque en quelque sorte, des sorciers de la province.

Il officiait encore dans les années 1950. À pareille époque, et durant tout l'entre-deux-guerres, le diocèse de Tournai, avec les zones minières et industrielles du Hainaut, était réputé comme donnant beaucoup de travail au prêtre exorciste de l'évêché. On parlait d'hommes giflés, blessés, seuls en rue, par un compère frappant ou piquant au couteau un pilier, dans la mine.

À Arlon autour de 1930, les bons petits écoliers de mon âge, au temps de la radio (TSF), des automobiles et du cinéma «parlant et sonore», étaient loin de jurer que, dans ses guenilles, avec son cerveau dérangé et ses cris agressifs, la «folle Louise» n'était pas une sorcière. Ne nous étonnons donc pas si, en 1850, à Rochehaut, Sugny ou Mogimont...

À Mogimont, justement, les récits abondaient sur deux sorcières redoutées, la Tchalette (femme de Charles) et sa fille, la Cisse (femme d'Alexis). Une de ses sœurs faisait aussi partie de la confrérie. Les pouvoirs de sorcellerie étaient souvent familiaux et héréditaires.

C'est pourtant la Tchalette qui est restée dans les locutions populaires. À un enfant rebelle ou grognon il suffisait de crier: «Tais-toi, Tchalette de Mogimont!», devant l'injure ou la menace. «Si tu continues, elle va venir»; le petit chenapan se tenait tranquille.

Cette diablesse était d'ailleurs dangereuse pour les enfants. À ceux de Clément, de Mogimont, elle envoya des fourmis en masse dans leur lit. Les insectes ne piquaient pas, mais ils faisaient peur et empêchaient de dormir. Sans compter qu'ils dévoraient les tartes de la «fiett» (fête) et jusqu'au miel, pourtant suspendu à la maîtresse poutre.

Parfois un enfant dépérissait, rien que pour avoir eu son vêtement touché par la Tchalette. Certains en seraient morts, comme le gamin de Did., de Mogimont, dont elle avait palpé les bas. Il était pourtant possible de se défendre. Rencontrant la gentille fillette du Félix, de Rochehaut, la Tchalette – dont les éloges étaient dangereux[1] – avait dit, mettant la main sur l'épaule de l'enfant:

– Oh! comme elle est belle.

Cela suffit pour que la petite tombât malade. Elle serait sans doute morte si ses parents n'avaient eu recours aux exorcismes du curé de Louette-Saint-Pierre, prêtre connu comme expert en la matière.

Plus expéditif, L. de Hour, en pareille circonstance, sauva la vie de son enfant en allant menacer la Tchalette chez elle, en brandissant sa fourche.

– Si tu ne lèves pas le sort, je t'embroche!

Elle comprit qu'il en était capable, et lui dit:

– Ne te fâche pas. Ton enfant est guéri.

C'était vrai.

Les attouchements de la sorcière n'étaient pas seulement périlleux pour les enfants. Personne d'ailleurs n'osait mettre des vêtements qu'elle avait touchés. Pour les animaux aussi elle était une menace. Le père d'Alexis A. de Rochehaut revenait un samedi de Mogimont avec un agneau qu'il y avait acheté. Il rencontre la Tchalette qui lui dit:

– Laisse voir s'il a des dents.

Le lendemain, revenant de la grand-messe, il trouve la bête périe sur la paille de l'étable où il l'avait mise. À l'instant, il comprend de qui venait le maléfice.

Une supercherie de la Tchalette est restée longtemps fameuse. Le meunier de Sugny avait eu la naïveté de lui acheter son cheval. Or chaque fois qu'elle en avait besoin pour les travaux de sa petite ferme, elle faisait revenir l'animal, qui ne rentrait à Sugny que fourbu, plus une quarantaine de kilomètres de trajet par Alle et Rochehaut. On l'y reconnaissait à sa robe blanche. Quand les villageois le voyaient passer, ils riaient, disant: «Tiens, voilà encore le cheval de la Tchalette!»

Il traversa ainsi, le lundi de la fête, Rochehaut plein de monde. Le meunier était devenu la fable de toute la région, même en

---

1 Le mauvais sort jeté par un éloge hypocrite est bien connu, jusque dans les pays allemands.

dehors du trajet, comme à Oisy. Il finit par en avoir assez. Prenant sa hache, il alla, très fâché, à Mogimont.

– Si mon cheval revient encore chez toi, je viendrai aussi, avec ceci.

Et il fit luire le tranchant dans le soleil. La Tchalette comprit que ce n'était pas une menace «en l'air» et fit cesser le sortilège. Du jour au lendemain, on n'a plus vu galoper le cheval blanc sur la route de Mogimont.

Il était d'ailleurs utile de se défendre avec brutalité contre les sorts lancés par la Tchalette. Un de ses concitoyens gardait, une nuit, des bestiaux dans un pré quand sept chats vinrent danser une ronde autour de lui. Furieux, il lança des coups de fouets à ces méchantes bêtes aux yeux phosphorescents, mais elles évitaient la lanière avec une incroyable vivacité. Finalement, de colère, il prit son sabot et le lança à la tête de la plus enragée, semblant mener la sarabande. Les chats se dispersèrent comme une volée de moineaux. Le lendemain, la Tchalette avait la tête pansée, serrée dans un linge.

Elle aimait d'ailleurs les chats. Pour eux, elle était capable de faire le bien. Son vieux matou, étant devenu aveugle, elle lui passa plusieurs fois la main sur le dos en disant: «Mon pauvre Minou!»

Il a recouvré la vue.

Quant aux exorcismes, lorsqu'ils sont prononcés par un prêtre sage, bien au courant des mystères, et irréprochable, ils sont efficaces, mais pas toujours sans risques.

Ainsi, à Mogimont, le grand-père de B. était menacé par la misère: ses bœufs dépérissaient l'un après l'autre. Il n'était pas possible de voir de quoi ils étaient malades. Mais un chat noir ne quittait presque jamais leur mangeoire, et le grand-père ne parvenait pas à s'en emparer.

Il fit venir le curé, qui s'enferma dans l'écurie avec B. (qui raconta l'histoire) et le chat soupçonné d'être sorcier. Le rite de l'exorcisme eut un plein succès: le chat quitta la mangeoire et disparut par une étroite lézarde de la muraille. À ce moment, une main invisible asséna au curé deux formidables gifles. C'était le prix de la victoire. L'écurie ne connut plus jamais de maléfice.

Comme beaucoup de sorcières, la Tchalette aimait jouer des tours aux chasseurs. Elle voit le grand-père W. partant «au lièvre» et lui dit, d'une petite voix douce et tranquille:

– Tu n'en tueras probablement pas beaucoup aujourd'hui.

«Comme de fait», il voit passer sept lièvres, sans parvenir à tirer une seule balle. Il a beau changer sa pierre, renouveler la poudre dans le bassinet, le coup ne part jamais. Le septième lièvre s'arrête et demande bien poliment, sans inquiétude:

– Y a-t-il longtemps que les autres sont passés?

Alors, il comprend que la Tchalette a jeté un sort sur son fusil pour se moquer de lui. Détail classique dans un cas pareil: rentré chez lui, le chasseur constate que son arme n'est pas du tout enrayée, et fonctionne parfaitement.

Aux dépens du même grand-père, la Tchalette s'est livrée à une plaisanterie des sorcières avec les charretiers: «marrer» (bloquer par enchantement) leurs véhicules.

Il allait aux «Spèches» avec une charrette tirée par ses six bœufs. Il rencontre la Tchalette, mais la regarde sans desserrer les dents car il est brouillé avec elle. Après un quart d'heure, un des bœufs reste cloué sur place. Les autres doivent le traîner comme s'il était en bois. Après une heure de coups de pieds, de coups de fouet, de jurons de toutes sortes, W. doit se résoudre à dételer le bœuf «marré» par la sorcière.

La Tchalette était aussi en dispute avec Jean W. de Rochehaut. Elle n'eut même pas besoin de le «marrer» pour se rire de lui. Pour faire plus facilement rouler les troncs sur son véhicule, il avait enlevé la roue avant, laissant ainsi l'essieu sur le sol. Pour ne pas perdre la «hujette» (la cheville de fer) de la roue, il l'avait posée, bien en vue sur une pierre. Lorsqu'il veut remonter la roue, il ne trouve plus la «hujette» où il l'avait mise, cherche, s'énerve et sent que quelqu'un le regarde. C'est, à bonne distance, sur la côte d'en face, la Tchalette, avec un vilain sourire.

– Je parie que c'est encore toi, sale garce, qui a fait le coup, lui crie-t-il.

– Regarde sous la roue gauche arrière, répond-elle. La «hujette» y est.

La cheville s'y trouvait, bien loin de la pierre. Jamais il ne l'aurait mise à un aussi mauvais endroit. Ce ne pouvait être qu'une passe, faite à distance, par la Tchalette.

Il n'était pas bon de plaisanter la Tchalette, si on menait un attelage. Pour la construction de la nouvelle école de Rochehaut, en 1840, le père D. charriait du gravier. Au bois de Menuchenet, il voit la Tchalette faisant une «rafouraye» (arrachant de l'herbe pour le fourrage de ses vaches).

– Vous cueillez de la salade, ma tante? dit-il pour se moquer d'elle.

– Oui mon neveu, tu viendras en manger en repassant, lui répondit-elle.

Quand il revint par là avec son chargement de gravier, ses chevaux restèrent sur place comme si les clous de leurs fers s'étaient enfoncés dans le sol. Il eut beau leur lancer des coups de fouet, ils étaient bel et bien «marrés» par la Tchalette. Le père D. fut obligé de rentrer seul chez lui, laissant sa charrette sur place. Quand il vint la chercher le lendemain, tout était redevenu normal et les chevaux avançaient comme si de rien n'était. Depuis ce jour, le père D. s'est bien gardé d'encore plaisanter sa «tante», et de l'appeler.

Sur la Cisse, fille de la Tchalette, la chronique est moins fournie mais ne manque pas de saveur. Elle pratiquait volontiers, vieux tour des sorcières, la mendicité avec chantage larvé aux maléfices. On lui faisait l'aumône par peur. À Vivy, une fermière battait le beurre lorsque son mari refusa de donner quoi que ce soit à cette fainéante de Cisse.

Celle-ci, réaction toujours lourde de menaces, était partie en grommelant. Lorsque la fermière voulut laver le beurre, il était bleu. Pourtant la femme était soigneuse et l'écuelle bien propre. Plus elle le lavait, plus il devenait bleu. Une voisine, attirée par les cris de surprise de la fermière, conseilla de jeter le beurre au feu:

– Si vous faites cela, la sorcière brûlera avec.

Comme la fermière, selon cet avis astucieux, prenait l'écuelle et se dirigeait vers l'âtre, le beurre devint, à l'instant, d'un beau jaune pâle immaculé.

La Tchalette de Mogimont n'était pas, loin de là, la seule sorcière à tourmenter les charretiers: la Marie M. d'Orchimont, y était aussi experte. Chacune avait son style. Ainsi la Marie d'Orchimont aimait jouer, pour lever son maléfice, la comédie de la voisine serviable. Ayant marré, en terrain plat l'attelage de bœufs de Rob., elle riait derrière une haie. Elle en sortit en disant:

– Tu n'y connais rien, donne-moi ton fouet.

Elle tourna autour du véhicule pour faire durer le plaisir, chipotant à une pièce puis à une autre, sans rien y faire. Finalement, elle donna un coup de fouet aux bœufs. À l'instant, ils s'ébranlèrent.

Pour marrer un charroi, certaines sorcières passaient leur main sur le cheval, le bœuf ou la roue – comme elles caressaient un enfant, avec une fausse bienveillance, pour le rendre malade.

Parfois l'équipage était ainsi bloqué sans qu'on ne sache qui avait jeté le mauvais sort. Si le charretier était colérique, cela pouvait être dangereux. Ainsi, X., dont l'attelage avait été marré à Vresse au milieu du bal de la «fiett», essuyait les quolibets de tout le village. Devinant un mauvais sort, vert de rage, il donne un grand coup de couteau dans le collier d'un de ses chevaux. À l'instant, un danseur tombe, le cœur perforé, crachant des flots de sang. Il était mort.

Il ne fallait pas toujours en venir à de telles extrémités. L. de Laviot ayant été marré avec son chariot en plein champ, avait heureusement près de lui sa femme, qui était pieuse. Elle courut à la maison prendre son chapelet. Elle leva ainsi l'enchantement.

Les équipages n'étaient pas seuls objets de ce maléfice. Des hommes étaient parfois immobilisés, par magie, huit à dix jours dans leur lit. Il est même arrivé à un paysan de Chairière, revenant du marché de Sedan où il avait acheté des articles alors de contrebande: du savon et du sel, d'être marré en chemin, par un homme qu'il connaissait bien. Celui-ci le dépouilla de tout ce qu'il avait sur lui.

Mais dans plusieurs traditions populaires, en Allemagne comme chez nous, le «marrage» des animaux de trait est beaucoup plus fréquent.

Une sorcière de Poupehan face à l'abbé K.

Si la Tchalette et la Cisse étaient, au XIXe siècle, les sorcières les plus connues de la Basse-Semois, elles étaient loin, on s'en doute, d'être les seules.

Un Français, le sieur D., était surnommé on ne sait pourquoi «le framboisier». Jadis bûcheron, il avait été premier mitron à Sedan, avant de tomber amoureux d'une fille de Poupehan. Celle-ci avait quitté un précédent amoureux, pour épouser ledit «framboisier», qui vint vivre à Poupehan voulant continuer son métier de boulanger. Mais son four s'est révélé ensorcelé: il était à peine fermé que, dans un vacarme infernal, les pains y dansaient une folle sarabande.

Découragé, le «framboisier» reprit son métier ancien de bûcheron. Cela ne le délivra pas des maléfices: devenu fou, il prit ses jambes à son cou, et disparut, courant, halluciné, par monts et par vaux. Les villageois eurent beau battre les bois des alentours, ils n'en trouvèrent nulle trace. Aussi, après des jours de vaines recherches, le 25 mai, jour de l'Ascension – et des premières communions –, allèrent-ils trouver leur curé K. connu et respecté comme érudit et exorciste.

– Retournez chez vous, dit-il à ses paroissiens. Votre concitoyen va venir chez moi.

C'est ce qu'il advint, dès le lendemain. On ne sait comment le curé K. avait levé le maléfice, mais il reçut, comme il le voulait, les confidences du malheureux: durant plusieurs jours celui-ci avait été harcelé, traqué et rudement rossé par des bras invisibles. Avait-il contracté la rage? Il raconta que, étant ainsi mis à mal, il voyait en esprit les deux tours de Saint-Hubert, où, contre la rage, on implore l'intervention miraculeuse du grand saint ardennais. Mais chacun soupçonna une certaine veuve R., connue pour lancer des mauvais sorts, et qui s'était querellée avec lui.

Cette veuve R. aimait mêler ses maléfices aux histoires de déboires amoureux. Ayant congédié un jeune homme, Thérèse, une jeune fille de Poupehan, fut, le jour même atteinte d'un mal mystérieux qui la força à s'aliter, de plus en plus faible, pendant deux ou trois ans. Consultés, aucun des médecins de la région ne pouvaient rien pour elle, incapable de se lever par ses propres forces: pour la tirer du lit, il fallait la lever sur un drap dont on tenait les quatre coins.

Avant les crises qui lui arrachaient des cris de douleur, Thérèse voyait chaque fois une sorte de souris qui traversait la chambre en poussant de petits cris.

On sait que dans la vallée de la Basse-Semois, on avait deux recours contre la sorcellerie. Au lieu du curé – ou avant de demander son aide –, on allait volontiers à Charleville consulter les « gromanciens ». C'est ce que firent les deux frères de Thérèse, qui étaient bûcherons en France.

– Quand vous retournerez à Poupehan, leur dit un gromancien, vous rencontrerez la sorcière qui a lancé le mauvais sort.

Or les jeunes gens, au lieu de retourner à Poupehan par Sugny et le ban d'Alle, leur trajet normal, furent inconsciemment guidés sur un autre itinéraire, traversant Rochehaut. Près du village, ils croisèrent la veuve R. C'était donc elle la responsable.

Après le sorcier bénéfique, les jeunes gens s'adressèrent au curé B. Jeune et inexpérimenté, il les adressa à son prédécesseur et aîné, l'abbé K. – qui, naguère, avait désenvoûté le « framboisier ». Retraité, ce vénérable sage vivait à Ucimont.

Ce ne fut pas une mince affaire. Ses parents, avec beaucoup de précautions, installèrent la pauvre jeune fille, couchée sur un matelas, dans une charrette. Lorsqu'il s'agit de traverser la Semois, au gué de Germovez, une tempête inexplicable souleva la rivière, manquant plusieurs fois de submerger l'attelage. Mais les conducteurs tinrent bon: après deux heures d'efforts, ils parvinrent sur l'autre rive. (Un danger terrifiant au passage – initiatique – d'un cours d'eau surgit dans plusieurs épisodes des *Romans de la Table ronde*. Et l'obstacle magique sur le chemin des exorciseurs se retrouve dans d'autres récits populaires. Dans *Was unser Volk üben und drüben erzählt*, Nicolas Warker parle de la charrette « marrée » – magiquement bloquée – sur le trajet entre le pays d'Attert et Arlon, où l'on avait recours aux bénéfiques capucins de la butte de Saint-Donat.)

Lorsque la famille, finalement, arriva avec la malade chez le curé K., celui-ci leur dit:

– Si vous n'aviez pas eu le courage d'affronter jusqu'au bout la tempête, Thérèse n'aurait pas survécu longtemps.

Il procéda alors à l'exorcisme, dont le bienfait commença à se manifester après trois jours. Moins faible, la jeune fille parvint, hésitante, à se lever sans aide. La guérison survint alors à bref délai.

L'affaire n'était pas terminée. Comme le gromancien avait le pouvoir de diriger les frères à leur retour de Charleville, le curé K. avait celui d'obliger la veuve à venir tous les jours à Ucimont. Dominée par la volonté du prêtre, elle dût le faire pendant quinze jours, ne pouvant se soustraire à cette sorte de pénitence. Ainsi, elle sentait les limites de ses pouvoirs.

Humiliée, elle imagina des alibis pour cacher ses «pèlerinages» à Ucimont, faisant semblant d'aller ramasser du bois mort dans la forêt ou de la litière dans sa hotte. Mais elle savait que le vieux curé était plus fort qu'elle. Il n'en tira pas d'autre châtiment que cette persuasion, qui calma pour un temps ses ardeurs maléfiques.

La Marie M., sorcière d'Orchimont

Bien sûr, la veuve R. n'était pas la seule sorcière à défrayer la chronique dans la région. Vers 1890-1900, plusieurs octogénaires de la région racontaient comme vrais des faits semblables, soit observés par eux-mêmes, soit racontés – notamment à propos d'une certaine Marie M. par des gens dignes de confiance. C'est ce qui fait l'intérêt de ces anecdotes: l'évidente sincérité avec laquelle elles étaient attestées.

Brouillée avec ses voisins les Deg., Marie M. leur fit périr deux chevaux, toutes leurs vaches, et une nichée de porcelets qu'ils venaient d'acheter. À la génération suivante, une épouse Deg. a rapporté que ses parents, gens sensés, lui avaient détaillé ces sorcelleries qui les avaient ruinés. Elle était furieuse quand des gens, ou même ses propres enfants, ne voulaient pas croire ce qu'elle rapportait à ce sujet. C'était, autour de 1900, au début de l'incrédulité quant aux faits de magie rustique.

Cette Marie M. était une agitée. Ne tenant pas en place, elle «voyageait» toutes les nuits semblant être partout à la fois, au courant de tout ce qui se passait au village. Souffrant d'asthme, un oncle des Deg. qui, pour mieux respirer, passait parfois la nuit assis sur le pas de sa porte, la vit se balader au cimetière. À minuit, elle s'y livrait à d'étranges pratiques, et ramassait des herbes et des ossements. Terrorisé par ce spectacle, l'oncle était rentré chez lui hagard.

Horace, dans sa *Satire XII* parle de cette coutume magique, dont le but est de nuire. Selon Scaliger, cité dans le *Dictionnaire infernal* de Colin de Plancy (édition de 1818), le guerrier scythe Abaris – qui traversait mers et fleuves à cheval sur une flèche – fabriqua avec des os du Grec Pélops, fils de Tantale, le talisman «Palladium» qui rendait imprenable la ville où il se trouvait.

Ailleurs (*Bulletin du folklore*, 1898) les ossements sont signalés comme talismans, notamment la clavicule, les os des doigts de pieds et les dents. Frottés sur une verrue, ils la font disparaître. Dans le *Dictionnaire des superstitions* du Corse P. Canavaggio[1] l'os long d'un mort est signalé comme guérissant de la fièvre quarte. En Flandre, deux os croisés sous la porte étaient censés protéger de tout mal, voire procurer un bon numéro pour le tirage au sort du service militaire!

---

1 Marabout, 1979.

Vermine, crapauds et les vertus de la politesse

Marie M. avait le pouvoir d'envoyer de la vermine à qui elle voulait du mal. Comme une fille de ses victimes préférées, les Deg. lavait le linge en prévision des fêtes de Pâques. Elle lui dit:

– Ah, tu laves tes colifichets! Tu en auras de belles Pâques: des frisons et de doubles frisons (prononcés comme «frizons» au lieu de «frissons»).

La pauvre famille ne dut pas attendre longtemps avant d'être envahie par des poux, puces, fourmis, perce-oreilles et autres insectes indésirables. Elle ne parvint à s'en débarrasser qu'après une année.

Ce répugnant maléfice était signalé en maint endroit: à Rochehaut, la grande et effrontée Marie-Joséphine aimait envoyer des poux. Sournoise, elle allait, pour cela près des malades sous prétexte d'aider à les soigner. Jalouse de la belle épouse L., «toujours très soigneuse de sa personne», elle alla la voir au moment où celle-ci se préparait à aller à la grand-messe. Aussitôt Mme L. sentit des démangeaisons telles que, se voyant couverte de poux, elle dut manquer l'office et même, l'après-midi, les vêpres. Au sortir de celles-ci, elle alla attendre la Marie-Joséphine. L'injuriant devant les fidèles, afin que nul n'ignore ses méfaits, elle la menaça d'un air si décidé que la sorcière dut lever le mauvais sort.

À Rochehaut encore, le fils du tailleur François A. racontait que son père, ayant eu une querelle avec la même Marie-Joséphine à propos d'un terrain, cette sorcière lui envoya un sort analogue. Il s'en aperçut en allant travailler à son atelier à Liresse. Vu son métier, il n'osait pas se gratter devant les clients. À midi étant allé au bois pour inspecter sa chemise, il la trouva grouillant de poux. Il en parla à sa femme. N'ayant pas froid aux yeux, et redoutable batailleuse à l'occasion, celle-ci alla trouver la Marie-Joséphine, et lui dit poliment – car en la circonstance il faut employer un langage poli et ambigu:

– Je voudrais bien que vous reprissiez (admirez l'élégant subjonctif) la commission de François.

Comme la sorcière faisait mine de ne pas savoir de quelle «commission» il s'agissait, l'énergique épouse lui dit:

– Vous savez très bien de quoi je parle. Si vous ne m'obéissez pas à l'instant vous aurez affaire, non pas à François, mais à moi.

Pour ne pas passer un mauvais quart d'heure, la Marie-Joséphine leva le sort à l'instant et François, le tailleur, fut, sur-le-champ, délivré de sa vermine.

Mendiant, le mari de la sorcière de Rochehaut, assis sur une borne, sa hotte sur le dos, pratiquait, en invoquant la religion, le chantage à l'aumône:

– Que le bon Dieu vous bénisse! avait-il le culot de dire en tendant la main.

Comme Clémence D., de Frahan, ne lui avait rien donné, toute sa maison, de la cuisine aux lits fut envahie par une multitude de poux. Cela durait depuis une semaine quand l'hypocrite vint dire bonjour aux D. Ceux-ci, qui avaient compris, lui donnèrent une pièce en lui disant – toujours de façon courtoise et voilée:

– Vous voudrez bien reprendre ce que vous nous avez envoyé.

Ici aussi on constate que, en la circonstance, deux techniques sont efficaces selon les cas: la menace brutale ou la comédie de la politesse. Mais de toute façon, les intéressés préfèrent souvent ne pas désigner clairement le maléfice qui les frappe. En ces matières mystérieuses, nommer est ressenti comme dangereux.

On se gardait par ailleurs d'en parler, autour de 1900, devant les personnes sceptiques.

Sus aux rats: l'eau et la terre «de sainte Gertrude»

Un cas particulier est celui des invasions de rats. On en trouve des cas en Gaume (à Halanzy, et un récit ancien très élaboré à Villers-sur-Semois). Mais des faits nombreux, du XIXe siècle, ont laissé des souvenirs en Ardenne méridionale. Souvent des meuniers – dont ceux de Liresse et de Vivy – étaient ainsi agressés. Proies abondantes, leurs réserves d'avoine ou de seigle étant rapidement dévorées. Il en allait de même chez des fermiers à Rochehaut, Naomé, Orchimont ou Bohan. Les conseils, judicieux des curés étaient, après une oraison pastorale – comme on en trouve une très belle développée dans le *Livre des bénédictions* (1900) du poète Thomas Braun – de poser une planche sur une rivière proche. Les rats s'y rendaient «par milliers» pour aller on ne sait où.

En Gaume, des résultats spectaculaires – on en signale à Halanzy vers 1950 – auraient été obtenus entourant la maison attaquée – dont même les escaliers étaient dévorés – par de l'«eau de sainte Gertrude», bénie à Villers-sur-Semois dont l'église renferme une belle statue de la sainte. Mais il fallait maintenir sans eau bénite une issue. Comme par le pont sur la rivière, les rongeurs s'en allaient en empruntant cette sortie. En Basse-Semois, on utilisait, provenant, ou supposée provenir de Carlsbourg de la «terre de sainte Gertrude», patronne du village.

L'invocation à l'abbesse de Nivelles du VIIe siècle, est très répandue, depuis Schockville, près d'Arlon, jusqu'en Ardenne, en Gaume et, au Brabant wallon, dans d'anciennes terres de l'abbaye de Nivelles. Les statues de la sainte la montrent avec des rats à ses pieds ou grimpant sur sa crosse d'abbesse. Je n'ai trouvé nulle part le motif pour lequel Gertrude est invoquée contre les rongeurs. À Nivelles, son eau, dont on asperge les champs pour les protéger, est puisée dans la crypte de l'église abbatiale. Dans nombre de villages, en christianisant l'usage des sacrifices païens, on offre à la sainte du blé pour qu'elle en protège la moisson contre les rats.

Moins dévastateurs mais repoussants, les envois de crapauds, dont un cas fut signalé à Laforêt, y fut traité par les conjurations d'un «gromancien». Il fallait bien suivre son avis: ne faire aucun mal aux batraciens, et lorsqu'ils s'en allaient, suite à ses formules, on devait être sûr qu'ils étaient tous partis. Cela se constatait à l'allure du dernier: plus gros que les autres et «portant son paquet sur le dos». Quel paquet?

Pour les couleuvres, un cas noté au moulin de Mouzaive fut témoigné par une servante, grand-mère de la personne qui livra le récit vers 1900. Les reptiles ne faisaient aucun mal – on sait qu'il ne faut pas les confondre avec les vipères. Mais se glissant jusque dans les lits, allant boire le lait dans les tasses ou s'enroulant autour du bâton de la gardeuse des bestiaux, les couleuvres étaient encombrantes et indiscrètes.Un gromancien alluma un grand feu près du moulin, grimpa sur un arbre pour prononcer ses conjurations. Docilement, elles allèrent se faire griller dans les flammes. Ici aussi, il fallait, sous peine de grand péril, être certain que la dernière était partie: elle était verte, couleur maléfique chez les animaux.

Des talismans. Pourquoi se rendre invisible?

Chacun savait que Marie M. d'Orchimont allait chercher des ossements, à minuit, au cimetière. Magiques étaient ceux d'un enfant mort-né – ou ce qui longtemps fut équivalent, enterré avant d'avoir été baptisé (donc point arraché au «péché originel» et resté hors du monde chrétien). Selon les croyances populaires allemandes, ces restes donnaient le pouvoir d'être invisible. Dans les archives de l'ancienne justice d'Alle-sur-Semois se trouve un procès-verbal d'enlèvement de la dépouille d'un enfant mort-né, ôté du cimetière de la paroisse. Mutilés, les restes de celle-ci furent retrouvés près de la vanne de la Semois. C'est un des rares cas, dans la région, d'un probable usage en vue de l'invisibilité.

Être, à volonté, soustrait à la vue de gens est bien commode pour les voleurs. Dans la Basse-Semois on citait plusieurs cas de braves fermiers qui, éveillés, aux aguets, avaient été cambriolés la nuit sans apercevoir aucun coupable. La femme D. de Poupehan avait même acquis le pouvoir de rendre invisibles les objets ou denrées qu'elle subtilisait. Denis P. qui la trouva un jour grappillant dans son champ de pommes de terre la traita de «sale voleuse».

– Voleuse de quoi? répondit-elle effrontément. Regarde ma hotte: elle est vide.

Elle semblait vide en effet, mais Denis R. ne fut pas dupe: il avait vu disparaître ses patates partout où elle se penchait. Il rossa donc avec vigueur la femme D. Comme elle était une dure à cuire, cela ne fit pas réapparaître les pommes de terre. Mais après cet incident, elle employa son pouvoir avec prudence.

La belle-mère du diable

Il ne faut pas invoquer le diable à la légère: ayant l'ouïe fine, et toujours à l' affut d'une proie, il vous prend au mot. Qui plus est, il se considère volontiers concerné si l'on fait appel à «n'importe qui»: la formule ne l'exclut pas.

À Mogimont, la veuve Mathieux était très mécontente de la conduite de sa fille Eudolie. Coquette, jolie et un peu sotte, elle se laissait conter fleurette par Pierre ou Paul. Parfois même, à un de ces bals considérés par les curés comme des occasions de scandale et de perdition, on dit qu'elle s'était laissée prendre son mouchoir de poche. Cela peut nous sembler fort bénin, mais à l'époque – au milieu du XIXe siècle – cette minime privauté était jugée avec sévérité[1].

Toujours est-il que Madame Mathieux, voulant en finir avec les légèretés de sa fille lui dit un jour:

– Il est grand temps que tu te maries. Je te ferai épouser le premier venu qui voudra bien de toi, qu'il soit borgne ou chassieux[2]. Ou même le diable!

Le soir même arriva au village un étranger de belle allure, s'exprimant avec l'élégance des gens instruits. Ni borgne ni chassieux, il était affecté d'une boiterie qu'on remarquait à peine, masquée par son long manteau noir. Outre son teint anormale-

1 Pour les bals, comme pour le mouchoir de poche, la sévérité, était demeurée la même en Ardenne jusqu'aux années 1940. Et, en 1944-1945, quand les «bonnes familles» de petites villes comme Arlon envoyaient leurs jeunes filles danser avec les libérateurs américains, c'était en présence de mères de famille, garantes de la moralité de ces petites fêtes.

2 Ayant les yeux larmoyants. L'expression «qu'il soit borgne ou chassieux» est une image suggérant «même s'il est mal fichu».

ment basané, l'éclat de braise de son regard aurait du inspirer quelque méfiance.

Il marqua sans retard un intérêt discrètement galant à la jeune Eudolie, et témoigna à la veuve Mathieux une déférence qui flatta la chère dame. Après peu de jours, sans qu'il se fut permis le moindre geste déplacé – ayant sans doute séduit la mère plus que la fille – il demanda cérémonieusement la main de la «coquette». Le mariage fut décidé sans retard, mais l'étranger ne put fournir de certificat de baptême.

– L'église de mon village a brûlé, avec les registres paroissiaux, expliqua-t-il.

Fronçant la mine, le curé accepta de célébrer la cérémonie qui se déroula bien à un détail près: une raideur de sa jambe empêcha le fiancé de s'agenouiller.

Ces détails annonçaient une catastrophe. Le marié était le diable. Logiquement, le ménage de la jeune Eudolie devint un ménage d'enfer. Son démon de mari la battait, entrait dans des colères terribles pour des riens, et cassait tout, en vrai «broyeu di manadge». Ces horreurs ne pouvaient pas durer. Eudolie alla en cachette trouver sa mère:

– C'est vous qui m'avez mis dans ce pétrin-là. Vous qui êtes si maligne, il faut que vous m'en sortiez.

Maligne, la mère Mathieux l'était. Plus que le Malin? C'est ce qu'on va voir. Ayant réfléchi, elle dit:

– Choutez bin m'feye (Écoutez bien ma fille). Vous allez boucher tous les orifices de votre maison: la cheminée, les fentes des fenêtres, la chatière, le trou de serrure de l'étable, l'orifice de la pompe, la «craïe» (fente) sous la porte d'entrée, mais là, vous ne boucherez pas la serrure. Quand votre démon de mari rentrera, « froumez bin l'huche» (fermez bien la porte) et aspergez le vigoureusement d'eau bénite. Pour le reste, j'en fais mon affaire.

Sitôt dit, sitôt fait. Et quand le diable d'époux rentra chez lui, il tenta frénétiquement de fuir l'eau bénite lancée généreusement par Eudolie. S'étant heurté à la cheminée obturée, à la chatière bloquée, il se précipita vers la serrure de la porte d'entrée.

Mais, là, sa rusée belle-mère l'attendait à l'extérieur, tenant une bouteille bien serrée contre l'issue de la serrure. Lucifer s'y précipita. Elle ferma à l'instant le goulot avec un bouchon, et voilà Satan pris et bien pris: par une Ardennaise à la poigne solide. Il eut beau gigoter, crier, jurer, implorer, promettre monts et merveilles, elle ne le délivra pas.

À la grande joie de tout le village, la bouteille-prison du diable fut pendue à la maîtresse branche du chêne qui ombrageait la place de l'église. Tout le voisinage s'amusait à le voir se démener, secouant en vain, dans tous les sens, sa prison de verre. Finalement, l'homme le plus sage de la commune, un vieux forgeron familier du feu et de ses sortilèges, lui proposa un marché:

– Nous voulons bien te laisser sortir de la bouteille, mais tu dois d'abord jurer par Belzébuth de ne jamais revenir chez nous.

Le diable en fit serment par toutes les flammes de l'enfer. Une fois la bouteille ouverte, il s'envola au loin, laissant derrière lui une puanteur épouvantable, que le vent de la Semois mit plusieurs heures à dissiper.

Le village fut délivré des maléfices du Malin. Il ne lui resta plus que les querelles humaines. Quant à Eudolie, assagie, elle se maria en France, au-delà de Charleville, où personne ne connaissait sa diabolique expérience.

Histoire et légendes

Les procès de sorcellerie de Sugny

Lues aujourd'hui, les histoires de sorcières semblent pittoresques, parfois drôles. Nous nous amusons à croire à ces contes, pour le plaisir du frisson. Avant la guerre de 1914-1918, la foi en la sorcellerie, encore vivace dans nombres de villages, empoisonnait les relations de voisinage. Au XVIIe siècle, les procès en sorcellerie aboutissant à la pendaison et au bûcher étaient choses normales. Ils étaient instruits dans des conditions tragiquement primitives, avec aveux arrachés, ou complétés sous la torture.

Pour la région de la Basse-Semois, une documentation assez complète a été gardée concernant les procédures conduites à Sugny en 1657. C'était vers la fin d'une période de chasse aux sorcières, qui a sévi dans toute l'Europe du XVe au XVIIIe siècle. Pour le petit comté de Namur tout proche, qui comptait cent mille habitants, on a dénombré de 1 500 à 1 650 bûchers sur la place publique, quarante-neuf acquittements et près de deux cents expulsions.

À cette époque, de nombreux ouvrages étaient édités, traitant du commerce avec le diable. Des conciles régionaux élaboraient des stratégies pour briser l'offensive de Satan. Les auteurs de ces traités et les prêtres de ces conciles étaient des gens instruits, nourris des arts et des découvertes scientifiques de la Renaissance. Ils avaient lu Érasme, fréquentaient des églises ornées de tableaux influencés par les maîtres italiens. Loin de la « nuit médiévale », ces clercs connaissaient les trouvailles des navigateurs et des anatomistes. Et pourtant, ils croyaient à l'action quotidienne de Belzébuth. Ils prescrivaient avec zèle les brutalités barbares de la question par les brodequins, l'eau ou le fer rouge, pour extorquer la vérité aux malheureux soupçonnés de pratiques démoniaques ou d'assistance aux sabbats. Les chocs intellectuels des découvertes géographiques et astronomiques, la révolte protestante contre Rome, avaient causé un trouble dans les consciences. Un regain de croyance au diable et à la magie s'était développé dans cette angoisse. Les lumières philosophiques du XVIIIe siècle n'en eurent que partiellement raison. Dans les faits portés au compte de la sorcellerie, certains, les sabbats, semblent relever au départ d'orgies clandestines, alcooliques et sexuelles, organisées dans des lieux retirés. Des rumeurs diaboliques pouvaient être répandues soit pour écarter les curieux, soit pour jeter l'opprobre sur les participants. Les clairières se prêtaient à ces partouzes bocagères. Le clair de lune aussi. Désignant le jour de repos chez les Juifs, le terme sabbat, suggère à l'origine, une fête. Elle a dégénéré. Le sens maléfique volontiers attribué, par une longue tradition antisémite, à tout ce qui est juif, a aidé à la déviation du mot sabbat vers le diabolique.

Et la chose, comment a-t-elle versé dans le satanique? Le péché organisé, avec désordres lubriques en groupe, dans un climat de mystère, se prête à l'évocation du génie du mal. L'imagination y aide facilement. La drogue aussi, indique le docteur Claude Meyers dans son étude *Drogue, mythologie et sorcellerie*.

Drogue et sorcellerie

Exhibitionnisme, coucheries collectives, sodomie étaient visiblement pimentées et sublimées par un état second. Les participants «sous influence» étaient tellement convaincus de la réalité de leur «voyage» que plus d'une sorcière, sous la torture, continuait à prétendre en toute sincérité qu'elle avait couché et pactisé avec le diable. «Mais, note le docteur Meyers, il fallut longtemps aux juges ecclésiastiques et séculiers pour se rendre compte que l'état d'excitation physique des participants au sabbat provenait de la prise de produits hallucinogènes. Il était question d'onguents dont les sorcières s'enduisaient la vulve à l'aide d'un balai, ou de pommades dont elles se frictionnaient les parties sensibles de l'épiderme, comme les conjonctives, le creux des aisselles, le creux des genoux, etc. On apprit plus tard que des hiérobotanes[1] entraient dans la composition de ces onguents et créaient illusions et hallucinations, avec perte de conscience. Le dosage de produits actifs était fort aléatoire et les pommades employées pouvaient clouer au lit la postulante au sabbat qui, malgré tout, persistait à dire qu'elle s'était levée pour y assister.»

Le même auteur cite à ce sujet un procès, traité de façon exceptionnellement moderne pour l'époque, raconté par un avocat florentin du XVIIIe siècle, Paul Minucci. C'était un siècle environ après les procès de Sugny. Le magistrat était autrement instruit et éclairé que les échevins illettrés qui disposaient dans les campagnes du droit de vie et de mort sur les accusés de sorcellerie. L'enquête fut inspirée par l'esprit de scepticisme et de recherche du siècle des lumières.

Une «sorcière», emprisonnée à Florence, avait spontanément avoué à un juge des pratiques sataniques: envoûtements, maléfices aux petits enfants, fréquentation assidue du sabbat. À titre d'expérience, le magistrat lui laissa liberté d'aller chez elle, pour se préparer à assister à un sabbat auquel elle était invitée sous le noyer de Bénévent, à 400 kilomètres de distance.

La femme en question festoya avec deux compagnons, dont le jardinier, puis se retira dans sa chambre pour procéder à sa toilette diabolique, toutes fenêtres ouvertes pour ne pas entraver le passage du Malin. S'étant frottée de plusieurs onguents malodorants, elle s'endormit profondément. Par des brûlures sur tout le corps, et lui ayant finalement embrasé la chevelure, deux jeunes gens, sur ordre du juge, tentèrent vainement de la réveiller. Elle ne reprit conscience qu'à l'aube. Ramenée chez le juge, elle lui raconta qu'au sabbat, sous le noyer de Bénévent, elle avait été cruellement maltraitée, brûlée au fer rouge, fouettée de verges et, finalement, un balai incandescent lui aurait enflammé les cheveux. Le magistrat lui raconta la vérité et la libéra, lui disant de ne plus se droguer.

Une autre cause du fantasme de sorcellerie était la névrose et particulièrement l'hystérie. Plus d'un sujet, normal au départ, utilisait onguents et potions qui, pour la première fois dans l'histoire du monde, étaient composés d'une série de plantes, confiées aux chimistes du XVIe siècle. Leur cueillette se faisait dans des conditions mystérieuses, car la plupart croissent dans les décombres et souvent dans les cimetières. D'autre, comme la

1 Littéralement: plantes sacrées, en fait hallucinogènes.

belladone, seront découvertes dans les clairières fréquentées par les loups et les... lycanthropes.

Devant la Haute Cour de Sugny

Ces indications éclairent le tragique mécanisme de procès – point du tout exceptionnels – comme ceux qui furent «instruits» en 1657 devant ce qui était appelé pompeusement la Haute Cour de Sugny.

Siégeant dans un local de justice extrêmement rustique, une pauvre salle à peine meublée d'une table, quelques chaises et des instruments de torture, cette juridiction était dite «haute cour» parce qu'elle rendait la «haute justice» pouvant mener à de hautes peines, comme la mort. Elle s'exerçait «sur recharge», en fait par délégation de la cour souveraine du duché de Bouillon, vassale de la principauté épiscopale de Liège.

Seule cette cour prononçait les arrêts de condamnation. Cette garantie était très relative, car elle ne recevait que les minutes (relations écrites) des dépositions, sans pouvoir vérifier directement si les témoins étaient intelligents, sincères et impartiaux. Les juges, des échevins de Sugny, ne savaient ni lire ni écrire. Ils signaient leur nom d'une croix. Seul le greffier, sachant écrire, était moins ignare. Les autorités du duché, chose normale à l'époque, n'en étaient nullement troublées. Tous croyaient dur comme fer à la sorcellerie et à la possession démoniaque. Tout se passait à huis-clos et la torture était couramment admise comme procédé pour obtenir des aveux valables.

La procédure était, habituellement, expéditive, non par mauvaise conscience des «magistrats» et des autorités, mais par absence de doutes. Ainsi, pour les femmes accusées de sorcellerie à Sugny, l'enquête fut ordonnée le 10 mars 1657 et la sentence rendue le 21 du même mois.

Mais que s'était-il passé pour motiver une procédure de ce genre? Sugny fut longtemps un village farouchement isolé dans les forêts et les landes arides où ne poussaient que genêts et bruyères.

Dans les années 1650, on était au cœur de ce qui fut, pour les Pays-Bas espagnols, le «siècle de malheur». L'année du procès des «sorcières» de Sugny, 1657, est celle du siège de Montmédy qui allait être conquis par le jeune Louis XIV en personne. En 1676, Bouillon allait suivre. La période troublée se prêtait particulièrement aux terreurs et à l'obscurantisme. Est-ce la contagion des pestes qui achevaient le malheur des guerres? Des maladies mystérieuses, rebelles à la rustique médecine populaire, décimaient hommes et bêtes. Le petit village de Sugny semblait frappé par une malédiction. Nombreux étaient ceux qui avaient vu, par beau temps, sous un ciel bleu, un brouillard s'élever à la lisière du bois. Des rumeurs circulaient: des esprits hantaient la forêt, aux chemins écartés surgissaient des êtres monstrueux, mi-hommes, mi-bêtes (deux siècles plus tard, d'ailleurs, la croyance au verbouc restait tenace dans la région). Et des sabbats démoniaques étaient, disait-on dansés, la nuit, au clair de lune.

Quatre accusées

Dans le climat, quatre femmes de Sugny, suspectées de magie noire, furent arrêtées, sur dénonciation, par décret de la cour de Bouillon. Elles se nommaient Jennette Huart, Jenne Pilhart, Jennette Petit et Marson Huart.

La cour de Bouillon envoya, le 10 mars 1657, au procureur de Sugny (en fait, une sorte de garde champêtre), les trente articles, chefs d'accusation et questions concernant Marson Huart. Ce texte est conservé. Selon toute vraisemblance, ce qui concernait ses co-accusées était analogue. Selon Delogne, Marson Huart avait soixante ans; ses habits étaient simples et prosaïques. Son esprit semblait borné; sa folie, ou son inexplicable crédulité, n'avait rien d'original car, bien qu'elle s'avouât possédée du démon, ses réponses n'étaient pas dictées par un esprit aliéné et elle n'employait aucun de ces mots inconnus et cabalistiques qu'affectaient de prononcer les prétendus sorciers des temps antérieurs.

Les questions essentielles posées par les échevins venus trouver l'accusée à la prison étaient classiques dans les procédures de ce genre. L'accusée a-t-elle su que des membres de sa famille avaient été exécutés comme sorciers? La question avait son importance car la sorcellerie était souvent une tradition familiale. L'accusée est-elle elle-même sorcière?

N'a-t-elle pas eu copulation charnelle avec le diable? A-t-elle été aux danses diaboliques, et que s'y passait-il? A-t-elle fait mourir des hommes et des animaux, et de quels maléfices a-t-elle usé à cet effet? Connaît-elle les autres prisonnières, les a-t-elle fréquentées et suivies à la danse du sabbat?

Le caractère précis des questions posées montre combien la cour de Bouillon, comme tous les tribunaux de l'époque, croyait à la réalité des sabbats, maléfices mortels et relations charnelles avec le diable.

La suite de l'enquête obéit à un mécanisme à première vue surprenant. Marson Huart commence par nier ou répondre de façon évasive. Mais confrontée avec elle, une autre accusée, Jennette Petit déclare l'avoir vue aux danses diaboliques. D'après les pièces du procès, cela suffit à amener un revirement qui refermera le piège sur elle. Elle déclare vouloir faire des aveux. L'accusation de sa concitoyenne a suffi à la faire paniquer. Craint-elle d'être soumise à la torture?

De façon apparemment spontanée, la malheureuse Marson Huart fait l'aveu fatal: «Avoir été deux fois aux danses diaboliques avec Jennette Petit au lieu de la Goutelle, et que le démon avait eu une fois copulation avec elle, lequel démon s'appelle Belzébuth, qui est le même que ladite Petit avait, et n'avaient que lui à elle deux (sic) comme maître.»

Marson Huart dit avoir remarqué à la Goutelle Catherine Robert, femme à Husson Jadin, et Jenne Jadin. Les autres, elle ne les a pas reconnues, car elles étaient masquées.

Ces aveux, envoyés à la cour souveraine suffisent à faire condamner Marson Huart «à la torture, à quoi l'on conclut, afin d'avoir plus d'éclaircissements sur ses dernières confessions, pour la condamner à mort et savoir ses compagnes aux danses».

N'ayant plus rien à perdre, la pauvre accusée, pour s'épargner les horreurs épouvantables de la torture, avoua tout ce que les juges lui avaient imputé. On lit donc, dans les conclusions de «Messieurs de la haute Justice de Sugny» qu'«elle a renoncé à Dieu et au saint sacrement du baptême, pour adhérer au diable; qu'elle a fait mourir avec poison Marie et Jeanne Dubière, comme aussi Élisabeth Michel, un enfant et deux vaches appartenant à Thomas Lefort, et enfin qu'elle a été plusieurs fois aux danses diaboliques et s'est servie de poudre et graisse que son démon familier lui donnait; qui sont des actions et crimes suffisants pour la condamner à être étranglée, puis brûlée et ses biens acquis au seigneur. À quoi ils conclurent.»

De fil en aiguille, le même document conclut à l'arrestation de Catherine Robert et Jenne Jadin accusées par ladite Marson d'avoir été aux danses. Le texte note: «L'on espère que la cour ne fera pas de difficulté de s'accorder contre la dernière, vu qu'elle est encore chargée dans l'enquête par la déposition de Poncelet Lambert, témoin dix-neuvième, et que sa mère et sa tante ont été exécutées pour sorcières, et en outre, encore accusées par Jennette Petit exécutée.»

L'ordre des aveux

On remarquera l'ordre dans lequel les aveux sont obtenus[1]. D'abord le choix du diable contre Dieu et le baptême, ensuite des empoisonnements de trois adultes, un enfant et une vache, enfin seulement l'aveu spontané, obtenu avant la menace de torture: «a été aux danses diaboliques», à quoi s'ajoute: «s'est servie de poudre et graisse que son démon familier lui donnait». Le contexte des autres procès de Sugny montre que ces substances sont indiquées comme poisons. Mais il reste possible que des «démons familiers» – en fait d'astucieux compères – fournissaient des drogues hallucinogènes rustiques pour les sabbats. Plusieurs récits recueillis en Ardenne et ailleurs font état de substances dont les «sorcières» s'enduisaient avant le sabbat[2].

Il y a peut-être un élément de réalité dans les aveux les moins irréguliers selon nos normes: la malheureuse Marson Huart et ses compagnes auraient tout simplement participé à l'une ou l'autre «partie» de drogue. Vu l'esprit du temps, les fantasmes

1 Cet ordre des crimes correspond à celui qui est mentionné dans un célèbre recueil: *Le Dictionnaire infernal*, du polygraphe romantique voltairien Colin de Plancy (édition de 1828 rééditée chez Marabout), à l'article «sorcier»:

1. Ils renient Dieu; 2. Ils le blasphèment; 3. Ils adorent le diable; (...) 12. Ils font mourir les gens par le poison et les sortilèges; 13. Ils font crever le bétail; (...) Ils ont copulation charnelle avec le diable.

2 Colin de Plancy, à l'article «sabbat» de son *Dictionnaire infernal* est un des nombreux auteurs à mentionner de la «graisse» dans les prépartifs des sorciers pour le sabbat. Ils sont «montés sur des manches à balai oints de graisse d'enfant». «Les sorcières s'oignent l'entre-deux des jambes, pour monter sur le manche à balai qui doit les porter au sabbat.»

qui en résultaient étaient diaboliques. Les accusées et leurs juges considéraient ces pratiques comme un crime suprême.

Copulant avec un compère qui se faisait passer pour – ou se croyait – Belzébuth, Marson était estimée capable de tout, puisqu'elle encourait la peine capitale, tant valait lui mettre sur le dos les morts suspectes qui avaient créé la panique dans le village. Ainsi, «justice était faite» et les autorités avaient accompli leur devoir. Elles étaient même probablement de bonne foi, dans la logique de la pensée manichéenne qui continuait d'avoir cours dans de très large couches de la population européenne. Le monde médiéval soumettant tout à une dualité ciel et enfer restait particulièrement vivace dans les campagnes où resurgissait très vite la hantise maléfique de l'enfer. Nous parlons d'enfer de la drogue au figuré. Le terme a longtemps correspondu, au sens propre, à une certitude.

Droguées ou non, de mentalité fruste certainement, mais point toutes aliénées, car leurs réponses n'étaient pas incohérentes, la grande Marson Huart (de haute taille et célibataire) et les autres accusées se trouvaient dans de bien mauvais cas.

Selon le code pénal moderne, les seules inculpations sérieuses concernaient d'éventuels empoisonnements. Jennette Petit, battue par son mari, s'était sauvée dans le foin, sur le fenil. Elle «avoue» que, là, «le diable vint la trouver et lui dit qu'elle se mariât avec lui et lui donnerait les moyens de vivre à son aise». Ce diable se nommait Belzébuth. Elle n'était pas étonnée de la compagnie des diables: elle allait danser avec eux en quatre endroits du voisinage de Sugny: aux Hatterelles, à la Goutelle (citée par Marson Huart), au pré du Foux et à Soffa. Avec Jennette Petit, cinq villageoises de Sugny y allaient aussi, plus deux de Pussemange dont elle ignorait l'identité, mais elles partaient dans cette direction une fois les danses terminées. Car on allait à pied et non porté par le «malin esprit». Toujours est-il que le diable «avec qui elle s'était mariée» lui a conseillé de faire mourir Nicolas Pierret, son mari. Il lui a donné pour cela un poison sous forme de graisse, qu'elle lui a fait prendre dans du fromage mou. Il a survécu quinze jours environ puis est «morruz». Jennette Petit a avoué également avoir empoisonné «la Bertholet» avec de la poudre qu'elle mêla à de la bière, et l'enfant de celle-ci. Pour ce dernier, elle ne savait plus de quel genre de poudre elle s'était servie.

Lors de l'interrogatoire suivant, Jennette Petit avoua un détail important à l'époque: son diable lui avait «donné une marque», au dos «entre les deux espalles» (épaules). Avec quoi le diable lui a fait ladite marque? Avec de la graisse, dans sa propre maison (on peut se demander si cette «marque à la graisse» n'était pas l'imposition d'une drogue, par onguent rustique, à proximité de la colonne vertébrale).

Le docteur Delogne note que lorsque l'accusé était déclaré «marqué», il y avait demi-preuve de culpabilité contre lui. Il pouvait dès lors être mis à la torture. L'aveu joint à la marque suffisait pour le faire condamner à mort. Ce qui fut le cas de Jennette Petit, qui était soit une hallucinée, soit une empoisonneuse, soit les deux.

Pour d'autres cas de Sugny, la seule dénonciation de «danses diaboliques» suffit à donner importance et gravité à des ragots de sorcellerie comme il en a traîné dans maints racontars villageois jusqu'avant la guerre 1914-1918.

Ainsi Jenne Pihart, femme de Jean Moüet, prisonnière – dont la mère avait été soupçonnée d'être sorcière –, avait fait une pâtée pour le chien de Jean Dubier, un voisin, et le chien était mort. Elle a «défaché» (démaillotté) un enfant de Jacques Pierret et est revenue le maillotter. Ledit enfant devint fort enflé puis mourut. Mais Jenne nia avoir fait à cette occasion un maléfice. De même, elle admit avoir donné de la bière à boire à Jean Loison, de Bagimont, avec qui elle s'était querellée peu auparavant pour une affaire de mariage manqué d'une de ses nièces. Mais l'accusée dit avoir versé cette bière avec de bonnes intentions, sans vouloir causer sa mort: il devint malade, vomissant et mourut environ huit jours après. Elle affirma n'y être pour rien, pas plus que dans la mort des chèvres d'un autre voisin, Pierre Deü, près desquelles elle était passée.

Il était aussi reproché à Jenne Pihart d'avoir été voir, sans y être appelée, Anne Piérard, femme de Jacques Lamblot, pendant son accouchement. Or, le soir même, celle-ci devint malade et en mourut. L'accusée nia que ce soit par ses maléfices. La suite de cette affaire est plus curieuse. L'enfant de la défunte Anne Piérard avait été confié à sa grand-mère. Celle-ci se trouvait devant sa porte, tenant dans ses bras le bébé bien portant. Jenne Pihart vint le regarder: «Le lendemain, la grand-mère de l'enfant, s'en allant à la messe, ferma toutes les portes de la maison où l'enfant était couché. À son retour, elle constata nonobstant que ladite accusée avait pénétré dans la maison pendant la messe, avait donné et fait avaler de la bouillie à l'enfant, qui depuis se porta mieux et entra en convalescence.» Étrange reproche: avoir donné, puis enlevé une maladie, alors qu'il s'agissait sans doute d'un malaise passager du petit. La prisonnière, bien sûr, nia tout.

Les autres accusations sont toutes aussi mal prouvées ou inconsistantes: «Un autre enfant mort, de même qu'un veau, après qu'elle fut entrée dans l'étable pour y poursuivre une de ses poules qui s'y était égarée, avoir "averti" son mari, vers minuit que leur fils était en peine, et que ses bœufs étaient pris, au bois de Mont-Dieu, en France.» L'accusée nie cette divination magique. Simplement, une nuit de mauvais temps où le chariot n'était pas rentré, elle avait dit à son mari: «Nous dormons dans notre lit, pendant que nos gens sont restés quelque part, dans quelque trou.» Elle n'a appris le lieu et les circonstances que le lendemain, par un témoin.

La fin de l'interrogatoire est périlleuse pour la prisonnière: il s'agit de sabbats et de potion magique. On dit à Jenne Pihart «qu'elle revenait un jour, de grand matin, avec sa fille, toute délabrée, par le chemin des Aubroyes des danses du diable».

Elle répond «qu'il est vrai qu'un jour elle revenait par là, mais avait été à la recherche de leur cavale, qui était égarée. Elle n'a jamais été aux danses diaboliques.»

Il est enfin question d'une autre prisonnière pour sorcellerie, Jennette Huart, «qui l'aurait ensorcelée, puis guérie, au moyen d'une certaine drogue».

Ici aussi, l'accusée avance une version plausible: «Un jour qu'elle était malade, Jennette Huart vint lui apporter une cassette (petite tasse) renfermant de petits blancs noyaux (grumeaux) comme de la présure. Alix Millet, femme de Jacques Lambert, demeurant dans leur fournil (annexe, remise), prit la cassette et lui dit qu'elle devait en avaler le contenu et que c'était son retour (guérison) ou sa mort; elle s'exécuta et elle eut une sueur des plus abondantes, s'élevant comme une buée au-dessus d'elle et parmi ses robes et se guérit.»

Après de minutieuses confrontations avec les témoins à charge, ayant toujours «la pièce pour le trou», comme on dit: réponse à tout, l'accusée persista à nier tout fait de sorcellerie, maléfice ou empoisonnement, bien que soumise à la torture.

Elle jugea prudent de se sauver. «Elle a rompu les prisons par violence et force», mentionne le jugement final qui la condamne à un exil perpétuel du duché. Le texte ajoute que «telle effraction de prison la rend passible d'être punie corporellement ou par bannissement», avec ceci, qui relève d'un droit pénal peu orthodoxe: «car, ce qu'elle a souffert n'a été que pour se purger des indices».

On ne peut mieux avouer que, en matière de sorcellerie, les indices à eux seuls suffisent déjà à créer la faute. Être sorcière, en fait, c'est être soupçonnée d'être sorcière...

Toujours est-il que, dans les procès de Sugny de 1657, la seule prévenue qui eut la vie sauve, fut l'évadée, femme décidée, capable de ne rien avouer sous la menace ou les souffrances atroces de la torture et de «rompre les prisons par violence et force».

Sa condamnation, sans preuves ni aveux, resta pourtant capitale: un bannissement perpétuel du duché de Bouillon, à peine d'être appréhendée et exécutée et ses biens confisqués. Elle n'eut garde d'en courir le risque.

Les sept coaccusées de Jenne Pihart – dont plusieurs, chose classique en la matière, étaient parentes entre elles: sœurs, nièces ou filles – furent étranglées et brûlées.

Contre l'une des accusées, Jennette Huart, l'enquête fut particulièrement minutieuse. Les racontars fournissant les chefs d'accusation sont plus inconsistants – et parfois plus pittoresques – les uns que les autres: sorts jetés en «hossant» (remuant) le doigt, par menaces, en lavant des «drapeaux» (langes) d'enfants, en «pitant» (donnant des coups de pied à) des chèvres, en toussant près d'un bœuf (chaque fois, les bêtes périssent), avoir fait «sécher de son lait» une vache, avoir envoyé une «zizanie de houlines» (chenilles) dans du chanvre.

Parfois, le maléfice est plus circonstancié et recoupe des thèmes connus de la magie rurale: «Un jour, étant venue *s'accouvissy* (s'accroupir) au coin des *espalis* (clôture en pieux ou pierres dressées) du Paquis de Labroye, alors que le temps était *coy* (calme) et doux, elle fit se jeter un brouillard et lever un vent à l'entour d'elle, ledit vent se jetant dans le *chapeau* (porche) de la maison de Mathieu Lambert, où étaient deux filles qui pilaient du chanvre; vent et brouillard dont elles furent si épouvantées qu'elles se cachèrent derrière le pot dans lequel elles pilaient ledit chanvre.»

Tout cela est pris gravement en considération, parce que la prisonnière est accusée d'avoir été aux «danses infernales». Et le tribunal exhume une vieille accusation dont elle avait été précédemment acquittée en justice, en ayant obtenu réparation. Jennette Huart aurait été trouver, dans la maison de Thomas Gérardin, greffier de Sugny, un nommé Petitjean Millart, mayeur du village de Laviot, qui y était couché sur une paillasse, auprès du feu. Elle lui aurait dit que «s'il voulait se mettre avec elle et avec celui qui était avec elle (on suppose que ceci désigne le diable), elle lui donnerait de l'argent à suffisance pour payer ses dettes». Et, poursuit l'accusation, «lui ayant jeté le poison, elle lui dit qu'elle le lui ôterait, à condition qu'il la laisserait aller, quand elle le lui aurait ôté. Elle lui fit faire serment, puis lui frotta le ventre avec les deux mains, en descendant, et lui dit qu'elle avait ôté le poison, mais qu'il serait bien longtemps malade.»

L'accusée nie le tout, est confrontée avec de nombreux témoins. La torture est ordonnée pour quatre raisons citées dans un ordre significatif. D'abord parce qu'elle a déjà été prisonnière pour faits de ce genre «et relaxée soit par argent, comme étant "comodieuse" ou par faveur. Du reste, elle est plus que famée[1] de tel crime, née d'une mère exécutée comme sorcière, et ayant en outre, sa tante brûlée, ce qui sont des indices très violents, qu'elle ne peut être que sorcière.»

Le motif suivant vise des variations dans ses dires lorsqu'elle fut confrontée à des témoins, «donc pour avoir la lumière suffisante en telle matière, la torture n'étant que trop nécessaire».

Ensuite viennent le grand nombre de témoignages à charge et l'accusation de Jennette Petit de «l'avoir vue en divers lieux, dansant aux assemblées des sorcières».

Sous la torture, la malheureuse a tout «avoué»: danses diaboliques à la Goutelle, aux Hatterelles et à Soffa, rencontre d'un diable appelé Souffoque, qui «l'a fait renoncer à Dieu et au saint sacrement de baptême, et lui a donné de la poudre dont elle s'est servie, en entrant dans la nuit dans la maison de Thomas Gérardin, greffier, où elle trouva le maïeur de Laviot, sur lequel elle jeta ladite poudre, dont il devint malade; et, pour lui ôter

1 Réputée (du latin *fama*).

le poison, lui frotta le ventre.» Suivent les confessions de tout, sorts jetés aux chèvres, fait mourir un bœuf, etc.

En foi de quoi, ayant persisté dans ses dires, elle fut condamnée «à être estranglée à un potteau, et son corps réduit en cendres».

Ce qui fut fait.

Bouillon: deux croisades opposées

Forteresse épique, légende de pierre, le château de Bouillon doit sa gloire à Godefroid, chef de la première croisade, premier roi de Jérusalem, qui ne voulut pas porter une couronne d'or là où le Christ avait porté une couronne d'épines.

Sur sa force physique, son courage, le sentiment religieux et le don du commandement, les témoignages des chroniqueurs concordent. René Grousset, dans *L'épopée des croisades,* les résume dans un portrait: «De type physique, c'est bien un chevalier du Nord. Très grand, la poitrine large et les membres vigoureux, mais la taille mince et élevée, il a les traits fins et la barbe d'un blond vif. Sa piété est exemplaire. Les clercs de son entourage ne se plaignent-ils pas de ses interminables oraisons qui leur font, ensuite, trouver le dîner froid? Grand chasseur comme ses cousins des Ardennes, il manquera, en Cilicie, d'être tué par un ours énorme qu'il a affronté en corps à corps. Sa force est stupéfiante. Un jour, en Syrie, des cheikhs arabes, pour s'en assurer, le défieront de décapiter d'un seul coup de sabre, un chameau adulte, et, à l'instant, la tête de l'animal roulera à leurs pieds. Sa loyauté était proverbiale. Ce roi sans couronne de Jérusalem restera jusqu'au bout d'une simplicité de vie légendaire.»

N'imaginons pas à ce héros de la région une naissance semoisienne. Descendant des seigneurs d'Ardenne, il vit le jour à Baisy, près de Genappe. Ses ambitions dépassaient sa rude terre de Bouillon.

La grande affaire de sa jeunesse fut la reconquête du titre – carolingien – de duc de Basse-Lotharingie, détenu avant lui, de façon tumultueuse, par son oncle Godefroid le Bossu. Il l'avait obtenu depuis quelques années lorsqu'il partit pour la Terre sainte à l'appel de Pierre l'Ermite, à la tête d'une armée – comme lui – polyglotte: wallonne, allemande et flamande, de Lotharingiens. Son comportement de capitaine valeureux, stratège et diplomate en fit un grand personnage de la chrétienté. Il était dit de Bouillon parce que, à ses débuts, il n'était seigneur que là. Il en fit résonner et craindre le nom aux batailles de Nicée, Dorylée et sur le tombeau du Christ à Jérusalem. C'est ainsi qu'un récit populaire fait fleurir, à chaque printemps, sur les pentes du château, des fleurs pourpres dont les graines furent ramenées de Palestine par un croisé ou un troubadour. Elles y étaient surgies des gouttes de sang versées par Jésus montant au Calvaire.

Marcel Leroy et les œillets du château de Bouillon

Fidèle à la région de Bouillon, auteur notamment des émouvants *Chatons gelés* et de *Chabauchamp*, Marcel Leroy avait édité en brochure une *Légende des œillets du château fort de Bouillon*. Il y imagine, au temps des croisades, un ménestrel revenant de Terre sainte en demandant la charité. Des sceptiques la lui refusent lui disant:

- Si tu reviens d'Orient, ton escarcelle doit être pleine d'or et de joyaux!

Ils s'esclaffent quand il leur dit qu'il rapporte, non des sequins mais des graines d'œillets. Et à une vieille femme qui s'étonne de ce qu'il ramène de si loin, au lieu de soies et de pierreries, des graines de fleurs qu'on trouve dans tous les jardins d'Ardenne, il raconte que ces œillets sont bien différents.

D'une délicate espèce orientale, ils ont été donnés à Godefroid de Bouillon par la fille de l'émir de Césarée dont le père avait empoisonné le duc. Elle voulait qu'ils fleurissent le tombeau de la victime de l'émir son père. Agonisant, Godefroid les avait confiés au ménestrel pour qu'en souvenir de lui ils colorent chaque année les pentes du château.

Ayant chanté aux Bouillonnais les hauts faits du duc son maître, et quitté par une fiancée qui ne l'avait pas attendu pendant sa longue absence en Palestine, le ménestrel, la nuit, sema à pleines poignées, dans le vent les graines au pied des tours du château. Puis il partit vers d'autres chansons et un autre amour.

Dans l'aventure croisée de Godefroid, Bouillon fut le prix qu'il paya pour financer son armée: il donna en gage, à cet effet, terre et château à l'évêque de Liège. On connaît les chiffres du marché: Godefroid obtint du prélat 1 300 marcs d'argent et trois marcs d'or, avec faculté de rachat pour ses trois plus proches héritiers. Le destin a ses paradoxes: devenu cause de conflit, cet aspect financier de l'épopée fit entrer dans la légende le château de Bouillon.

Âprement disputé, réputé inexpugnable sur son éperon rocheux sculpté par un méandre de la Semois, il subit une dizaine de sièges mémorables.

La châsse de saint Lambert contre Renaud de Bar

En 1134, un des héritiers de Godefroid, Renaud comte de Bar, voulut racheter le duché contre remboursement de la dette. Comme négocier l'impatientait, il se rendit maître du château, la nuit, par ruse et trahison.

C'était, chose point rare chez les seigneurs de l'époque, un fieffé bandit. Pendant sept ans, depuis son repaire de Bouillon, il lança des expéditions de rapines et pillages dans les terres de la principauté de Liège. Finalement, l'évêque Alberon, aidé par l'armée du belliqueux comte Henri de Namur, vint attaquer Bouillon avec 3 000 cavaliers et encore plus d'hommes de troupe. En approchant, l'armée faillit capturer, dans les bois, les deux fils de Renaud, qui chassaient le sanglier. Elle se trouva bientôt devant le château.

Donner l'assaut à une forteresse aussi escarpée était impossible. Il fut donc décidé de la réduire par la famine. On se battit pour détruire le moulin fortifié où les assiégés faisaient moudre leur farine. Henri de Namur, aisément reconnaissable à son armure richement ornée, fut blessé au cours de cet assaut. Même privés de leur moulin, dont Henri rompit la digue, les hommes de Renaud de Bar ne se rendaient pas.

Comme ses soldats se lassaient du siège interminable, le prince-évêque Alberon recourut aux grands moyens. Pour rendre confiance à ses guerriers, il fit venir de Liège la châsse du patron de la principauté, saint Lambert. Objet sacré de la dévotion populaire, nombre de miracles lui étaient attribués. Les bourgeois de la Cité ardente ne laissèrent partir leur précieuse relique que sur la promesse solennelle qu'elle leur serait restituée. Ils la confièrent à la garde de l'effectif complet de leur milice.

En somptueuse procession, escortée à son de trompes et de cantiques par des bannières et des lances dont les oriflammes claquaient au vent, la châsse arriva sur les hauteurs de la Semois, suivie par un imposant charroi de vivres. Relique et victuailles ranimèrent le courage des hommes du prince-évêque. Du haut du rempart, voyant arriver le cortège, entendant les clameurs d'allégresse des Liégeois, le fils aîné de Renaud de Bar fut saisi d'une angoisse mortelle qui lui broya le cœur. Il y sentit la main de Dieu, courroucé par la forfaiture de sa famille. Redoutant d'expirer, il demanda à ses frères de rendre Bouillon à l'évêque. Ils envoyèrent un messager à leur père, dont dépendait la décision, mais c'était trop tard. Avant qu'une réponse ne parvienne de Bar, l'assaut était donné par les Liégeois, le 17 septembre, fête de saint Lambert.

La bataille fut mémorable. De schiste noir, la montagne abrupte du château constituait une défense redoutable. Nombre d'échelles des assaillants furent basculées dans le vide, faisant tomber leur charge sur les rochers acérés. Il y eut beaucoup de têtes fracassées, de poitrines transpercées, de guerriers pleurés par les mères et les veuves. Le principal objectif des hommes de l'évêque était, au sommet d'un rocher, une tour en bois, la tour Beaumont, qui défiait ciel et terre.

Les hommes de l'évêque, auxquels s'étaient joints ceux du comte Henri de Luxembourg, y jetaient des javelots porteurs d'étoupe et de poix enflammées, mais la grêle de pierres et de flèches que leur envoyaient les défenseurs les empêchait d'approcher assez pour atteindre leur cible. Alors, Henri de Luxembourg stupéfia amis et ennemis par sa témérité. Criant à ses cavaliers: «Suivez-moi si vous êtes des hommes!», il bondit de roc en roc, sans souci du poids de son armure, s'accrocha aux saillies de la pierre et s'éleva jusqu'à un surplomb proche de la tour Beaumont. Là, son intrépidité ne put réaliser l'impossible. Il resta suspendu au-dessus du gouffre où les archers de Bar pouvaient, d'une flèche, le précipiter.

Saisis d'admiration, ils n'en eurent pas le cœur. Ils laissèrent le comte regagner, à la force des bras, un appui solide, d'où il put rejoindre ses hommes par un sentier où nulle chèvre n'eut osé se hasarder. La folle hardiesse de Henri de Luxembourg fut acclamée, de manière chevaleresque, dans les deux camps. Un des ennemis, un chevalier de Bar nommé Thierry, lui envoya, par son écuyer, un cheval de grand prix qu'il possédait, pour rendre hommage à sa prouesse.

Une artillerie convaincante

Bouillon restait imprenable. Aucun assaut liégeois ne l'emporta. Mais, alerté par ses fils et craignant pour la vie de son aîné, le comte de Bar rendit la place à l'évêque de Liège. Elle demeura, durant l'Ancien Régime, sous sa suzeraineté.

Le prestige de la forteresse et la situation du duché de Bouillon, loin du prince liégeois, aux confins, contestés des Pays-Bas et de la France, valurent au château maintes aventures. La plus pittoresque fut la suite d'une querelle entre Liégeois, lorsque les bourgeois avaient suscité, contre le prince-évêque Jean de Bavière, un antiprince, un mambourg. C'était en 1406. Au château, les fidèles de l'évêque furent assiégés par les partisans du mambourg. Les boulets des bombardes et les pierres, lancées par les catapultes, n'avaient, après deux mois, rompu aucune des tours massives et des fortes murailles de la citadelle.

Les assiégeants imaginèrent alors d'autres projectiles. Un chroniqueur raconte: «Les assiégeants faisoient toutes leurs besoignes en des tonneaux, puis jetoient ceste mierde en le castel.» Il paraît que la place forte faiblit devant cette artillerie-là et se rendit.

Il y eut encore d'autres sièges. Et le château fut, contre les troupes de Charles Quint, une tanière des La Marck, de la redoutable lignée des «sangliers des Ardennes», devenus fièrement ducs de Bouillon. Ils avaient pour devise: «Si Dieu ne veut m'aider, le diable ne me saurait manquer», mais un des leurs, Erard de La Marck, y avait renoncé en devenant évêque de Liège, Chartres et Valence...

Les La Marck jouaient le jeu qui fut, des siècles durant, celui de Bouillon: le duché dépendait de trop de maîtres à la fois: Liège, l'empereur, le roi de France, pour obéir à aucun. C'était encore le cas au XVIIIe siècle, lorsqu'y régnaient les La Tour d'Auvergne.

À cette irrévérencieuse époque, la ville de Godefroid abrita une aventure intellectuelle à l'opposé de la piété du chef croisé. Le héros de cet épisode ironique de l'histoire n'était pas un Ardennais mais un Toulousain cultivé, libertin, aventureux, industrieux, passionné des gazettes et de l'édition: Pierre Rousseau, ami des encyclopédistes. Né dans la bourgeoisie, élève des bons pères jésuites, ennuyé par un début d'études de médecine à la faculté de Montpellier, il «monte» à Paris, où il ronge son frein chez un notaire.

Il emploie ses modestes appointements et ses loisirs à fureter chez les libraires, hanter, dans les cafés de l'aimable Palais royal, les beaux esprits, les chevaliers d'industrie et les femmes faciles.

Encanaillé avec les jeunes aristocrates vivant la bride sur le cou, il ne se contente pas de courir le guilledou. Pierre Rousseau écrit tragédies *(La mort de Bucéphale)* ou comédies *(Le faux-pas, La coquette sans le sa voir, L'étourdi corrigé*), une dizaine de pièces pour le théâtre. Se prenant pour un grand écrivain, il signe «Rousseau de Toulouse», afin de n'être pas confondu avec Jean-Jacques et, alors très célèbre, Jean-Philippe Rousseau, lyrique parisien grandiloquent. Une épigramme moque le vaniteux Toulousain:

Trois auteurs que Rousseau on nomme,
Connus de Paris jusqu'à Rome,
Sont différents: voici par où
Rousseau de Paris fut un grand homme
Rousseau de Genève est un fou;
Rousseau de Toulouse un atome.

Si petit soit-il, cet atome-là fera du bruit. Il respire avec délices l'air du temps, qui est éperdument philosophant. Et trouve sa vocation: journaliste, gazetier des encyclopédistes. Sa première feuille d'annonces, *Les affiches,* fondée en 1750, défend les idées nouvelles, célèbre la raison, la science, la liberté. Le déisme, le «grand architecte» remplacent le christianisme. La physique, la chimie, la botanique, la zoologie, la mécanique, l'astronomie expliqueront tout, offriront bonheur et vertu à l'humanité.

C'est exaltant mais, bientôt, les autorités en prennent ombrage. La censure royale saisit les deux premiers volumes de *L'Encyclopédie* de Diderot et d'Alembert.

Pierre Rousseau comprend. Il juge prudent de transporter ses activités à Liège, où règne un prince-évêque éclairé. Il y reçoit l'autorisation de publier une *Revue encyclopédique.* À l'époque fleurissaient nombre de publications éclectiques et d'opinion. Pierre Rousseau doit s'engager à respecter la religion, les bonnes mœurs et l'État. Il promet tout, épouse la fille d'un avocat liégeois, la jolie Louise Frédérique de Weissenbruck et lance, le 1er janvier 1756, le premier numéro de sa revue, 144 pages, bimensuelle.

Le succès est rapide. Bientôt, il a des abonnés partout, à Liège, dans les Pays-Bas autrichiens, en Hollande, en France, en Angleterre, en Italie.

Pendant trois ans, tout est pour le mieux, dans le plus tolérant des mondes possibles. Mais, après des débuts prudents, où il tenait plus ou moins compte de son engagement à respecter la foi et les mœurs, le journal de Pierre Rousseau devient subversif. Il publie, du chevalier de Melsgam, fils d'exilés irlandais établi dans les Cévennes, un article contre le principe de l'immortalité de l'âme. Les théologiens de Louvain s'insurgent. Le prince-évêque doit retirer son privilège. Le 3 décembre 1759, sur la grand-place du marché à Liège, l'exécuteur des hautes œuvres, selon un arrêt des échevins de la souveraine Justice, lacère publiquement l'ouvrage intitulé *Préliminaire du journal encyclopédique* à Liège, etc. comme scandaleux, injurieux et diffamatoire.

L'éditeur n'est plus là. Menacé de voir saisir les caractères et la presse de son imprimerie, il les a chargés, en hâte, la nuit, sur une barque, et quitte Liège, au fil de la Meuse, dès septembre 1759.

Il espère obtenir, à Bruxelles, l'agrément du ministre Charles de Cobenzl, esprit moderne. Mais celui-ci ne peut fléchir le robuste catholicisme de l'impératrice Marie-Thérèse.

Rousseau arrive alors dans la petite principauté de Bouillon. Sur ce pauvre territoire règne le duc Emmanuel Théodore de la Tour d'Auvergne, qui tente d'y amener ce que nous appelons aujourd'hui des investissements. Mais plusieurs entreprises ont périclité. Le duc accueille à bras ouverts l'imprimeur proscrit. Celui-ci installe, près de la Semois, rue du Pont, son matériel et ses collaborateurs. À l'ombre du château de Godefroid de Bouillon, ce sera le paradis d'une croisade à rebours, celle de la philosophie, du voltairianisme. Dans la villette, avec des moyens artisanaux, Rousseau fonde la Société typographique de Bouillon, qui déploiera une activité fabuleuse. Elle imprime et diffuse le *Journal encyclopédique universel, dédié à Son Alt. Sérénissime Mgr le duc de Bouillon,* etc., etc. La couverture porte les armoiries du commode souverain.

En plus, Rousseau publiera une sorte de *digest*, la *Gazette des gazettes* ou *Journal politique,* offrant des extraits de livres et d'autres journaux et lance, prisée d'un vaste public, aisé ou modeste, une *Gazette salutaire.* C'est un hebdomadaire médical, rédigé par un personnage haut en couleur, un médecin allemand, fils de pasteur protestant, diplômé de Dresde et Leipzig, le docteur Frédéric Emmanuel Grunwald. Polyglotte, tenant au *Journal encyclopédique* de Pierre Rousseau, les rubriques allemande, anglaise et italienne, collaborateur au supplément de *L'Encyclopédie* de Diderot et d'Alembert, Grunwald était un ami de l'humanité.

Vendue au tarif de neuf livres à ceux qui peuvent payer, donnée gratis à ceux que ce prix peut gêner, mais moyennant trois livres – le coût du port –, sa *Gazette salutaire* s'annonçait «composée de tout ce que contiennent d'intéressant pour l'humanité les livres nouveaux, les journaux ou autres écrits publics, concernant la discipline, la chirurgie, la botanique, la chymie, etc.» Le but était, selon, *La Clef du cabinet des princes de l'Europe,* gazette publiée à Luxembourg, de «faire percer les lumières de la médecine et de toutes ses parties chez les hommes préposés pour guérir dans les campagnes et qui sont ordinairement d'une ignorance aussi insoutenable que cruelle».

Familier de Voltaire, dont il publia, outre des textes dans son journal, les romans et contes, Pierre Rousseau projeta de quitter Bouillon en 1763 pour Mannheim. L'auteur de *Candide* et son ami, l'électeur palatin, l'invitaient à y transporter sa fructueuse entreprise. Mais Emmanuel de la Tour d'Auvergne l'en empêcha, interdit le *Journal encyclopédique* et saisit les papiers de Rousseau. Un procès fut plaidé à Paris puis l'on se réconcilia.

Le calme revenu, nombre de livres furent édités, dans de nouveaux locaux, une belle maison de la rue du Moulin, par la Société typographique de Bouillon. Un des plus curieux est, publié sans indication de nom d'auteur ni de lieu d'édition, un texte polémique de Mirabeau, *Mémoire sur l'établissement de la banque de S. Charles à Madrid.*

Initiative impressionnante, Pierre Rousseau édita, en 1773, une *Collection complètte (sic) des œuvres philosophiques, littéraires et dramatiques de M. Diderot.* Comme l'écrivain avait des démêlés avec la censure française, Londres, et non Bouillon, fut indiqué comme lieu d'impression.

La maison édita aussi des auteurs libertins, dont Restif de la Bretonne, les *Contes* de La Fontaine, les *Mémoires* du supposé comte de Saint-Germain, célèbre aventurier spirite, une *Critique piquante de toutes les parties ecclésiastiques,* les œuvres complètes, philosophiques ou lestes, de Helvétius, *Les amours pastorales de Daphnis et Chloé.*

L'entreprise, surprenante dans une toute petite ville perdue au milieu des forêts, fit la fortune de Pierre Rousseau. Elle occupait une trentaine de personnes. Plusieurs de ses collaborateurs étaient aussi aventureux que lui, tel l'officier en retraite Reneaume de la Tache, responsable de la *Gazette des gazettes.* Celui-ci trouvait le temps, lors des guerres russo-turques, de recruter des Albanais pour le grand vizir et d'autres mercenaires pour le tsar. À ce propos, il écrivit à un ami: « Comme je ne suis point sanguinaire, j'entame dans le cabinet des princes des négociations de paix. »

On voit le ton de la maison. C'est le XVIIIe siècle dans toute sa désinvolture.

Pour le commerce des gazettes et, surtout, de la librairie, les textes anodins – il y en eut – ne causaient aucune difficulté. Pour les ouvrages subversifs, il fallait ruser, car des ballots de livres interdits avaient été saisis en France et mis au pilon à la Bastille ou réexpédiés vers l'étranger.

Les hommes de Pierre Rousseau inventaient des stratagèmes, achetaient la complaisance de préposés, déclaraient des chariots de sacs de coton, dont certains contenaient, en fait, des ouvrages sentant le soufre. Activité longtemps traditionnelle dans la région, la fraude par les bois faisait aussi fureur. Les contrebandiers de la pensée avaient fort à faire, car la surveillance s'exerçait en profondeur. Le tout n'était pas de passer la frontière – à l'époque elle était d'ailleurs d'un tracé souvent flou. Il s'agissait d'éviter les villes et même parfois les ponts, de traverser les rivières à la nage, pour gagner, à petites étapes, Paris, cible principale. Là, tout un trafic se développait dans les entrepôts, les librairies de faubourg et jusque dans les galeries du palais de Versailles, qui n'étaient pas loin de l'entrepôt de Petit-Montreuil.

Après une pénible maladie, Pierre Rousseau mourut «philosophiquement», moins de trois ans avant la prise de la Bastille. Il n'a pourtant pas refusé la visite du curé de Saint-Roch, mais «il reposait toujours lorsque le curé se représentait».

Ironie de l'histoire, la Révolution française, fille de la pensée diffusée par les éditions bouillonaises, ruina la firme, qui ne s'en remit pas. Elle ne laisse qu'un souvenir étincelant de hardiesse intellectuelle, d'astuce et de flair. Mais cela ne suffit pas à faire perdurer l'entreprise de ceux qui ont senti, avant les autres, l'air du temps.

En attendant, à l'ombre du château de Godefroid, Pierre Rousseau et ses amis se sont bien amusés, allumant le volcan sur lequel ils dansaient.

Les quatre dames du Pont d'Oye

Aux XVIIe et XVIIIe siècle, toute la région aux confins de l'Ardenne et de la Lorraine bourdonnait d'une activité industrielle fiévreuse. Développée depuis la Renaissance dans nombre de pays européens, la sidérurgie y avait multiplié de façon extraordinairement dense hauts et bas fourneaux, forges, platineries. L'abondant minerai lorrain n'y était pas loin des forêts, productrices du charbon de bois, l'indispensable combustible. Et les rivières d'Ardenne, retenues en étangs par des barrages, fournissaient, par les chutes d'eau, la force motrice. Ce qui subsiste de cette véritable Ruhr – qui occupait des milliers de mineurs, voituriers, charbonniers, ouvriers, techniciens et hommes d'affaires – est d'une poétique beauté. Le cadre est souvent sylvestre. Les vestiges de l'archéologie industrielle mirent leurs vieux murs et leurs machines rouillées dans des plans d'eau devenus silencieux.

La seule province du Luxembourg belge actuel comptait trente de ces établissements, dont cinq à Habay: Bologne, la Trapperie, le Châtelet, la Forge du Prince et le Pont d'Oye. Ce dernier fut et reste le plus célèbre de la région. Chose curieuse, le domaine et l'usine du Pont d'Oye[1], fondée vers 1550, durent leur puissance et leur éclat, surtout, à une lignée de trois femmes énergiques. La mémoire collective les a oubliées au profit d'une quatrième, fantasque, scandaleuse et touchante, responsable de la gloire mondaine et de la décadence du Pont d'Oye.

---

1 Ce nom énigmatique semble bien provenir d'erreurs de copistes: *pons anslarum* (pont d'Anlier), aurait été estropié en *pons ansarium, anserium* et finalement *anserinum* (pont des oies). C'est l'avis de Prat, cité par Tandel dans *Communes luxembourgeoises,* tome 3, p. 467.

La première de ces femmes fortes de l'Évangile, mère et grand-mère des deux autres, était une bourgeoise de Mariembourg, Jeanne Petit. Veuve du Chimacien Pierre du Moustier, acquéreur du Pont d'Oye vers 1635, elle amorce l'«empire» en fondant les deux forges des Épioux, achetant celle de Mellier-Bas et prenant en location, à Habay, celle du Prince (jouxtant le Pont d'Oye).

À la mort de Pierre du Moustier, en 1642, un ensemble de sept fourneaux et cinq forges, passe à Jeanne Petit. Celle-ci voit grand et en a les moyens. Elle construit un robuste château au Pont d'Oye, juste au-dessus des forges qu'elle surveille ainsi de près. Son manoir est en coin entre la lisière de la forêt et le grand étang artificiel de l'usine. Selon des textes du temps, elle exerce un «grand commerce innumérable» et réalise des «bénéfices incroyables»: les guerres de Louis XIV (qui prend Montmédy en 1657) ruinent en effet des concurrents plus proches des batailles. La spectaculaire fortune du Pont d'Oye – qui durera moins d'un siècle – fournit à Jeanne du Moustier, fille de Jeanne Petit, une alliance prestigieuse. Elle épouse et dore le blason d'un grand seigneur franco-italien, André de Montecuculli, de la lignée du grand général Raimondo de Montecuculli de la Guerre de Trente ans, vainqueur des Turcs et de Turenne. Tandis que son mari est retenu par ses charges à la cour de Paris, Jeanne de Montecuculli reste au pays et gère les forges avec le même sens des affaires que sa mère. À sa mort, en 1660, elle les lègue à sa fille, la troisième du prénom, Jeanne-Ersille, qui épouse, en 1661, un amiral génois d'illustre naissance, frère de cardinal, Jacques de Raggi. Sous le règne Raggi, les biens du Pont d'Oye sont érigés en marquisat, et le château élégamment embelli. Seule l'opulente abbaye d'Orval – qui possède elle-même des forges fameuses – rivalise avec la puissance du nouveau marquisat, de territoire restreint mais au chiffre d'affaires impressionnant. Veuve elle-même, cette troisième Jeanne, bien que plus frêle, dirigera les forges dans la tradition de sa mère et sa grand-mère, jusqu'à sa mort, en 1713.

À ce moment, tout «baigne», les forges luxembourgeoises font des affaires d'or. Le fils de Jeanne Ersille, François-Laurent de Raggi, homme digne, bienfaisant et cultivé, célibataire méditatif, peut confier sans dommage la gestion de ses usines à des administrateurs: la vitesse acquise suffit à faire durer une prospérité qui semble éternelle. Illusion: la grande époque est passée.

Maître de forges respecté mais distrait, François-Laurent de Raggi n'a pas d'héritier. Il lègue son «empire» métallurgique et son titre de marquis de Pont d'Oye à son filleul, un jeune parent de caractère doux et loyal, Jean-Christophe du Bost-Moulin. Le jeune homme connaissait peu le Luxembourg ancestral et encore moins les forges. Son père étant gouverneur de Béthune, en Flandre française, il y avait passé sa jeunesse, formé chez les Jésuites. Ceux-ci en avaient fait un garçon cultivé, et accentué sa délicatesse morale, sans corriger l'indécision de son caractère.

Il avait du charme, de la bonté, et, s'il faut en croire le joli roman un peu dans le goût du XVIIIe finissant, de Pierre Nothomb: *La dame du Pont d'Oye*[1], un cœur neuf, à l'embrasement soudain et définitif.

Vers Pâques 1742, marquis et maître de forges depuis trois mois, Jean-Christophe se rend à Nancy pour défendre ses droits dans une tortueuse affaire de livraison de minerai. Le bon roi Stanislas Leszczynski, duc de Lorraine, le requiert au bal à Lunéville, son Versailles. Il veut rencontrer ce jeune homme de flatteuse réputation, à la fortune immense et soudaine. L'alliance entre nobles familles a-t-elle coïncidé avec un coup de foudre amoureux? Chez Stanislas, Jean-Christophe danse avec une jeune fille blonde et espiègle de dix-sept ans, Louise de Lambertye,

---

1 Paru en 1935, aux Éditions du Sorbier à Arlon, c'est, dans un mélange de bons renseignements historiques et d'«angélisation» romantique, le plus entraînant des trois romans, régionaux, consacrés à Louise de Lambertye. En 1880, Léon Wocquier, professeur à Arlon, y avait publié, chez Bourger *La dernière marquise du Pont d'Oye.* À la fin des années 1920, Camille Joset en avait commencé la publication en feuilleton dans L'*Avenir du Luxembourg,* qu'il dirigeait. Obligé d'interrompre, suite à l'opposition des héritiers de Wocquier, opposés aux opinions – catholiques – du journal, il improvisa au jour le jour un nouveau roman de la marquise. Pour ce faire, il alternait avec son ami le père Hénusse, prédicateur jésuite célèbre résidant à la maison de son ordre à Arlon, et collaborateur anonyme de *L'Avenir.* Ce fut, avec entrain et fantaisie, *La vie amoureuse de Louise de Lambertye, dernière marquise du Pont d'Oye,* qui fit monter de 10 000 le tirage du journal et fut publié en deux tomes en 1930, chez Vermaut à Courtrai, sous la seule signature de Camille Joset. Celle d'un jésuite aurait à l'époque paru déplacée sur cette romanesque pochade.

enfant des seigneurs de Cons-la-Grandville – dont le beau château Renaissance est toujours dans la famille, au sud de Longwy. Selon Pierre Nothomb, ce fut, dès le premier menuet, l'éblouissement mutuel du premier amour. Pour Wocquier, la jouvencelle, regrettant une idylle interrompue avec un de ses cousins, se serait laissé faire, selon les calculs de sa famille, noble mais peu argentée[1], que fascinait la fortune du marquisat industriel du Pont d'Oye. Suivant cet auteur, les désordres de la marquise seraient dus au dépit amoureux. N'aimant pas son mari, elle l'aurait ruiné en s'étourdissant dans de coûteuses folies. Les faits, notamment les huit enfants du couple, et plusieurs documents, sont plus proches de la thèse «romantique» de Pierre Nothomb, un grand amour entre un homme timide et un être angélique, innocent, n'ayant pas les pieds sur terre, n'entendant rien à l'argent.

Le mariage fut soudain: célébré le 3 mai, trois semaines après le bal à Lunéville. On peut très bien imaginer au jeune couple des débuts de rêve. Jean-Christophe du Bost-Moulin connaît à peine l'étendue et le maniement du fief industriel qui lui est échu depuis quelques mois, et le voilà époux d'une femme jeune, jolie, spontanée. Celle-ci arrive, amoureuse, aimée, heureuse, dans un domaine industriel et sylvestre dont la richesse lui semble fabuleuse. Rare dans la région, le titre de marquise a une allure souveraine. Il y a de quoi être grisé. Louise-Thérèse de Lambertye l'est et le restera plus longtemps qu'il n'eût fallu.

Elle n'est pourtant pas aussi écervelée que le veut la légende qui se forgera autour d'elle. L'abbé Nothomb, curé d'Anlier, possède Habay dans sa paroisse. C'est lui qui dira d'elle, plus tard: «C'est un oiseau...» Le 24 octobre 1742, peu de mois après son installation au Pont d'Oye, Louise lui écrit une lettre[2] lui demandant l'autorisation de faire célébrer sans retard, dans la chapelle du château, le mariage d'un valet et d'une femme de

---

1 La tradition de la famille était plus d'épée que d'argent: les deux ancêtres les plus notables ont été un gouverneur de la place de Longwy, Jean de Lambertye, sous Louis XIII, qui acquit Cons-la-Grandville par mariage, puis Georges de Lambertye, bailli de Nancy, maréchal de Lorraine et de Barrois.

2 Publiée dans *L'Avenir du Luxembourg* du 1er avril 1934, par l'historien François Bourgeois, avant la rédaction du roman de Pierre Nothomb, paru en novembre 1935.

chambre, ce à quoi le vicaire de Habay, nommé de la Croix, mettait des difficultés.

L'épisode est mineur, mais cette missive courtoise, diplomate, écrite dans le français élégant de l'époque, permet en quelque sorte d'entendre le son de la voix de la toute jeune marquise, qui allait bientôt défrayer la chronique: jeunette et bien élevée, mais consciente de son rang. «Je vous ai fait prier de permettre qu'on les marie dans ma chapelle. La raison en est que je voudrais assister à ce mariage et que l'estat où je me trouve, étant enceinte, ne me permet pas d'aller ailleurs. Je ne m'attends pas à un refus de votre part dans de telles circonstances. Mon intention est encore que ce mariage se fasse demain ou le jour suivant si cela vous agrée: Je vous prie d'en donner la permission à M. de la Croix votre vicaire ou de venir vous-même si vous le pouvez. J'aurai le plaisir de vous voir et ai l'honneur d'être parfaitement, Monsieur, votre très humble servante. Lambertye du Pont d'Oye.»

Avec habileté, la jeune marquise se sert de son état de femme enceinte[1] pour soutenir la prétention de son mari à faire de la chapelle castrale du Pont d'Oye une sorte de succursale paroissiale pour ses domestiques et ses ouvriers. Cela ne semble pas le fait d'une épouse rêvant d'un autre amour. Le mal était ailleurs: sa croyance naïve en la fortune inépuisable du Pont d'Oye. Lorsqu'on s'étonna du faste et du coût des fêtes au château, Louise de Lambertye aurait répondu: «Il manquera d'eau dans la Rulles avant qu'il manque d'or dans les caves du Pont d'Oye.»

On a comparé les réjouissances du Pont d'Oye à celles de Versailles: jeux nautiques sur l'étang, mascarades, galantes parties de cache-cache dans les buissons, cultes badins à un petit temple du dieu Amour. À l'époque, l'aristocratie se divertissait volontiers à de telles fantaisies.

La noblesse venait de loin aux fastes du Pont d'Oye. Pierre Nothomb relève qu'«un Gonzague y montait de Carignan et, de Saussure, un duc de Bouillon. On se souvient encore de leurs cavalcades. Au Hêtre du Rendez-vous, dans la forêt de Rulles, Christophe et ses piqueurs attendaient les princes avec les fruits,

1 De son premier fils, né le 4 mars 1743, Stanislas-Charles. Au moment de la lettre, elle était enceinte d'environ quatre mois et demi.

les vins du Rhin, les rafraîchissements glacés (...). Bueren, partant pour la guerre de Bavière, fit faire à ses chevau-légers un crochet de deux jours pour dédier à la marquise un carrousel et une mousquetade. Le duc de Deux-Ponts, "avec toute sa cour", comme imprima le *Mercure*, y vint séjourner en 1750, à son retour de Versailles. Le roi Stanislas y parut deux fois, la première sans grand tapage et presque seul, pour le baptême du premier héritier du Pont d'Oye. La seconde fois, en grand arroi, dans le printemps qui suivit la bataille de Lawfeld; il feignit d'y attendre son gendre, et c'est ainsi que, tout le petit peuple du Luxembourg parlant du roi, la légende se répandit que Louis XV avait séjourné chez Louise.»

Il y eut aussi, dit-on, Voltaire et Mme du Châtelet qui, se trouvant pour raison familiale en Lorraine, ne voulaient pas manquer cette halte brillante.

L'éclat et le gaspillage des festivités étaient une insulte au rude labeur des ouvriers fondeurs, des charbonniers et petits cultivateurs de la région. Une tenace tradition orale, de veillée en veillée, transmit des détails particulièrement choquants pour le monde rural qui connaît la valeur des produits et la peine qu'ils coûtent: une bataille à coups d'œufs, dans l'île de l'étang, des porcs allumés en torches pour éclairer un bal champêtre.

Un bijou de la marquise étant tombé dans l'eau, un jeune valet s'y précipite pour le retrouver. Il ne remonta pas à la surface, dit-on. L'accusation de sorcellerie n'était pas loin, contre la responsable de la mort du jeune homme. Peut-être y eut-il, par théâtre, quelque diablerie figurée sur fond de flambeaux chez la marquise.

Pierre Nothomb invente ou embellit un récit populaire lorsqu'il parle d'une escapade forestière vers le gué de la Passée du Cerf: «Près de la fontaine de Martin-Carélie, il y avait un ermite. Il se cachait quand elle passait, mais, quand son cortège avait fui, il respirait avec un délice mêlé de remords, comme un sillage de musique et d'odeurs célestes.»

«Il y avait à La Folie un marais sinistre. Louise imagina un jour d'y faire donner un concert pour l'exorciser. Ce qui n'empêchait que l'ermite, se reprochant sa volupté, racontait qu'elle traînait après elle toutes les tentations du monde! C'est sans doute parce qu'il avait peur, et qu'il ne l'avait pas regardée en face: elle lui eût souri...»

Des reproches sévères furent faits à la prodigue dame du Pont d'Oye. «C'est une pervertie», avait dit le père gardien du couvent des Capucins d'Arlon. «Elle donne de fâcheux exemples», écrivait M. de Zeller, définiteur du chapitre de Mersch, au curé d'Anlier qui persistait à prendre sa défense.

Ce curé, c'était pourtant le peu commode abbé Waltzing, homme procédurier à l'extrême et farouchement sévère sur les innovations bénignes de la mode féminine de l'époque.

C'est à lui – successeur du curé Nothomb – que Louise de Lambertye écrit en avril 1751, dans la période où les fêtes du Pont d'Oye avaient le retentissement que l'on sait, une longue lettre au sujet des leçons de catéchisme et des confessions par le chapelain du château. Celles-ci sont considérées comme non valables par le vicaire de Habay.

Ferrait-elle ses chevaux avec des clous d'argent, comme le veut la légende? L'on a envie d'y croire. Lorsqu'il achète le château en 1931, Pierre Nothomb est agacé par le souvenir de la fantasque marquise. Gravissant en voiture le chemin qui monte au Pont d'Oye, pour en prendre possession, il est, dit-il, arrêté par la crevaison d'un pneu. Il en retire, ô surprise, un des fameux clous d'argent. *Si non e vero...* En tout cas, c'est ainsi qu'il explique son coup de foudre pour Louise de Lambertye.

Démoniaque, la marquise ne l'était pas, ni méchante. Sans doute même pas volage: la légitimité de ses huit enfants ne fut pas contestée. Pierre Nothomb idéalise certes son portrait: une sorte d'elfe, de créature à peine terrestre, faisant de la vie une fête «parce qu'elle ne voulait voir que joie autour d'elle».

Les fêtes du Pont d'Oye coûtaient trop cher, et les forges avaient des créanciers. La rumeur publique fit de la marquise la seule responsable des difficultés qui menèrent à la ruine cette entreprise fameuse. Les historiens[1] font la part des choses. Vers 1750, les affaires de la sidérurgie, qui avaient été florissantes dans le premier quart du XVIIIe siècle, se sont ralenties. Une sécheresse priva d'eau la Rulles – ce que la marquise croyait impossible. L'on dut chômer. Et Christophe du Bost-Moulin n'avait

1 Notamment Marcel Bourguignon dans son étude sur «Les forges au bassin de Rulles» dans *Annales de l'Institut archéologique du Luxembourg,* tome LVII p. 36 à 53, et René Evrard, *Forges anciennes,* tome II, Solédi, Liège, 1956.

pas le caractère résolu et les qualités d'homme d'affaire entreprenant, nécessaires pour bien diriger la constellation de forges et fourneaux dont il avait hérité. Époux fidèle, mais faible devant les folies dispendieuses de sa femme, il n'a pas le courage de les freiner. Il emprunte, hypothèque une usine, puis une autre. Plusieurs concurrents sont aux aguets, dont le duc de Looz-Corswarem, récent maître de forges dans la région, châtelain à Sainte-Marie-sur-Semois. Le roman de Pierre Nothomb lui attribue des projets galants de vieux roué sur la naïve marquise et une querelle à ce propos avec Christophe du Bost-Moulin. Mis à la porte du Pont d'Oye par le marquis, le «duc de Sainte-Marie» serait parti en disant, sur un ton de menace: «Je sais comment je rentrerai ici!»

La vie brillante continue tandis que des créanciers prennent en bail à ferme les établissements de Luxeroth, de Châtillon, des Épioux. Le marquis vend. Il est saisi. Même les forges du Pont d'Oye et du Prince, au pied du château, ne travaillent plus pour lui. En 1762, c'est la catastrophe finale: on liquide. Le personnel du château, dont un chapelain resté jusqu'au bout, est dispersé. Christophe du Bost-Moulin trouve un emploi de «facteur-chef» (surveillant) chez son collègue Wendel de Mont-Saint-Martin, dans une forge, au pays de Longwy. Il est hébergé par le curé de Montigny. Les époux vivent alors séparés, ce qui suppose une mésentente. Louise ne retourne pas en Lorraine française dans sa famille, mais va vivre, modestement, dans une maison du village de Habay, chez une ancienne femme de chambre du château, à qui Christophe, sur son salaire, verse une petite pension mensuelle. Avant la destruction du presbytère de Montigny, lors de la guerre de 1914-1918, on pouvait y voir dans les boiseries, peints par le marquis déchu et rêveur, des panneaux évoquant la vie idyllique au Pont d'Oye et le premier baiser de deux jeunes amoureux. En 1766, des documents consultés par l'historien François Bourgeois[1] nous apprennent que le marquis emprunta une somme de 1 000 livres, dont il remboursa 720 le 1er novembre 1769.

La marquise, qui, selon Pierre Nothomb, avait gardé une mule blanche sur laquelle elle se promenait, allait parfois voir dans

---

1 Dans l'*Avenir du Luxembourg*, du 1er avril 1934, *op. cit.*

son ancien parc le temple ruiné de l'Amour. Était-elle injuriée par les villageois comme le veut la légende? Elle avait avec elle ses deux plus jeunes enfants. Pauvre, elle n'était pas délaissée de tous. Sachant sa misère, le 7 septembre 1767, l'abbé d'Orval, dom Étienne Scholtus, de Bastogne, administrateur énergique, lui fit remettre par l'intermédiaire du curé de Vance, «par charité, deux vertugadins» (vertugadin, selon Littré: «bourrelet que les femmes portaient jadis au-dessous de leur corps de robe». Vulgairement: «faux cul»).

La marquise mourut à Habay, en 1773, à quarante-huit ans, onze ans après la liquidation du Pont d'Oye. Ayant perdu son emploi, son mari avait cessé de verser la petite pension assurant sa subsistance. Louise de Lambertye était dans la misère. Fut-elle chassée de la maison de son ancienne femme de chambre, pour non payement, ou suite à la mort d'une enfant à qui on l'accusait d'avoir porté malheur ou jeté un sort?

La version romantique de la mort de la marquise la montre, par le gel d'une nuit de Noël, se réfugiant dans la paille d'une écurie des forges qui avaient jadis financé ses folles splendeurs. Abandonnée comme Manon Lescaut, elle y aurait rendu le dernier soupir, seule. Son époux lui survécut jusqu'en 1784. En 1790, le duc de Looz-Corswarem acheta aux enfants du couple infortuné ce qui restait des biens, la forge du Pont d'Oye, deux bocards (machines à broyer le minerai) et une scierie. Il était, comme promis, revenu au Pont d'Oye...

Hontheim, de Feller et Brosius: trois fantômes combatifs

Dans deux châteaux aux points extrêmes de la Gaume, au nord-est, le Pont d'Oye près de Habay et au sud le sommet de Montquintin, dominant Lamorteau, des personnages hors série – Gaumais adoptifs – ont fait entrer l'histoire dans la légende.

Montquintin, «nid d'aigle» au sommet de sa colline dominant Lamorteau, Harnoncourt et Couvreux, est un site à la fois épique et méridionalement aimable avec ses toits de tuiles romaines. D'origine médiévale, le château, posté en sentinelle, eut un destin mouvementé. Au Moyen Âge, il était un poste avancé de celui de Latour, dont il était le fief. En mai 1480, il fut pris d'assaut par Charles d'Amboise.

En 1542, c'est une complicité locale, celle du curé Nicole Bondette, français, qui le livra, par surprise, portes ouvertes, à son compatriote le duc d'Orléans. Le lieu était prédestiné aux prêtres non-conformistes. Car, après les pillages, en 1647, par Turenne, puis, dix ans plus tard, par les troupes de Louis XIV assiégeant Montmédy, le plus illustre seigneur du lieu fut un prélat allemand célèbre, condamné par les papes, Mgr Jean Nicolas de Hontheim.

Né à Trèves, le 27 janvier 1701, ce personnage peu banal avait étudié le droit à Louvain et le droit canon à l'université de Leyde, avant de devenir évêque suffragant de Trèves, en 1748, avec le titre, *in partibus infidelium*, d'évêque de Myrophite[1]. Les honneurs et bénéfices ne manquaient pas à ce prélat[2] dont les

1 Les titres épiscopaux *in partibus infidelium* sont honorifiques et concernent des évêchés d'Orient, disparus lors de la conquête musulmane.

2 Qui parlait français comme tous les Européens «de qualité» à cette époque.

armoiries portaient un symbole remuant: «coupé d'azur et d'argent, au chien courant en chef[1]».

Il fut fait vicaire général, doyen de l'église collégiale de Munster-Eifel, et montra bientôt l'activité intellectuelle et le goût de la polémique, qui allaient être sources de sa gloire et de ses tribulations. En 1750, il publie une robuste *Histoire du diocèse de Trèves* puis entre en conflit avec un historien célèbre de son temps, le père jésuite Bertholet, auteur d'une *Histoire du Luxembourg*[2]. Il lui reproche un souci insuffisant de critique historique.

Ne détestant pas la bagarre, il apprécie pourtant le calme rustique, et acquiert, en 1760, le château, alors en fort mauvais état, de Montquintin. Il en abat deux tours, trop ruinées et le restaure pour en faire une demeure de plaisance de style classique, aux grandes fenêtres. Comme, notamment, tout le duché de Luxembourg, Montquintin fait partie de son diocèse de Trèves. Il en est à la limite, à deux pas de la France, depuis le Traité des Pyrénées (1659) qui fit perdre aux Pays-Bas alors espagnols, Montmédy, Avioth et Marville.

Mgr de Hontheim, noble personnage, entouré de déférence, mène une vie paisible lors de ses séjours à Montquintin. Il va rendre fréquemment visite à un de ses voisins, le noble le plus proche: le baron de Franque, en son château de Lamorteau[3] près de l'église du village. À Montquintin, où il fait bâtir une ferme typique du style local (parfaitement conservée, elle est aujourd'hui une de plus belles «décentralisations» du Musée gaumais), personne ne se demande à quoi Mgr de Hontheim occupe les soirées solitaires où sa lampe reste parfois allumée tard le soir. Longtemps, nul ne songe, même en haut lieu, à rapprocher de l'évêque hobereau de Montquintin un ouvrage latin à signature énigmatique: Justinus Febronius, qui cause, en 1763, grand scandale à Rome. Selon l'usage de l'époque, le titre en est long et compliqué: *De statu Ecclesiae et legitima potestate Romani Pontifici Liber*

---

1 Ce sont des armoiries «parlantes»: le chien est dans le nom: Hont-heim (demeure du chien).

2 Réédition «anastatique». Musée en Picorne, Bastogne, 1997.

3 Ce petit château Louis XV, quelques lustres plus tard, aurait été prévu comme halte hors de France pour Louis XVI, lors de sa fuite en 1792, interrompue à Varennes.

Sigularis a Renniendas Dissidentes in Religione Christianos. Le pseudonyme restera un certain temps hermétique (Justinus Febronius est une allusion à une nièce de Mgr de Hontheim, Justinia, religieuse à Juvigny sous le nom de sœur Febronia).

Moderne, le livre conteste le pouvoir politique des papes sur les souverains catholiques. Cet essai aux doctes références est une arme précieuse pour l'empereur Joseph II, décidé à affranchir son empire de l'influence temporelle, dite « ultramontaine » (dépassant les Alpes) exercée par l'Église.

Dès 1764, le pape Clément XIII condamne le traité de Febronius. Son successeur, Pie VI, prononce l'anathème contre le texte et nomme, à Trèves, un coadjuteur à Mgr de Hontheim, identifié comme étant Febronius.

En 1778, diplomate, le prélat signe une lettre de soumission, pour éviter des sanctions plus graves. En 1779, il juge prudent d'avoir sa résidence principale à Montquintin, dans les Pays-Bas autrichiens, sous la souveraineté directe de Joseph II, dont il est le meilleur fournisseur d'arguments dans sa querelle avec les souverains pontifes.

À Montquintin et dans les villages voisins, bien peu de paroissiens savaient que Hontheim, digne châtelain mitré, sentait le soufre et défiait le pontife de Rome. Le roman de Mgr de Trèves est celui de la ténacité et du secret.

La soumission n'est pas dans le tempérament du prélat rebelle, qui, à quatre-vingts ans, garde la plume subtile et pugnace. En 1781, il publie *Justini Febroni commentarius in suam Retractationem,* où il nuance son acte de soumission. En fait, Mgr de Hontheim y livre un nouvel état de sa doctrine anti-ultramontaine. Il atténue certains termes mais maintient le principe: s'opposer au pouvoir temporel de la papauté sur les souverains. Il s'y confirme, dans l'esprit des « lumières philosophiques » et de *L'Encyclopédie,* comme un précurseur des chrétiens décléricalisés. Et ce prélat allemand, lorrain d'adoption, annonce à sa façon une tradition encore vivace aujourd'hui en Gaume: celle des catholiques plus ou moins voltairiens.

Les débats tumultueux qu'il avait suscités n'ont visiblement pas nui à la santé du coriace et astucieux Mgr de Hontheim. Il vécut jusqu'à quatre-vingt-neuf ans bien sonnés – âge fabuleux pour l'époque. Il rendit au Seigneur son âme combative le 2 septembre 1790. Il avait eu connaissance des débuts de la Révolution française, qui allait amener à l'Église catholique – qu'il n'a jamais quittée – de bien autres tribulations que celles auxquelles il avait travaillé.

Ainsi, le vieil évêque rebelle n'eut pas le temps de voir les révolutionnaires, sous les ordres du citoyen Debaune, commandant de Montmédy, incendier son cher château de Montquintin – comme d'ailleurs ceux de Laclaireau, près d'Ethe, et de Latour.

Si l'indomptable Febronius eut une vie longue et, semble-t-il, heureuse au milieu des polémiques et anathèmes qu'il a suscités, son château de Montquintin semble maudit. Son neveu et héritier Jean-Jacques de Hontheim en releva les ruines après quelques années, ce dont témoigne une belle inscription gravée dans la pierre du manoir:

Quod bellum destruxit anno 1794
Ab Hontheim restitutum anno 1803.

Après lui, le château revint aux Baillet-Latour, mais un incendie ravagea le corps de logis en 1869. Il restait les communs, dont le feu détruisit l'aile droite en 1935. L'aile gauche, abandonnée, s'écroula peu à peu. L'ensemble des ruines, à l'aspect maléfique, risquait de n'être bientôt plus qu'un tas de pierres où il faudrait de l'imagination pour évoquer l'ombre contestataire du prélat aux armes du «chien courant». Heureusement, depuis les années 1990, des campagnes de fouilles et de restauration combattent chaque été la «malédiction» du lieu.

Chose curieuse, le Luxembourg méridional qui accueillit avec Febronius de Hontheim l'inspirateur doctrinal du joséphisme, fut aussi le berceau de ses fougueux adversaires Feller et Brosius. Le jésuite François Xavier de Feller, né à Bruxelles en 1735, d'une famille d'Autelbas, fut instruit à Luxembourg par les jésuites de cette ville. De 1773 à 1794, ce polémiste indomptable rédigea seul le bimensuel *Journal historique et littéraire,* dont, selon l'habitude à cette époque, chaque numéro équivalait à une revue de nos jours. Chassé de Luxembourg – qui faisait partie des États de Joseph II –, il se réfugia à Liège, qui en était indépendant. Là aussi il fut traqué. Durant un certain temps, il dut se cacher à Verviers, dans une houillère, où il continua sous terre à rédiger son *Journal historique et littéraire.* Ce héros de la liberté de la plume – dont le *Journal* est réuni en 71 volumes *in 12* – s'opposait au despotisme éclairé de Joseph II, non par esprit rétrograde: démocrate avancé, il affirmait que «les États (des assemblées) sont institués pour connaître des abus et actes arbitraires du pouvoir». Adversaire des Encyclopédistes, il publia, outre sa monumentale gazette, des poèmes latins et de nombreux ouvrages critiques où il est question de Voltaire, de Buffon, de Newton, et, contre Hontheim, un essai théologique intitulé *Jugement d'un écrivain protestant touchant le livre de Justinus Fébronius*. Tout cela entre un *Traité de la Mendicité,* une *Vie de saint François-Xavier,* un *Dictionnaire historique,* un autre de géographie, un *Itinéraire de voyages en diverses parties d'Europe* – car il vécut à Breda, Maastricht, Paderborn et Ratisbonne en Allemagne, à Tyrnau en Hongrie, et voyagea en Italie, Pologne, Autriche et Bohême.

Contre les réformes de Joseph II se signala aussi un jésuite né à Virton, en 1764, le père Henri-Ignace Brosius. Il collabora au journal du père de Feller et publia, à Bruxelles et Louvain, un *Journal historique et politique des principaux événements des différentes cours d'Europe*. Le titre en devint encore plus ambitieux à Liège où il se réfugia comme de Feller, car interdit par Joseph II: ... *Événements du temps présent,* ou *Esprit des gazettes et Journaux politiques de toute l'Europe*. L'édition pour les Pays-Bas et l'Allemagne s'intitulait plus sobrement *Nouvelliste impartial*.

Un des pamphlets du mordant père Brosius, pourfendant les idées philosophiques des *Lumières,* s'intitule, en 1782, *Catéchisme d'un bon citoyen,* ou *Entretiens d'un Luxembourgeois avec un Parisien sur l'autorité souveraine et les devoirs des peuples*.

Personnage infatigable, Brosius publia aussi à Liège, contre Joseph II, un *Journal philosophique et chrétien,* tenta vainement de porter dans le Luxembourg la révolte de Vonck contre l'Empereur, se réfugia en 1791 aux États-Unis où il donna des leçons de français, revint à la chute de Napoléon en Europe, à Aix-la-Chapelle, où il mourut vers 1830.

Démocrates modernes, mais en guerre pour raison philosophique, avec ceux qui auraient dû être leurs alliés naturels, les Encyclopédistes, les deux jésuites de Feller et Brosius sont de passionnants exemplaires des contradictions de leur temps. Avec Mgr de Hontheim, ils forment une peu banale trilogie de fantômes religieux, batailleurs par la plume, acteurs spirituels des bouleversements dramatiques préparés, sous ses élégances, par le fascinant XVIIIe siècle.

L'anneau, la prophétie et le trésor d'Orval

Un climat de légende flotte dans le monastique vallon d'Orval. Il saute aux yeux dès l'abord, à la vue du campanile de pierre dorée de la nouvelle église abbatiale, miré dans l'étang des anciennes forges.

L'eau joue ici un rôle de poésie. Dans le site des ruines, une fontaine circulaire, où l'onde est d'une pureté de cristal, rappelle un des rares épisodes de légende dorée des régions de Lorraine et Ardenne.

En 1076, fondé depuis six ans par des moines calabrais, le monastère était encore bien modeste – une chapelle et quelques cellules – lorsqu'une noble dame en deuil vint y visiter les religieux. C'était la suzeraine du comté de Chiny, et donc d'Orval, la comtesse Mathilde, duchesse de Toscane, veuve de Godefroid le Bossu, duc de Lorraine. Quelques mois plus tôt, son fils, en séjour avec elle à Bouillon chez la bienheureuse Ide d'Ardenne, s'était noyé, l'hiver, dans la Semois dont les glaces lui avaient tranché la tête.

En mélancolique méditation au bord de la source proche de la chapelle, la comtesse trempa sa main dans l'eau froide. Seul souvenir de son époux, l'anneau nuptial glissa de son doigt et fut emporté par le courant. Mathilde n'eut que le temps de pousser un cri d'imploration à la Vierge: une truite, sautant de l'eau lui rendit la bague.

- Vraiment, se serait exclamée la comtesse, ceci est un val d'or!

D'où le nom et aussi les armoiries d'Orval: coupé d'argent et d'azur à un anneau d'or, issant (sortant) de l'azur[1].

---

1 Il y eut plusieurs variations dans les armoiries d'Orval. Parfois une Vierge dans une forme ovale y figure seule. Mais finalement, l'anneau fut préféré, avec ou sans diamant. Parfois tenu par un poisson.

La touchante légende de la comtesse Mathilde – qui donne son nom à la fontaine connue de tous les visiteurs d'Orval – est populaire dans la région. Moins connu du public actuel, un fait étrange rendit, au siècle dernier, le nom du monastère célèbre dans toute la France: la «prophétie d'Orval».

Révélateur du trouble des esprits lors de la Révolution française et des changements de régime qui ont suivi, le roman de la prophétie d'Orval est visionnaire, politique et même policier. On s'est longtemps disputé au sujet de l'auteur et surtout la date d'un texte, d'allure apocalyptique, supposé provenir d'Orval, qui fut diffusé pendant la première moitié du XIXe siècle.

Au moment où il fut question de prophéties à l'abbaye, s'achevait un XVIIIe siècle que l'on vient de voir extraordinairement animé dans le sud et l'ouest de l'actuel Luxembourg belge, tant pour l'industrie que les débats d'idées. La sidérurgie s'était développée de façon spectaculaire. Les forges d'Orval y tenaient une part brillante, et le déclin dramatique du Pont d'Oye avait rendu légendaire la dernière marquise du lieu, symbole de la fragilité du vieux monde. Dans la somptuosité néoclassique de ses nouveaux bâtiments à peine terminés, l'abbaye d'Orval étincelait à mi-chemin de Bouillon où l'on éditait les Encyclopédistes, à l'abri de la censure française, et du petit château de Montquintin, résidence de l'évêque contestataire de Trèves, Mgr de Hontheim, adversaire des pouvoirs politiques du Pape. La même contrée, on le sait, avait été le berceau de deux religieux démocrates et farouches adversaires de Mgr de Hontheim et des Encyclopédistes, les pères jésuites Scholtus de Virton, et de Feller, issu du pays d'Arlon.

En 1779, visitant l'abbaye avec ses marbres, peintures et fers forgés, ce dernier notait: «malgré la magnificence de la nouvelle église, j'ai été fâché de voir l'ancienne condamnée à la démolition. On y voit le saint sacrement suspendu devant l'autel et enfermé dans une colombe voilée.»

En fait, les moines n'allaient avoir le temps ni de parachever la nouvelle abbaye – que le père de Feller voit semblable à une résidence royale, destinée à être «la plus belle abbaye du monde» – ni de raser l'ancienne.

Les visites princières à la merveille se multipliaient. Orval reçut notamment, en 1787, le prince Albert de Saxe Teschen, gendre de Marie-Thérèse, fondateur de l'Albertina de Vienne. La splendeur altière, excessive, du monument suscita des angoisses prémonitoires. Vers 1780, un ancien jésuite[1] des environs, le père Devillez, en visite à Orval avec les petits chantres de son village natal, avait été saisi d'un pressentiment: «Regardez bien, mes enfants, ce beau monument, retenez bien ce que je vous dis. Je ne le verrai pas, mais vous le verrez un jour: des arbres croîtront sur ses murs.» Le père Devillez ne commettait qu'une erreur: il eut le temps de constater *de visu* la véracité de sa prédiction.

Située en territoire des Pays-Bas espagnols puis autrichiens, l'abbaye était, depuis le Traité des Pyrénées (1659) à la frontière, pratiquement en vue, de la France. Proximité menaçante pour les moines, la tourmente de 1789 jetait à bas ce qui était leur monde, l'Église et la monarchie.

Cette sensation fut particulièrement aiguë la nuit de la Saint-Jean 1791. L'échec, à Varennes, à quelques lieues d'Orval, de la fuite de Louis XVI, fut accueilli avec consternation à l'abbaye.

En ces temps troublés, il y fut question de prédictions lues chez les moines. Sous le titre *Prévisions certaines révélées par Dieu à un solitaire pour la consolation des enfants de Dieu,* une prophétie dite d'Orval fut publiée en France après la Révolution et l'Empire – dont elle annonçait, en termes apocalyptiques assez clairement déchiffrables, les épisodes les plus spectaculaires. L'origine en serait un vieil ouvrage imprimé à Luxembourg, en 1544. Peu de temps avant l'incendie de l'abbaye, lorsque les trappistes tristement réunis dans la salle du chapitre, venaient d'être harangués par le père abbé, dom Siegnitz, un vieux religieux à barbe blanche aurait retiré de la bibliothèque cet ouvrage poudreux. Il en aurait lu des passages qui semblaient concerner un futur rapproché, et l'aurait remis à un certain frère Aubertin. On n'a pas retrouvé trace du volume dont les «Prévisions» sont présentées comme étant un fragment.

Voici le texte de celles-ci:

1. En ce temps-là, un jeune homme, venu d'outre-mer dans le pays du Celte-Gaulois, se manifeste par conseil de force.
2. Mais les grands ombragés l'envoieront guerroyer dans l'isle de la Captivité.

---

1 L'ordre des jésuites avait été suprimé en 1773.

3. La victoire le ramènera au pays premier.

4. Les fils de Brutus moult stupides seront à son approche, car il les dominera, et prendra le nom Empereur.

5. Moult hauts et puissants rois sont en crainte vraie, car l'aigle enlève moult sceptres et moult couronnes.

6. Piétons et cavaliers, portant aigle et sang, avec lui courent autant que moucherons dans les airs; et toute l'Europe est moult ébahie, aussi moult sanglante.

7. Car il sera tant fort que Dieu sera cru guerroyer avec lui.

8. L'Église de Dieu se console tant peu, en voyant ouvrir encore ses temples à ses brebis tout plein égarées, et Dieu est béni.

9. Mais c'est fait, les lunes sont passées.

10. Le Vieillard de Sion crie à Dieu de son cœur moult endolori par peine cuisante, et voilà que le puissant est aveuglé pour péchés et crimes.

11. Il quitte la grande ville, avec Ost[1] si belle que oncque se vit jamais si belle; mais point de guerroyer ne tiendra bon devant la face du temps, et voilà que la tierce part de son armée et encore la tierce part a péri par le froid du Seigneur Puissant.

12. Mais deux lustres sont passés, d'après le siècle de la désolation, comme j'ai dit à son lieu: tout plein fort ont crié à Dieu les veuves et les orphelins; et voilà que Dieu n'est plus sourd.

13. Les hauts abaissés reprennent force et ont ligue pour abattre l'homme tant redouté.

14. Voici venir avec eux le vieux sang des siècles, qui reprend place et lieu en la grande ville, cependant que l'homme dit, moult abaissé, va au pays d'outre-mer d'où était advenu.

15. Dieu seul est grand; la lune onzième n'a pas lui encore, et le fouet sanguinolent du Seigneur revient en la grande ville, et le vieux sang quitte la grande ville.

16. Dieu seul est grand; il aime son peuple et a le sang en haine; la cinquième lune a reluit sur maints guerroyers d'Orient; la Gaule est couverte d'hommes et de machines de guerre; c'est fait de l'homme de Mer.

17. Voici venir le vieux sang de la Cape.

18. Dieu veut la paix et que son saint Nom soit béni. Or,

---

1 Mot médiéval signifiant armée.

paix grande et florissante sera au Celte-Gaulois. La Fleur blanche est en honneur moult grand, la maison de Dieu chante moult saints cantiques.

19. Cependant les fils de Brutus voyent avec ire la Fleur blanche et obtiennent règlement puissant, ce pourquoi Dieu est encore moult fâché à cause de ses élus, et pour ce que le saint jour est encore moult profané; ce pourtant Dieu veut éprouver le retour à lui par dix-huit fois douze lunes.

20. Dieu seul est grand; il purge son peuple par maintes tribulations, mais tousjours les mauvais auront fin.

21. Sus donc, lors une grande conspiration, contre la Fleur blanche, chemine dans l'ombre, par vue de compagnie maudite, et le pauvre vieux sang de la Cape quitte la grande ville, et moult gaudissent les fils de Brutus.

22. Oyez comme les servants de Dieu crient tout fort à Dieu, que Dieu est sourd par le bruit de ses flèches, qu'il retrempe en son ire pour les mettre au sein des mauvais.

23. Malheur au Celte-Gaulois! Le Coq effacera la Fleur blanche, et un Grand s'appelle le Roi du peuple. Grande commotion se fera sentir chez les gens, parce que la couronne sera posée par mains d'ouvriers, qui ont guerroyé dans la grande ville.

24. Dieu seul est grand; le règne des mauvais sera vu croître, mais qu'ils se hâtent! Voilà que les pensées du Celte-Gaulois se choquent, et que grande division est dans l'entendement.

25. Le Roi du peuple est en abord vu moult faible et pourtant contrariera bien les mauvais; mais il n'était pas bien assis, et voilà que Dieu le jette bas!

26. Hurlez, fils de Brutus, appelez sur vous les bêtes qui vous vont dévorer. Dieu grand! Quel bruit d'armes! Il n'y a pas encore un nombre plein de lunes et voici venir maints guerroyers.

27. C'est fait; la Montagne de Dieu désolée a crié à Dieu, les fils de Juda ont crié à Dieu, de la terre étrangère, et voilà que Dieu n'est plus sourd.

28. Quel feu va avec ses flèches! Dix fois six lunes et puis encore six fois dix lunes ont nourri sa colère. Malheur à toi, grande ville! Voici des rois armés par le Seigneur. Mais déjà le feu t'a égalée à la terre; et pourtant tes justes ne périront pas, Dieu les a écoutés.

29. La place du Crime est purgée par le feu; le grand ruisseau a éconduit toutes rouges de sang ses eaux à la mer.

30. Et la Gaule vue comme décabrée va se rejoindre.

31. Dieu aime la paix; venez jeune Prince, quittez l'Isle de la Captivité; oyez, joignez-le Lion à la Fleur blanche, venez.

32. Ce qui est prévu, Dieu le veut.

33. Le vieux sang des siècles terminera encore de longues divisions: lors un seul Pasteur sera vu dans la Celte-Gaule.

34. L'homme puissant par Dieu s'assoyera bien; moult sages règlements appelleront la paix. Dieu sera cru avec lui, tant prudent et sage sera le rejeton de la Cape.

35. Grâces au Père de la miséricorde, la sainte Sion rechante dans ses temples un seul Dieu grand.

36. Moult brebis égarées s'en viennent boire au ruisseau vif: trois princes et rois mettent bas le manteau de l'erreur et voient clair en la foi de Dieu.

37. En ce temps-là, un grand peuple de la mer reprendra vraie croyance, en deux tierces parts.

38. Dieu est encore béni pendant quatorze fois six lunes et six fois treize lunes.

39. Dieu est saoul d'avoir baillé des miséricordes, et ce pourtant il veut, pour ses bons, prolonger la paix encore pendant dix fois douze lunes.

40. Dieu seul est grand! Les biens sont faits, les saints vont souffrir. L'homme du mal arrive; de deux sangs prend naissance. La Fleur blanche s'obscurcit; pendant dix fois six lunes et six fois vingt lunes, puis disparaît pour ne plus paraître.

41. Moult mal, guère de bien en ce temps-là: moult villes périssent par le feu.

42. Sus donc, lors Israël vient à Dieu-Christ tout de bon.

43. Sectes maudites et sectes fidèles sont en deux parts bien marquées.

44. Mais c'est fait: lors, Dieu seul sera cru, et la tierce part de la Gaule et encore la tierce part et demie n'a plus de croyance.

45. Comme aussi tout de même les autres gens.

46. Et voilà déjà six fois trois lunes et quatre fois cinq lunes que tout se sépare, et le siècle de fin a commencé.

47. Après un nombre non plein de lunes; Dieu combat par ses deux justes et l'homme de mai a le dessus.

48. Mais c'est fait; le haut Dieu met un mur de feu qui obscurcit mon entendement et je n'y vois plus. Qu'il soit loué à jamais! Amen.

Il est aisé de reconnaître dans le jeune homme venu d'outre-mer en pays du Celte-Gaulois, Bonaparte, empereur au verset 4, signant le Concordat qui fait la paix avec l'Église (verset 8). Le vieillard de Sion (verset 8) est le Pape emmené en captivité par Napoléon, le froid du verset 11 est la campagne de Russie, le vieux sang des siècles (verset 14) annonce la Restauration et Louis XVIII, «vieux sang de la Cape»[1] au verset 17, le «Roi du Peuple» (verset 23) étant Louis-Philippe, etc.

La date de publication la plus ancienne repérée est 1840, dans un journal de tendance ésotérique imprimé à Paris. La première édition est peut-être antérieure, 1830 au plus tôt, semble-t-il. Comme à ce moment, les principaux événements «annoncés» avaient eu lieu, ces «prévisions du solitaire» ne suscitèrent alors qu'un peu de curiosité. Mais lorsque, en 1848, Louis-Philippe dut s'enfuir – chute annoncée dans le texte – la «prophétie» fut prise plus au sérieux, et une foule de lecteurs, dont beaucoup de catholiques nostalgiques de l'Ancien Régime, l'examina avec un vif intérêt – souvent en y ajoutant foi.

Cette crédulité suscita deux mises en garde. En 1848, Lacordaire écrivit que le fait d'annoncer, en 1840, ou même avant, la chute de Louis-Philippe n'avait rien de prophétique: Chateaubriand l'avait prévu dès 1831 «sans être prophète».

Et, en 1849, l'évêque de Verdun envoya aux évêques de France une lettre contestant formellement le sérieux de la «prophétie d'Orval». Mgr de Verdun fait état d'un «mémoire» dans lequel un prêtre de son diocèse dit avoir reçu l'aveu, en confession, d'un autre prêtre: «J'ai écrit, par amusement, les "Prédictions" en question.» La lettre de l'évêque cite, du mémoire, un fragment qui ne permet aucune équivoque: «il (le prêtre avouant être l'auteur) me déclara en effet, que le petit livre imprimé à Luxembourg en 1544 n'avait jamais existé que dans son imagination; que la prophétie d'Orval, dans la partie relative à l'empire était exclusivement son œuvre; que le reste avait été composé au hasard, avec des lambeaux d'anciennes prophéties empruntées à des recueils inconnus, et sur lesquels je n'ai pas à me prononcer: que, dans le principe, il n'avait vu dans cette

---

1 La cape (de chanoine laïc) de Hugues, dit, pour cela Capet, fondateur, en 987, de la dynastie des Capétiens.

supercherie qu'un amusement sans portée, mais que, le temps s'étant chargé de vérifier quelques-unes de ses prévisions, la vanité d'un côté, de l'autre la fausse honte, l'avaient fait persévérer dans cette voie dont il était heureux de sortir.» Cela semble sans appel, mais il eut été intéressant de connaître la date de la supercherie.

L'évêque de Verdun a-t-il accordé foi à un prêtre mythomane, se vantant d'avoir reçu l'aveu d'un autre prêtre, faussaire? Cela reste peu probable. Le «coupable» est désigné par des initiales, ce qui respecte le secret de la confession. Celle-ci est crédible. L'allure du texte des «Prévisions» suggère d'ailleurs un habile pastiche d'écrits visionnaires. L'exactitude de tout ce qui concerne Bonaparte, le Premier Empire et la Restauration est trop aisément déchiffrable. C'est suspect. Ce qui suit Louis-Philippe – et la publication à Paris – est plus confus (à part la Révolution de 1848). Sans distinguer Napoléon III, il est possible, avec une énorme bonne volonté de deviner la guerre de 1870, le siège de Paris, la Commune, dans un dramatique magma.

Mais ensuite apparait une erreur flagrante. La nouvelle restauration royale, prévue aux versets 31 et 33 n'a pas eu lieu[1].

La signature en est: F.P. (ancien notaire), et le titre, sensationnel: «Au 17 février 1874. Le grand événement! Précédé d'un grand prodige! Prouvé par le commentaire le plus simple le plus méthodique, le plus rationnel qui ait paru à ce jour de la célèbre prophétie d'Orval, ainsi que de celles de Nostradamus et de saint Malachie, avec la réponse aux objections que l'on a faites à l'auteur après sa première édition»[2], Bar-le-Duc, typographie des Célestins, décembre 1873. Cette brochure est symptomatique du crédit accordé encore, après la guerre de 1870 à la prophétie d'Orval.

L'auteur place celle-ci à égalité avec l'Apocalypse de saint Jean: «Les deux prophéties, celle d'Orval, et celle de Pathmos, se complètent l'une par l'autre.» Par le calcul des lunaisons, F.P.

---

1 En 1873, la prédiction de celle-ci suscita la publication d'une brochure d'un ton exalté, qui se référait à la prophétie d'Orval. Dans les débuts, hésitants, de la IIIe République, elle annonçait le retour de Henri V qui ne s'est pas produit.

2 Il s'agit ici de celui de la 2e édition.

– qui décidément ne doute de rien –, conclut: «Nous pouvons tenir pour logiquement et mathématiquement certain que février 1874 est bien l'époque précise de l'avènement de Henri V.»

Henri V, qui n'a jamais régné, est le comte de Chambord, Henri de Bourbon, duc de Bordeaux, «l'enfant du miracle» car fils posthume du duc de Berry, dernier descendant de la branche aînée des Bourbons. Chateaubriand et tous les légitimistes fondaient sur lui de grands espoirs. En 1836, quand mourut à Gorizia, alors en Autriche-Hongrie, Charles X déchu, le comte de Chambord devint, à seize ans, l'héritier, dans la branche aînée, du trône de France. Sous le nom de Henri V, il revendiqua celui-ci lors de l'abdication de Napoléon III à Sedan en 1870. À la suite de pourparlers entre orléanistes et légitimistes, son retour et son avènement parurent un moment assurés, ce qui explique l'émotion et l'intérêt de la brochure «prophétique» de l'ancien notaire F.P. Le comte de Chambord refusa de renoncer au drapeau blanc à fleurs de lys et d'adopter l'étendard tricolore. Il mourut sans enfants, en exil en Autriche en 1883, laissant la branche d'Orléans descendante du «Roi du peuple», seule prétendante au trône.

La brochure du notaire F.P. est le dernier épisode important suscité par la fausse prophétie d'Orval. Pourtant, sur l'existence de propos prophétiques tenus chez les moines d'Orval vers 1790, des éléments curieux sont venus au jour.

Lors de sa diffusion, la lettre de l'évêque de Verdun suscita, en effet, des protestations d'émigrés ayant entendu, alors qu'ils faisaient étape à Orval sur le chemin de leur exil, lire à l'abbaye en 1793, une prophétie analogue à celle du «solitaire». Il en est question notamment dans un ouvrage paru en 1870 conjointement chez Bruck à Luxembourg, Palmé à Paris et Casterman à Tournai: *Voix prophétiques ou recueil des principales prédictions, depuis celle de sainte Hildegarde et du solitaire d'Orval jusqu'à celle d'Anne-Maria Taïgi et de Marie Lataste, touchant les événements de l'Église et de la France, coordonnées et annotées par l'abbé J.M. Curicque, prêtre du diocèse de Metz.*

L'ouvrage eut du succès: il eut une deuxième édition complétée, en 1871. Un certain abbé Lacombe, chanoine de la Primatiale de Bordeaux y est cité: il écrit que M. Morel, ancien grand-vicaire de Bordeaux, lui a affirmé et répété qu'il avait dans les mains, depuis avant 1793 le manuscrit de la prophétie d'Orval.

Et l'ouvrage en cite un autre *(L'avenir dévoilé* XII*: prophétie d'Orval,* p. 112): «Ce qu'il y a de certain, c'est qu'en 1793, Mgr de Chamon, évêque de Saint-Claude, et plusieurs autres personnes de distinction prirent connaissance de cette fameuse prophétie dans l'abbaye d'Orval où ils s'arrêtèrent en émigrant. Elle était écrite en style gaulois, difficile à lire, parce qu'il fallait chercher le sens des mots surannés, rétablir en différents endroits le texte à demi effacé et faire usage de traduction. Le fragment relatif aux événements d'alors, c'est-à-dire à partir de Bonaparte et de sa campagne d'Égypte, fut copié en présence de l'évêque de Saint-Claude par un prêtre de ses amis qui l'accompagnait en exil. Durant l'émigration, cette pièce fut communiquée à un grand nombre d'évêques et de personnes distinguées qui la transcrivirent plus ou moins fidèlement quant à la lettre, mais avec exactitude quant au fond. Et depuis cette époque, la "prophétie" dite d'Orval eut un retentissement immense dans toute l'Europe mais surtout en France.»

Le chanoine Lacombe, fait état, également, d'une lettre du baron de Manonville, qui raconte être arrivé dans la matinée du 20 mai 1793, avec quelques émigrés de distinction, à l'abbaye d'Orval. Les moines y étaient en émoi: trois jours plus tôt, une troupe de quinze cents hommes avait envahi l'abbaye, pillant les meubles et emportant les matelas. Ils avaient été délogés par les dragons de Latour, qui faisaient partie de l'armée de l'Autriche. Après cette rude alerte, les fugitifs français furent accueillis frugalement: une mauvaise soupe, mangée à la gamelle, arrosée de piquette. «Puis un des pères, très vieux moine portant barbe longue et cheveux blancs, vieillard à l'air augural, apaisa les plaintes et les murmures en sortant d'une armoire un vieux livre de prophéties en gaulois, oublié dans la poussière des archives et dont il donna lecture.»

Ce récit fut contesté. Dès 1791, les archives de l'abbaye avaient été mises en lieu plus sûr au refuge des moines, à Luxembourg – et les trappistes ne portaient pas de barbe à l'époque. Mais un document avait pu rester dans la cellule d'un vieux religieux ayant permission de garder la barbe (ou vu comme tel par un visiteur imaginatif). Symptomatique est le fragment de phrase: «Apaisa les plaintes et les murmures...» Ces *Prévisions pour la consolation des enfants de Dieu* sont aptes à rassurer ceux qui croient définitive la défaite redoutée de l'ordre ancien et de l'Église.

D'après l'ouvrage de l'abbé Curicque, aux environs de 1790, des textes et rumeurs concernant une prédiction d'Orval circulaient dans la région, jusqu'à Montmédy, Carignan, Stenay et Verdun.

Un autre élément dans ce sens est rapporté par Saint-Hilaire dans son guide *L'Ardenne mystérieuse* (Rossel, Bruxelles, 1976).

En 1791, quelques mois après le déménagement des archives de l'abbaye dans son refuge de Luxembourg, le gouverneur autrichien, le baron de Bender, donnait à son hôtel dans cette ville une réception à laquelle assistaient de nombreux émigrés. L'abbé d'Orval y parla d'une ancienne prophétie qu'il avait eu le bonheur de trouver lors du déménagement de son cabinet de manuscrits. «Chacun voulut en savoir davantage et plusieurs invités demandèrent à en copier le texte. C'est alors qu'un Luxembourgeois, le sieur de Ficquelmont, grimpa sur une chaise et se mit à le dicter à la cantonnade. Il fut convenu de passer sous silence les événements déjà accomplis. L'assistance s'installa donc tant bien que mal et beaucoup s'appliquèrent à noter au vol, qui sur le coin d'une table, qui sur un meuble, les phrases sibyllines. D'où le nombre de variantes que possède ce document. Cependant, la fièvre s'empara bientôt de l'assemblée, quand on crut reconnaître entre les lignes l'annonce d'un prochain rétablissement de la monarchie en France.»

Sur le climat de prophétisme – psychologiquement bien explicable – régnant à cette époque à Orval, l'ouvrage de l'abbé Curicque donne un témoignage intéressant. Il concerne un ancien religieux d'Orval, le père Mathias Ronveaux réfugié au grand-duché de Luxembourg, à Weiler-la-Tour, où il mourut le 19 février 1834, renseigné dans les registres comme «*ex religiosus Abbatiae Aureae Vallis, Luxemburgus, aetatis 86 annorum*».

En 1831, l'abbé Curicque s'est renseigné à propos de ce vieux moine qu'on disait familier des prédictions. Il a recueilli, à Weiler-la-Tour les souvenirs d'un ancien instituteur, M. Michel Tering. En 1831, trois jours avant la mort du père Ronveaux, un ami de celui-ci, M. Britz, avait dit à M. Tering: «*Der Pater ist ein alter Mann, aber er schreibt noch auf die zukünftige Dingen*» (le père est un vieil homme, mais il écrit encore sur les choses futures).

L'ancien instituteur décrivait le père Ronveaux comme un homme silencieux, recueilli, qui parlait parfois «d'une certaine prédiction d'un frère de l'abbaye d'Orval». Ce «frère de sainte mémoire a prédit la ruine de l'abbaye. Il surgira, dit le frère, des hommes pervers qui bouleverseront la France et qui, par haine de Dieu et de la religion, voudront anéantir l'Église. Mais un guerrier arrivera d'une île pour s'emparer du gouvernement, livrer avec une armée formidable des combats sanglants, marcher de victoire en victoire, jusqu'à ce qu'il ose s'attaquer au vicaire de Jésus-Christ. Alors il sera chassé.» Voilà ce qui a été prédit par ce bon frère, disait dom Mathias Ronveaux et ce que nous avons vu s'accomplir.

Il reste fort probable que le texte qu'il a publié à plusieurs reprises depuis 1840 sous le titre *Prévisions certaines révélées par Dieu à un solitaire, pour la consolation des enfants de Dieu* a été forgé par un homme cultivé, familier des textes prophétiques. Mais il semble bien que cette «prophétie» concorde dans ses grandes lignes, en les détaillant, avec des prédictions qui ont circulé, dans les temps troublés autour de 1790, chez les moines d'Orval. Ainsi la prophétie célèbre, qui fit couler tant d'encre, serait à la fois fausse et véridique...

Un commentaire audacieux du texte en question a paru en 1872 à Angoulême, aux éditions de la Veuve Girard: *Prophéties dites d'Olivarius et d'Orval, interprétées par leur auteur Nostradamus le grand Prophète, Recherche et commentaires par H. Tornée Chavigny, curé de Saint-Denis du Pin, ancien curé de la Clotte* (Olivarius était un médecin et astrologue du XVIe siècle, auteur de prophéties datées de 1542).

Le curé Tornée Chavigny rapproche les prophéties d'Orval des célèbres *Centuries* de Nostradamus. À ce propos, Paul de Saint-Hilaire note que la date 1544, donnée comme celle de la publication à Luxembourg du texte de la prophétie «du solitaire» est de très peu postérieure au passage à Orval de Nostradamus. Venant de perdre sa femme et ses deux enfants, celui-ci avait quitté Agen en 1539 pour une sorte de tour de France. Le mage fameux aurait rédigé dans les murs de l'abbaye une partie de ses *Centuries*. Paul de Saint-Hilaire rapproche du séjour de Nostradamus à Orval un quatrain des *Centuries* remarqué par les cryptologues comme paraissant annoncer l'échec à Varennes, à quelques lieues d'Orval, de la fuite de Louis XVI. Ces vers énigmatiques suggèrent un événement dramatique. La mention de Varennes, bourg inconnu d'Argonne, dont la capture du roi fugitif devait être le seul événement historique, y reste curieuse.

De nuict viendra par la forest de Reines.
Deux pars vaultorte Herne la pierre blanche
Le moine noir en gris dedans Varennes
Esleu cap, cause tempeste, feu sans tranche.

Paul de Saint-Hilaire signale quelques «clés» fournies par le jeu classique de l'anagramme poétique[1], fort apprécié au XVIe siècle. Si on admet la tolérance d'une lettre à supprimer ou ajouter, au troisième vers, moine peut signifier roine (reine), et noir, roi (en gris: il était vêtu de gris au moment de sa capture). Et au deuxième vers, «pars vaultorte» désignerait l'itinéraire prévu: Paris-Orvault (Orval). Cap ou cape signifie assez simplement Capet, chez Nostradamus comme dans la «prophétie d'Orval». On remarque d'ailleurs chez Nostradamus et dans la «prophétie d'Orval» d'identiques mots à clé: le coq, l'aigle, Brutus. Saint-Hilaire estime que «à moins que les phrases aient été durement malmenées par la lecture improvisée de Ficquelmont ou les notes prises au vol, leur style est différent et n'autorise pas à attribuer la prophétie d'Orval à la plume de Nostradamus».

En fait les similitudes peuvent s'expliquer d'une façon très simple: l'auteur du texte dit d'Orval (sans doute le prêtre dont parle l'évêque de Verdun) avait lu les *Centuries* de Nostradamus, et il les pastichait dans une certaine mesure, leur empruntant des mots-clés.

---

1 L'anagramme, «mot formé par la transposition de lettres d'un autre mot», *cf.* singe: signe; gare: rage.

Le trésor

Une autre légende allait naître à Orval, et elle aussi allait avoir la vie dure: celle du trésor de l'abbaye.

Aux moments où furent tenus et lus des propos prophétiques, chacun pressentait la catastrophe. Elle ne devait d'ailleurs pas tarder.

Le 8 décembre 1792, suite à de chaudes alertes, privée de la protection des soldats autrichiens, la communauté s'était repliée dans son refuge de Luxembourg. En juillet 1791, elle y avait déjà mis à l'abri des archives, suivies de meubles précieux en avril de l'année suivante.

Seuls quelques religieux – dont le futur dernier abbé de l'Ancien Régime, dom Gabriel Siegnitz – étaient restés au monastère. Ils ne purent, évidemment, empêcher le pillage par des soldats français et des bandes de civils emportant vers Sedan, Montmédy ou Stenay des dizaines de chariots de meubles, vases sacrés, tableaux, services de table, pendules, candélabres.

C'était le prélude à la vengeance contre l'abbaye accusée d'avoir préparé l'étape d'après Varennes pour Louis XVI en fuite.

La fin de l'abbaye est tout un roman. Rien n'y manque, «ni les traîtres, ni les mystères». Un religieux, dom Gaspard Courtois, renseigne l'agent révolutionnaire Milon sur les biens subsistant au monastère. Et, le 23 juin 1793, lorsque le général Loison, de Damvillers, âgé de vingt et un ans, arrive à Orval, chargé par le Comité de Salut public d'évacuer l'abbaye, il a dans ses troupes le curé constitutionnel Bernard de Mogues, ancien protégé de l'abbaye. Celui-ci fut le plus actif instigateur du pillage, avec Loison qui dut, plus tard, comparaître en justice comme «fauteur des dilapidations (de biens religieux confisqués, devenus nationaux) commises lors de l'évacuation de l'abbaye d'Orval[1] ».

Toujours est-il que l'incendie de l'abbaye dura six semaines. L'église fut minée et abattue à coups de canons.

Site fantôme, les immenses ruines furent longtemps traitées comme une carrière de pierres. Les habitants du voisinage venaient y prendre des matériaux de construction. D'autres visiteurs étaient plus mystérieux. Ils cherchaient l'or. Nul n'ignorait dans la région que les moines n'avaient pas eu le temps d'évacuer tous leurs objets de valeur. Il était normal qu'ils dissimulent ce qu'ils pouvaient dans les vastes caves des bâtiments. De plus, des rumeurs ont longtemps circulé sur «le trésor de la couronne de France», emporté lors de la fuite de Louis XVI, qui aurait été, en tout ou partie, dissimulé à l'abbaye.

Sur les richesses abbatiales cachées par les moines, il existe un document, rédigé en latin par dom Gabriel Siegnits, en 1794, à Luxembourg. L'année précédente, il y avait été élu 52e abbé d'Orval (et dernier avant la résurrection du monastère au XXe siècle). C'est un mémoire: *Memoriale F. Gabrielis Siegnits, abbatis Aureae-Vallis, compositum exilli sui in refugio Luxemburgico Aureae-Vallensi*. Le début est élégiaque et d'allure romantique:

1 Cela ne l'empêcha pas, car il était courageux, de faire une brillante carrière militaire sous l'Empire, de devenir gouverneur du palais impérial de Saint-Cloud, d'avoir son nom sur l'Arc de Triomphe à Paris et de mourir, en 1816, châtelain honoré de Chokier près de Liège. L'ancien protégé de l'abbaye, le prêtre Bernard de Mogues, qui comparut à Florenville pour les mêmes faits de dilapidation, plaida «la juste vengeance que les Français armés ont tirée sur les débris même de cette maison. Tout vrai Français sait qu'Orval a été dévasté pour avoir reçu tous les émigrés par la trouée des Ardennes.» Sur les motifs du traitement sévère et foudroyant subi par l'abbaye, bien plus radicalement détruite que d'autres biens religieux ou seigneuriaux, Bernard de Mogues a fourni des éléments révélateurs: accusant l'abbaye d'avoir «reçu le général Bouillé et son état-major émigrant, lesquels ne purent être saisis à La Ferté le jour même de l'arrestation du Roy à Varennes», d'avoir «préparé un pied-à-terre à ce Roy». Finalement, Bernard de Mogues eut moins de chance que Loison: accusé successivement de deux meurtres, il fut condamné pour le deuxième, et exécuté en 1804, à quarante-trois ans, s'étant repenti, selon le capucin qui l'assista sur l'échafaud.

O Aureae Vallis!... O bien-aimé Val d'Or!
Val d'Or aujourd'hui pitoyable!
Comment ton or s'est-il obscurci,
ton splendide éclat s'est-il terni!
Les pierres de ton sanctuaire sont dispersées,
ton héritage a passé à des étrangers,
tes demeures à des barbares...

Dans ce texte de 68 feuillets, nous trouvons, dans de multiples conseils à d'éventuels successeurs une indication de quelques biens précieux que les moines croyaient avoir mis en lieu sûr dans quelque cave de l'abbaye.

«Si par un effet de la divine miséricorde, l'abbaye d'Orval vient à se relever de ses ruines, ô mes bien-aimés successeurs, ne vous faites pas d'illusion; ne dites pas, en temps de trouble ou de guerre: cette chose nous irons la cacher en tel endroit; cette autre nous la placerons dans tel recoin du monastère, l'ennemi ne pourra la trouver. Apprenez par notre expérience ce qu'il en adviendrait. Par une fausse économie, nous avons voulu éviter des frais de transport. Nous avons donc caché, et le corps du glorieux martyr saint Menne, avec la majeure partie du bras de saint Martin de Tours et beaucoup d'autres vénérables reliques, et notre incomparable bibliothèque riche de quinze mille volumes[1], et nos magnifiques chandeliers avec le superbe pupitre du chœur, et notre mobilier si riche et considérable, voire même du grain et du vin. Or tout cela est devenu la proie des pillards ou des flammes. Transportez donc à Luxembourg ou ailleurs, dans des lieux éloignés et sûrs, tout ce qui est transportable.»

Dom Siegnitz était certain de la perte totale des richesses d'Orval. Frappée par la réputation de l'abbaye et la princière splendeur des nouveaux bâtiments, l'imagination populaire était

1 Seule une partie des archives et des manuscrits fut transférée à Luxembourg. S'il a existé, ce qui est douteux, l'éventuel livre de prophétie de 1544 a pu rester à Orval, et y être lu à des émigrés...; une part des archives fut transportée, avec du mobilier, par les moines à leur prieuré de Conques, en 1795, lorsqu'ils virent les Français préparer le siège de Luxembourg. En novembre 1796, la communauté étant finalement dissoute, les moines durent livrer aux agents républicains les quatre caisses, qui furent scellées, contenant des archives.

assurée du contraire. Longtemps, les villageois ont rapporté d'étranges scènes que certains d'entre eux auraient vu dans les derniers temps du monastère: des moines enterrant, dans leur enclos, par des nuits sans lune, des caisses cerclées de fer, contenant des monceaux d'or et d'argent, les plus beaux ornements de leur église et de précieux bijoux.

Comme l'écrit Marcel Bourguignon[1], l'abbaye possédait fort peu d'or. Réserves et revenus avaient été, soit confisqués par le gouvernement de Marie-Thérèse (470 000 florins de Brabant payés en obligations-papier en 1757), soit engloutis dans les constructions entreprises par le monastère pour éviter de nouvelles ponctions de ce genre.

Bourguignon signale que, outre l'or mythique des moines, la croyance populaire plaçait dans les souterrains d'Orval les joyaux de la couronne de France. On racontait que, dans la nuit du 17 au 18 janvier 1792, ils avaient été enfouis secrètement au fond du parc de Meudon. Plus tard, en prévision de la fuite de la famille royale, ils auraient été transférés à Orval, étape supposée de la fuite.

Sur le roman du trésor de France, Dominique Zachary fournit des détails qui précisent le rôle d'Orval dans la fuite du roi[2]. La veille du jour où celui-ci quitta Paris, le matin du 20 juin 1791, deux carrosses seraient partis des Tuileries, l'un chargé de trois millions en or et argent, l'autre des diamants et bijoux de la reine. La destination était Montmédy, place-forte frontalière française, proche des Pays-Bas autrichiens, et devenue le quartier-général de l'armée de l'Est, commandée par le marquis de Bouillé, favorable au roi. Le premier carrosse aurait atteint Montmédy le 22 juin en fin d'après-midi. Louis XVI, dit Dominique Zachary, y était attendu, au refuge de l'abbaye d'Orval, grand bâtiment sévère qui existe toujours, en face de l'église Saint-Martin.

Le trajet de la deuxième voiture, sous la responsabilité du duc de Choiseul, fut perturbé par des manifestations paysannes en Lorraine. M. de Choiseul, le 21 juin avait confié les bijoux à Léonard, le perruquier. Dès lors, certains posent la question: le

---

1 Dans «La Légende du Trésor d'Orval», *Bulletin trimestriel de l'Institut archéologique du Luxembourg,* 1927, n° 1.

2 Dans *Marie-Antoinette. La fuite en Belgique,* Éditions Racine, Bruxelles, 2000.

perruquier s'appropria-t-il les bijoux? C'est peu certain. En principe, il remit son chargement à M. de Bouillé, à Stenay. Un officier fut commis à la sauvegarde des fonds et des bijoux. La cachette sûre était les caves du refuge des moines d'Orval à Montmédy. Mais, deux jours plus tard, l'officier est mort. On ignore s'il eut le temps d'accomplir sa mission. Au lendemain de l'arrestation de Louis XVI à Varennes, M. de Bouillé et ses deux fils arrivèrent, normalement avec le trésor (car Montmédy n'était plus sûr), à l'abbaye d'Orval. On a pu supposer que M. de Bouillé confia les joyaux aux moines et prit avec lui le chargement de pièces d'or – monnaie ayant cours – lorsqu'il partit vers l'Allemagne en émigration, sans doute par Arlon. Il mourut à Londres en novembre 1800 sans avoir rien dit sur le sort du précieux dépôt.

Durant nombre d'années, pillards et chercheurs de trésors s'activèrent en secret dans les ruines. Le Val d'Or était devenu «bien noir», nom que le peuple donnait aux propriétés religieuses confisquées par la République, et qu'il était infâmant et maléfique d'acheter.

En tout cas, la propriété des ruines semble avoir brûlé les doigts des acquéreurs. Ils se succédèrent à un rythme rapide, de 1797 à 1828, Stévenotte, puis de Rosière, Chapel et Cie, Poncelet. En 1829, un acheteur considérable entre dans la légende. C'est le comte de Geloes, chambellan du souverain des Pays-Bas, le roi Guillaume Ier, qui l'achète à MM. Cavelier et Pernot, propriétaires depuis un an. Selon une tradition rapportée par E. Van Damme dans son *Histoire de Chiny et d'Orval* (Gand, 1870), le comte acquit le site en ayant eu connaissance des rumeurs concernant le trésor d'Orval, et il voulait retrouver celui-ci. Van Damme écrit que le comte de Geloes tomba sous la coupe d'un aigrefin, l'avocat gantois Léonard de Cock. Celui-ci lui dicta une ligne de conduite, lorsqu'il fit apport, en 1840, du domaine à une société anonyme «pour l'exploitation du domaine d'Orval et de la forêt de Chiny» qui venait de se constituer.

L'article 11 des statuts de cette société porte textuellement: «Sont exceptées de cet apport les valeurs qui peuvent se trouver enfouies dans le clos de l'abbaye d'Orval et dépendances, aux recherches desquelles Monsieur le comte de Geloes pourra se livrer à ses frais.»

Reproduit en gravure dans l'ouvrage de Van Damme, un tableau romantique – actuellement perdu et qui fut présenté au

Musée de l'Académie de Gand, à l'exposition de 1843 –, montre le comte, l'épée au côté, lanterne à la main, parcourant de nuit les ruines d'Orval. À distance, un personnage grave et solennel, debout – qui serait l'avocat de Cock – surveille le manège du gentilhomme.

Le comte dépensa en vain beaucoup d'argent sur la trace du trésor. Par la suite, la clause concernant le trésor fut maintenue dans les contrats de cession du domaine d'Orval, notamment au richissime Lord Talbot. Elle ne disparut que le 8 novembre 1854 lorsque, à l'audience des criées du tribunal d'Arlon, les ruines furent adjugées à la « Banque de l'Industrie d'Anvers en liquidation ».

Les chercheurs du trésor d'Orval ont fourni au feuilletoniste français Paul Féval le thème du roman *Les errants de nuit,* récit d'aventures imaginaires où les fouilleurs sont des seigneurs-bandits. Introuvable, ce récit mériterait d'être réédité.

Aucun des propriétaires successifs n'effectua, semble-t-il, de trouvaille importante dans les ruines. Au milieu du XIXe siècle, le site, à l'abandon, intéressait par sa mélancolie des visiteurs romantiques. Plusieurs y ont dessiné, comme Victor Hugo, en 1862, qui cueillit dans les ruines une fleur rare, un bleuet rose, actuellement à la Bibliothèque nationale à Paris. Ces témoins nous ont laissé d'intéressantes et poétiques lithographies ou eaux-fortes dans le goût du temps, anonymes ou signées Mendiolagotia, Fourmois ou Kuytenbrouwer.

Parfois copiées et gravées sur bois, elles illustrent des articles du *Magasin pittoresque,* de *l'Illustration européenne* ou des ouvrages comme *Les Ardennes* de Victor Joly. Ainsi, le renom d'Orval se répand dans la bourgeoisie cultivée. Il ne deviendra populaire que vers 1895, avec l'édition de remarquables cartes postales. L'or et les joyaux enfouis sont oubliés au profit de la rêverie, les visites deviennent organisées: en 1862, l'année du passage de Victor Hugo, le baron Loen d'Enschede acquiert l'ensemble des ruines, restaure l'entrée et le bâtiment latéral de gauche de la Cour des Aumônes (l'actuelle porterie). Il perçoit un droit d'entrée, retape l'ancienne ferme (du côté de la brasserie actuelle) et ce qui fut l'atelier de peinture du frère Abraham Gilson, près de la fontaine Mathilde. Il fait cultiver les jardins en terrasses sur la pente de Montaigu.

C'est une annonce lointaine de la résurrection: en 1926, le dernier propriétaire laïc, le baron de Harenne, héritier d'Orval par son épouse, fait don, à l'ordre cistercien, de l'ancienne abbaye dont la reconstruction commence alors à l'initiative d'un ancien Gantois peu banal, architecte et héros de l'Yser, Charles van der Cruyssen, devenu en religion le père Marie-Albert.

Le trésor, dans cette nouvelle aventure, ne sera pas seulement artistique et spirituel. Lors de fouilles, dans des sépultures historiques, plusieurs joyaux ont été retrouvés, que l'on croyait emportés par les pillards, tels, en 1964, l'anneau abbatial et la croix reliquaire d'or, don de Henri III, ayant appartenu au plus illustre abbé d'Orval, Bernard de Montgaillard, mort en 1628.

Hantés par l'attrait mythique des richesses cachées d'Orval, les chercheurs du trésor n'étaient pas tout à fait des songe-creux. Ils s'étaient découragés trop vite...

Le bouc de Châtillon

Le bouc de Châtillon[1], qui fit en son temps rire toute la Belgique, est un cas, peu courant en Occident, d'actualité devenue à l'instant légendaire. Pour comprendre le sel et la portée de la saga du bouc, il faut se remémorer l'extraordinaire sectarisme, la passion et la mesquinerie de ce qu'on a longtemps appelé en Belgique la « guerre scolaire ».

Un dimanche soir, le 19 octobre 1879, six maisons du village sont dévorées par le feu. Faute de matériel de pompiers, la traditionnelle chaîne des seaux d'eau n'empêche pas une destruction complète. Le propriétaire, pauvre, n'était pas assuré et il perdait dans le sinistre tout son petit bien. C'était le pâtre du village, Jean-Pierre Gobert, joyeux et insouciant père de famille nombreuse. Avec sa femme et sa marmaille en pleurs dans le froid, il se trouvait sur le pavé avec deux ou trois meubles et quelques hardes.

Heureusement pour lui, les querelles scolaires du temps venaient de libérer un logement: celui que les religieuses avaient occupé sous le bâtiment, récent, de l'école communale des filles. L'autorité communale les y logea. Les sœurs Sève et Michel venaient d'ouvrir ailleurs, au village, une école libre.

Quinze jours plus tard, les classes communales nouvelles étaient ouvertes par deux enseignantes laïques fraîchement arrivées, Mlle Darche, de Vance, pour l'école gardienne, et, pour la primaire, une toute jeune femme, nommée Dieu. La rentrée

1 Henri Jacob, de Châtillon, a rédigé sur la question une étude exemplaire, « Le bouc de Châtillon », bien documentée et savoureuse, parue dans *L'Avenir du Luxembourg* en décembre 1954, puis, l'année suivante, en brochure, aux Éditions du Sorbier, à Arlon. C'est notre source.

des classes était tardive. Dans les villages, les enfants étaient occupés aux travaux des champs. Inutile d'espérer les avoir à l'école avant la Toussaint ni après Pâques.

Cette demoiselle Dieu symbolisait le diable aux yeux des catholiques du coin. Ceux-ci, stigmatisant le leader libéral de l'époque, criaient: «À bas Bara, il faut le pendre, on le pendra ç'varrat (cochon)!» À quoi, tout le monde étant échauffé par la bière à deux sous, ceux d'en face, pourfendant le grand homme des catholiques, répondaient en hurlant: «À bas Malou! Il faut le pendre la corde au cou!»

Sur ce fond sonore, Châtillon possédait, pour le drame, deux personnages, l'institutrice et le curé. Marie-Joséphine Dieu, dix-sept ans, de Saint-Léger, débutait dans l'enseignement sans la timidité des novices, loin de là. N'ayant pas terminé, à Arlon, l'école normale, désignée d'urgence pour remplacer les religieuses, elle était délurée, volontaire. La langue bien pendue, fine, brune et la peau mate comme une gitane. Elle devait sans doute son patronyme à un lointain ancêtre enfant trouvé. C'était le contraire d'une faible femme. Tout en enseignant à Châtillon, elle préparait son examen final qu'elle réussit d'ailleurs haut la main.

Son adversaire, le curé Pierron, quarante-quatre ans, était, selon le portrait qu'en trace Henri Jacob, «de grande stature, taillé pour la lutte, fils du pays Gaumet, têtu comme tous les Virtonnais. Avec cela très causeur, enjoué, imaginatif et méridional, orateur au bel organe, sachant se mettre à tout, jamais inactif. C'était le type du curé de choc, fin comme un avocat, vrai descendant des maïeurs de Virton.» Il portait fièrement un prénom royal: Léopold.

Entre ces deux personnages très affirmés, les étincelles ne se firent pas attendre. Mlle Dieu, comme c'était fréquent chez les libéraux villageois, allait à la messe. Elle épiait les signes de discrimination de la part du curé. S'étant plainte d'avoir été oubliée, un dimanche, à la distribution d'eau bénite, la fois suivante, elle en fut abondamment inondée, ce qui endommagea son corsage et son beau chapeau à fleurs. Procès. Le curé fut condamné à dix francs-or de dommages-intérêts.

Il y eut aussi une polémique épistolaire au sujet de la place, à l'église, des enfants des écoles, ceux de la communale étant relégués derrière ceux des sœurs.

Le conseil communal, catholique, mais avec un bourgmestre libéral[1], mit en vente publique le mobilier qu'il avait fait acheter, peu avant, pour l'institutrice. Sous le prétexte, caricaturalement clérical, qu'elle était richement payée, mieux que les chères sœurs. La vente ne rapporta presque rien. Les libéraux se cotisèrent pour remeubler Mlle Dieu et fêtèrent ce beau geste par des tournées au café. La nuit suivante, des excités firent du tapage sous les fenêtres des sœurs, brisèrent des vitres et déposèrent des ordures sur leur seuil.

Escarmouches, tout cela. La guerre commença à propos de l'âme des enfants du berger. Logés sous l'école communale, ils n'y furent pas envoyés. Primitif, mais catholique, le pâtre confiait sa marmaille aux sœurs. Mlle Dieu s'en plaignit à la mère de famille, lui disant que la situation était illogique. La femme du berger «l'envoya paître», sans ménagements: «Cela ne vous regarde pas.»

Le 13 novembre, l'institutrice en fit doléance à l'inspecteur de l'Enseignement, monsieur Henckels, ajoutant ceci, qui est l'amorce du drame: «Or ces gens me gênent beaucoup dans mes études. Quand ce n'est pas l'homme qui crie, c'est un enfant ou c'est le jeune homme qui joue sur un instrument.» Et elle demande s'il n'est pas possible de les faire sortir.

Suite à cette plainte, monsieur Henckels en fait part au commissaire d'arrondissement, Emile Tandel, homme remarquable, d'opinion libérale, auteur du recueil historique resté de référence *Les communes luxembourgeoises,* en correspondance notamment avec Victor Hugo. L'inspecteur ajoute un détail qui fera sensation: «Il parle du bouc du pâtre.»

Le climat au village devenait passionné: incidents, quolibets. C'étaient des Montaigus et Capulets rustiques. Les enfants s'en mêlaient. Ceux de l'école des sœurs faisaient ouvertement la nique à Mlle Dieu.

Rédigée par le curé – il en était capable – ou par le directeur de la gazette catholique provinciale, *La Voix du Luxembourg,* le journaliste Moressée, une chanson, entonnée sur l'air estudiantin «Les bourgeois, c'est comme les cochons» était chantée sur le passage de l'institutrice par les bons petits élèves catholiques.

1 Ce n'était pas exceptionnel au XIXe siècle.

Henri Jacob en a retrouvé des couplets, copiés de la main de sa mère:

À l'école de Châtillon
Y a une femme qu'est un vrai lion
Elle est institutrice
Ça rime avec police
Si on veut ça rimera
Avec tout c'qu'on voudra.
On la charge d'éducation
C'est une noble position
C'est elle qu'apprend à lire
Elle sait tout juste écrire
On se demande comment
Choisit l'gouvernement
Mais un de ces quatre matins,
On va lui faire un beau potin
Et cette maritorne
Il faudra qu'on l'écorne
On la chambardera
Ce s'ra bon débarras.

La rime finale évoque Barra, le ministre libéral qui avait réglementé les cultes et imposé un tarif élevé aux mariages et aux enterrements religieux.

Quant au vers: «elle sait tout juste écrire», c'est une allusion à la rédaction et l'orthographe, troublées par l'énervement, d'un billet – soigneusement conservé – que mademoiselle Dieu, excédée, écrivit le 10 décembre aux religieuses.

Le 11 décembre, le ministre donne l'ordre de faire déguerpir du sous-sol l'encombrante famille et son bouc. Le bourgmestre Charpentier, bien ennuyé, ne voulait pas entrer en conflit ouvert avec la majorité du Conseil et de la population. Il explique par lettre au commissaire d'arrondissement Tandel que l'expulsion en plein hiver d'une famille sans abri est inhumaine. Le maïeur demande un délai: il n'y a pas au village la moindre maisonnette à louer. Il va demander à l'institutrice de prendre patience.

Tandel devine le risque politique de faire dépendre de l'institutrice contestée l'expulsion de la turbulente tribu. Il sait que, dans un café, Moressée s'est vanté de faire sauter le gouvernement sur le conflit de Châtillon. Le commissaire propose oralement au gouverneur Vandam une solution sans douleur qui eut dépassionné toute l'affaire. Il manquait une nettoyeuse au Gouvernement provincial, à Arlon. Qu'on engage «la femme Gobert» et qu'on loge la famille dans une partie, alors vacante, d'un vieux bâtiment longtemps célèbre du quartier Saint-Donat, à Arlon, la maison Foron, communément appelée le «château tremblant». Bouc ou pas bouc, la tribu n'y aurait gêné personne. Le gouverneur n'avait pas de flair. Il refusa.

Toujours est-il que le nouvel an se passe. Le 23 janvier 1880, les Gobert narguant toujours la demoiselle Dieu, elle s'en plaint par lettre à l'inspecteur: les examens étant avancés de trois mois il est urgent d'assurer la tranquillité de l'école. Or, ils ont dit que j'étais trop petite pour les faire sortir, et qu'ils y étaient et qu'ils y resteraient».

Quelques jours plus tard, cette pittoresque mais minime affaire prend subitement une dimension nationale. Elle est évoquée à la Chambre. Le ministre libéral Van Humbeek, dans un débat où intervient notamment le leader catholique Woeste, fait un historique des tracasseries imaginées par le Conseil communal de Châtillon pour y contrarier l'enseignement officiel. Il cite, comme point culminant, l'introduction «dans la cave de l'école, du pâtre de la commune, sa famille et son bouc», ce qui suscite, selon le compte-rendu, une bruyante hilarité, qui reprend de plus belle lorsque le ministre précise que le bouc répandait une odeur infecte, et qu'il a donné l'ordre de faire déguerpir immédiatement le pâtre, sa famille et son bouc.

Certains ont même entendu le ministre dire: «le bouc et sa famille». Le député Lefebvre pose la question: «la famille du bouc?», ce qui fait s'esclaffer toute la Chambre.

Et, dans son commentaire de *La Voix du Luxembourg,* Moressée écrit ironiquement le 29 janvier: «Honneur à Pierre de Molenbeek. Il a vaincu le bouc, lui qui est le bouc dans des milliers d'écoles libres.» Pierre de Molenbeek étant on s'en doute, le ministre Van Humbeek, Bruxellois de cette commune.

En donnant à la querelle du pâtre encombrant et de son animal un écho national, disproportionné à l'anecdote, le débat à la Chambre, le 27 janvier 1880, la rendit, à l'instant «légendaire».

Le ridicule du bouc puant, gravement évoqué à la tribune par un ministre, donne tort à celui-ci – qui, chacun doit en convenir, avait peut-être raison sur le fond. Et malodorant un peu, beaucoup ou pas du tout, l'animal est métamorphosé en créature mythologique, symbole bouffon de la liberté, et qui plus est, de la liberté religieuse.

Dans la magie villageoise, le bouc, et son hybride humain, le verbouc, est une créature diabolique que le curé doit exorciser. Ici, il change de camp et l'eau bénite ne lui fait plus peur.

Cela importe, car, une fois le grelot du comique attaché, la suite des événements échappera au bon sens et au contrôle des autorités. Il fallait que la légalité soit respectée. Mais où était-elle? Une délibération du conseil communal constate que la classe de Mlle Dieu n'atteint pas correctement le chiffre de trente élèves: des enfants de moins de six ans et de plus de quatorze y sont. C'est irrégulier. Le conseil interdit que cela se reproduise à l'avenir. Retirés aux sœurs et mis chez Mlle Dieu, les enfants Gobert complèteraient l'effectif. Le bouc devient un prétexte pour brimer une famille qui refuse de rendre ce service à l'école communale.

L'ordre d'expulsion est signifié par le garde champêtre le 27 janvier. « Seule la force armée nous chassera », dit Gobert, car aucun logement ne lui a été assigné. L'inspecteur Wittamer propose de requérir la maréchaussée. Sur avis favorable du commissaire Tandel, le gouverneur l'ordonne. En foi de quoi, le bourgmestre Charpentier fixe le 3 février comme date du déménagement forcé.

Quatre gendarmes à cheval arrivent d'Arlon, par un matin de gel piquant, sur une neige fine. Martiaux mais embarrassés, ils mettent leurs montures à l'écurie du maire Charpentier, chez qui, pour réchauffer leur courage, ils prennent le coup de l'étrier. Accompagnés du maïeur, ils se transportent au sous-sol de l'école communale pour intimer à Gobert l'ordre de vider les lieux sur-le-champ.

Observés par un début d'attroupement, les représentants de la force publique sont visiblement peu fiers de la mission qu'ils doivent accomplir.

Gobert ne bouge pas. Sa femme et ses neuf enfants pleurent. Peut-être alors a-t-on entendu un bêlement de l'animal symbolique, héros du destin.

Les gendarmes, sans brusquerie, prennent le pâtre par les épaules et le poussent dehors. Le plus jeune enfant sur les bras, suivi des huit autres qui reniflent à qui mieux mieux, l'épouse, Rosalie, suit avec une résignation accablée. Vient enfin le bouc célèbre. Il est étonnamment fluet. Il ressemble plutôt à un candide chevreau.

L'église est toute proche. Comme au Moyen Âge, la famille, les larmes aux yeux, va s'asseoir sur le seuil du sanctuaire. Il s'agit maintenant d'enlever les meubles. Personne ne veut se prêter à cette choquante besogne. Le maïeur doit requérir quelques hommes, sous la conduite du capitaine de la fameuse garde civique. Celui-ci, vaillamment, se charge de la besogne la plus ingrate, il enlève le fumier.

Tout le village observe, libéraux mal à l'aise, catholiques furieux ou excités: des bandes crient: «Vive le Gobert, à bas la gaïe[1], à bas Barra!» Pour corser la scène, un des opposants aurait attaché à une chaudière cassée la queue de son chien, aboyant lugubrement.

Un notable libéral de Châtillon, le meunier Foos, s'est approché de la femme Gobert pour lui dire:

– Si vous promettez d'envoyer vos enfants à l'école de la demoiselle, vous pourrez rentrer dans votre logement.

La réponse fut romaine pour le fond et rustique:

– Je préfère les voir crever sous mes yeux que de les envoyer dans cette école-là.

Largement répercuté dans la presse, ce dialogue était-il trop beau pour être vrai? Il fit du bouc et son pâtre «et sa famille» l'emblème de la liberté brimée, de la foi et de la démocratie.

Mais, après la réplique «à l'antique» de la mère Gobert, que faisait donc sa tribu, en plein air, sous la petite bise de février? Au milieu de son misérable mobilier «échamplé» (en pagaille) sur la voie publique, la mère de famille, avait allumé le fourneau rouillé. Elle y cuisait les pommes de terre. La marmaille, une fois passé le choc de l'expulsion, trouvait la situation amusante et jouait à cache-cache derrière les lits et le bahut. Les bons catholiques du coin, dans un élan de charité solidaire, apportaient des victuailles: Auguste Sosson, une bande de lard fumé, Firmin

---

1 Gaïe: en Ardenne et en Gaume, c'est une injure familière suggérant qu'une femme ou une jeune fille a un caractère difficile.

Hubert, la plus grosse saucisse de sa cheminée. Ce fut une belle bombance. Pour la suite, on verrait bien. Le pâtre était fataliste. Il savait que, martyr de la foi, on ne le laisserait pas dans le pétrin.

Déjà des villageois, émus par le sort des sans-abri, s'organisaient pour se les partager: il fallait un gîte sans retard. Le journaliste Moressée arriva en voiture et fit une déclaration éloquente et solennelle:

– Au nom de tous les catholiques luxembourgeois, je prends l'engagement solennel de procurer une maison habitable à Gobert et à sa famille. Nous le retirerons de la misère où le libéralisme avait voulu le plonger. À deux heures de l'après-midi une maison sera libre, à sa disposition. Voici les clés. Je les remets à notre vaillant ami Gobert.

En une demi-heure, tous les membres du conseil communal déménagent les modestes biens de la tribu Gobert dans la maison dénichée par Moressée.

L'opération est rondement menée avec charrettes et chevaux, brouettes et paniers, non sans bruit, et quelques cris. Des voisins apportent des paillasses de balle d'avoine. La batterie de cuisine de la femme du pâtre est complétée, un bon feu allumé. La journée, commencée dans le drame, se termine dans un air de fête. Force reste à la loi, mais qui avait gagné?

C'est le bouc. Dès le lendemain, ce vainqueur ambigu était dûment promené en triomphe dans tout Châtillon, y compris les écarts. Ce fut mémorable.

Dès le mardi soir, sur la lancée du déménagement, la jeunesse catholique du village avait préparé, un cérémonial païen. Une sorte de grand berceau, à l'allure de niche, comme pour un saint, fut confectionné dans une vieille benne d'osier employée d'ordinaire à transporter le charbon de bois. Garnie de branches de sapin, de mousse et de lierre, elle devint un dôme paré par la nature, auréolé de gui.

Le «bouc» y trônait, gavé de lait au biberon pour qu'il se tienne tranquille. Il fut ainsi baladé, sur les bras d'un gaillard particulièrement costaud à la voix de stentor. L'animal sacré était escorté par le conseil communal – sans le bourgmestre bien sûr – qui avait pris place sur un vieux char à bancs rafistolé pour la circonstance. Mi-graves, mi-rigolards, les édiles déployaient des rubans rouges.

Jeunes gens et jeunes filles entouraient gaiement le bouc en chantant la chanson composée pour brocarder l'institutrice. Entre les couplets on hurlait comme refrain: «Vive le bouc! En bas la gaïe! Ce n'est pas moi qui pue, c'est elle!» Le porteur de l'animal dominait ce chœur, de sa belle basse rocailleuse.

La «fiette» (fête) fut superbe, sinon raffinée. On s'est arrêté, longuement à chaque café catholique. La soirée était fort avancée que les manifestants déambulaient encore, porteurs de lampions et de lampes tempête, braillant à perdre haleine, autour du bouc. Celui-ci avait ingurgité tellement de lait, qu'il en eut une indigestion.

En Belgique, et même en France, toute la presse catholique monta l'affaire en épingle. Châtillon et son bouc devinrent le bastion et la vedette de la furieuse «guerre scolaire». Aucun ténor politique n'atteignait à ce moment la gloire «confessionnelle» de l'animal du pâtre Gobert.

Une souscription organisée au profit de celui-ci rapporta la somme, alors considérable, de 298 francs-or: plus de la moitié du traitement annuel d'une jeune institutrice en chef, trois fois celui de l'enseignante gardienne!

Le débat suscité par l'expulsion du 3 février et la manifestation du 4 fut passionné, dans le ton excessif de l'époque. Pour le journaliste A. Neut, de *La Patrie* de Bruges, écrivant à son confrère Moressée de *La Voix du Luxembourg,* éjecter les malheureux Gobert, c'était «de la cruauté non seulement réprouvée par le sentiment universel, mais aussi par les principes maçonniques qui portent: "Sois le père des pauvres! Chaque soupir que ta dureté arrachera augmentera le nombre des malédictions qui tomberont sur ta tête." Van Humbeeck, poursuit-il, vient de prouver qu'il est mauvais franc-maçon.»

Quant au journal libéral, *L'Écho du Luxembourg,* il rapportait, le 7 février, une rumeur selon laquelle, «après cet imposant cortège, où le bouc tenait le premier rang, il était impossible d'approcher des conseillers communaux, tellement ceux-ci étaient imprégnés de l'odeur nauséabonde qu'exhale cet animal. Les cléricaux là-bas sont réduits à faire d'un bouc un personnage politique, et des personnes revêtues d'un mandat de confiance n'ont pas honte de se livrer à des manifestations de bas étage dont rougirait un palefrenier ivre.»

Dans *La Voix* du 7 février 1880, Moressée se livre à l'expertise suivante:

«Mais ce bouc est-il bien bouc?

«M. Van Humbeeck lui donne un âge avancé, une barbe respectable et les senteurs qui distinguent les animaux de cette espèce-là; M. Bernaert, au contraire, le représente comme un innocent chevreau.

«Qui a raison? Qui a tort? Est-ce le libéralisme qui exagère? Est-ce le catholicisme qui atténue?

«Nous qui sommes sur les lieux et qui connaissons la bête, nous pouvons dire ce qui en est.

«Le bouc de Gobert, illustré par M. Van Humbeeck est un bouc. Seulement il faut s'entendre. Ce bouc est un bouc comme un gamin est un homme. C'est un bouc en espérance qui n'a encore aucune des qualités ni des parfums qui distinguent sa race.»

Moressée sauta à pieds joints sur une suggestion de son ami Delmer, du *Courrier de Bruxelles:* faire photographier l'animal, et éditer l'image, portant au verso un résumé polémique de l'affaire, pour le vendre dans tout le royaume.

Le tour de Belgique du bouc de Châtillon fut une opération médiatique tonitruante. Le matériel consistait en un stock de statuettes du «bouc», et la photo de l'animal en format de carte postale, tirée, selon le journal des étudiants de Louvain, à 185 000 exemplaires, avec le texte épique dont le fac-similé figure en illustration. On y remarquera l'affirmation: «Ce n'est pas une légende: c'est de l'histoire!»

Laissant à Châtillon pour les dépenses de sa famille le produit d'une souscription qui avait été ouverte dans les journaux catholiques, le pâtre entama sa triomphale tournée nationale avec «bouc», statues et photos. Celles-ci, d'un coût de 20 centimes, étaient vendues 50 centimes, le bénéfice étant partagé par moitié entre Gobert et le fond de financement des écoles catholiques. Vu le tirage du document, le profit dut être robuste.

À Bruxelles, le pâtre et son chevreau trouvent asile, le 21 février, au 10 rue Montagne aux Herbes Potagères, dans une annexe des bureaux du *Bulletin des écoles* (catholiques bien sûr). On s'arrache les photopraphies, qui circulent jusqu'à la Chambre, et le *Courrier de Bruxelles* note que tout le monde veut voir «le monstre dont Hercule Van Humbeeck a délivré les caves de l'école communale de Châtillon». Le journal note que le ministre ne semble pas avoir admis le pâtre et son animal à son audience.

Le séjour dans la capitale dure deux semaines. Le 7 mars, le «bouc» est à Gand où les dessinateurs de *L'Étudiant catholique* et ceux du *Bien public* mettent son épopée en images aux dépens du ministre. Un étudiant commence à rédiger un opuscule: *De Châtillon à la gloire – Sic itur ad astra*. À Tournai, selon le *Courrier de l'Escaut* du 22 mars, la recette est «telle qu'on peut acheter une école expiatoire». On séjourne à Courtrai, Termonde, Mons, où le journal *Le Hainaut* publie une longue lettre ironique signée «Le bouc de Châtillon», où l'animal raconte à sa façon sa dramatique histoire et répond aux polémiques suscitées à Mons par sa venue. Liège, aussi, s'est amusée, et a chansonné lors de la visite du bouc, répercutée dans la presse locale.

La tournée triomphale s'est achevée, très logiquement, à Louvain, ville universitaire catholique, par le sacrifice, biblique et gastronomique de l'animal qui pesait dix-sept livres.

Acheté par un mécène américain nommé Illing pour 1 000 francs-or, rôti à la broche, le chevreau-bouc fut la sensation et la victime rituelle d'un fastueux banquet organisé à l'Hôtel britannique pour un groupe prestigieux de personnalités intellectuelles catholiques, dont l'historien Godefroid Kurth, homme grave et célèbre. Au dessert, après de nombreuses libations, les 1 000 francs de l'Américain Illing furent solennellement remis à Gobert, qui était bien sûr le héros de la festivité. Dans l'euphorie de la célébration, le pâtre finit par rouler sous la table.

L'affaire lui avait rapporté assez de francs-or pour s'acheter un commerce ou bâtir une belle maison. Ce n'était pas dans le caractère du pâtre. Il se contenta de retaper sa masure incendiée. Elle eut un bon toit. Ce fut le seul et modeste signe extérieur de richesse de Gobert, qui acheva sa vie au Canada: une de ses filles avait émigré près de Montréal. Personne, dans sa famille, ne défraya la chronique.

Le mythe du bouc resta vivace plusieurs années. À Tongres, lors d'un cortège de Saint-Nicolas, la société de Saint-Vincent-de-Paul, vouée à la charité chrétienne représenta le ministre Van Humbeeck à cheval sur un bouc. Le Parquet s'intéressa à cet incident qui, finalement, n'eut pas de suites judiciaires. La crainte du ridicule était bonne conseillère.

En tout cas, les échos extravagants suscités dans tout le pays par le canular de Châtillon semble bien avoir joué un rôle dans la victoire électorale des catholiques aux élections suivantes: la «revanche» de 1884.

Dans le Luxembourg en tout cas et, bien sûr, à Châtillon, les «calotins» en étaient persuadés. Dès que les résultats du scrutin furent connus, on installa les canons à pétards le long du mur de l'église. Ils tirèrent si fort que vitraux et vitres volèrent en éclats, tandis que, dans son école, Mlle Dieu s'enfermait à clé, sagement, pour se mettre à l'abri des passions populaires.

Godefroid Kurth, grimpé sur un vieux tonneau à pétrole, fit un discours lyrique: «Châtillonais et Luxembourgeois sont les deux plus belles appellations du monde. Vous avez lutté, vous avez gagné, vous me trouverez jusqu'au tombeau à votre tête.»

Avec chevaux et charrettes on se rendit en cortège à Saint-Léger, où Godefroid Kurth, et son parent par alliance, l'avocat Jacques Michaëlis, avaient des attaches familiales avec le notable catholique Lavaux. Celui-ci fit amener des tonneaux de vin. Il y eut une farandole exubérante, des discours de Kurth et de l'avocat Michaëlis. Le retour à Châtillon se fit aux lampions et aux lanternes dans les cris et chants de voix éraillées. Les catholiques du village étaient sûrs d'avoir changé avec leur farce du bouc, la face de la Belgique, sinon du monde.

Au cortège qui célébra, à Bruxelles, la victoire sur les libéraux, les Châtillonais brandissaient un drapeau dont la hampe portait, au sommet, un bouc sculpté en bois. Ils étaient en tête du défilé, lors d'une bagarre avec des contre-manifestants libéraux, devant la Bourse. Le choc fut rude, sous une aspersion de bleu d'outremer lancé depuis les étages des maisons voisines. Les Châtillonais en sortirent en loques, contusionnés, couverts de plaies et de bosses, et sans leur fier étendard, évanoui, piétiné dans l'échauffourée.

Le destin des héros de l'affaire du bouc fut à l'inverse de son issue. Caractère bouillant, l'abbé Pierron ne savoura pas longtemps son succès. Il mourut en octobre 1886, à quarante-sept ans, d'une rupture d'anévrisme.

Mlle Dieu quitta Châtillon dès 1884, cédant son école aux sœurs. Elle fit une belle carrière dans l'enseignement à Arlon, institutrice, puis seconde directrice en 1917. Elle démissionna en 1926 et mourut à soixante-dix ans en 1932.

Quant à l'issue politique de la guerre scolaire de 1879-1884, elle fut plus modérée que prévu. Les catholiques au pouvoir, ayant compris que le système d'avant la loi dite «de malheur» de Van Humbeeck était excessif, ne le rétablirent pas tel quel.

La saga de Champenois

Discret, gris et blanc, en lisière de la forêt gaumaise, Buzenol est voué aux renommées insolites. La sculpture prouvant l'existence de la moissonneuse des Trévires, longtemps crue un fantasme de l'historien romain Pline, fut découverte à quelques jets de pierre du village, dans les fondations du refuge romain de Montauban.

Sur les vestiges de celui-ci fut bâti, au Moyen Âge, un des châteaux désignés par la légende comme repaire des quatre fils Aymon révoltés contre le puissant Charlemagne. Sous les ruines de cette forteresse, un récit populaire situe une bouffonne et tragique chasse au trésor, où le trop hardi chercheur laissa sa tête.

Tragique aussi et bouffonne est la saga de Roger Champenois. Né à Buzenol, le 15 janvier 1929, il est issu de lignées paternelle et maternelle en marge de la société, ayant eu périodiquement maille à partir avec la Justice. Les Lambert, du côté de sa mère, étaient appelés «les farceurs de Buzenol». Farceurs point innocents: du braconnage à la violence, de la contrebande au vol à main armée, ils avaient leur façon de moquer l'ordre établi et de vivre libres.

Un champion, dans l'arbre généalogique aventureux de Roger Champenois fut un aïeul robuste, barbu, patriarcal, épique. Haut en couleurs, ce personnage sonore, jamais à court d'initiatives insolites, vivait dans une roulotte avec deux femmes – certains lui en prêtent même plus – et une tribu d'enfants, dont on confondait les mères, mais de géniteur unique: lui. Il n'aurait toléré ni rival ni infidélité.

La famille de ce Roger Champenois au prénom de paladin, était abonnée à la cour d'assises. Sa mère avait été condamnée à deux ans, son père à cinq, dans de sombres affaires. Élevé dans un milieu violent, inculte et pittoresque, le garçon sortit de l'école primaire, «comme une bourrique», a-t-il dit sans complexe.

Au procès, il a expliqué: «Si mon instituteur ne m'avait pas "laissé tomber" pour s'occuper des fils à papa, peut-être que, moi aussi, je saurais lire. Plus que la boîte de cigares ou de pralines qu'on portait au nouvel an était grosse et plus qu'on était bien vu. Moi, je n'en ai jamais porté, on était pauvre chez nous.»

Pauvre, l'explication est courte. Personne, à tort ou à raison, n'attendait rien de bon du gamin d'un Champenois et d'une Lambert.

Achevant ses classes analphabète, ayant eu quelques bricoles avec le juge des enfants (c'était l'appellation à l'époque), Roger, point appelé au service militaire, devint un bûcheron tranquille des bois de Buzenol, plutôt sympathique aux gens, peu bavard.

Or, à la lisière, avait été bâti, au XIXe siècle, non loin du nid d'aigle des fils Aymon, un château bourgeois, appelé aussi Montauban. Durant l'occupation de 1940-1945, un riche médecin bruxellois, chasseur passionné, le docteur Hanssens, y faisait de fréquents séjours avec sa compagne, celle qui allait être la victime-énigme du drame: Élisabeth Danniau.

Bruxelloise, assez jolie, n'étant pas à une aventure près, elle était vendeuse dans un magasin d'articles de chasse lorsque le docteur Hanssens, qui était marié, l'y avait remarquée. La liaison n'avait pas tardé.

Âgée de trente-six ans en 1940, ambitieuse, aimant l'argent, ayant de l'aplomb, Élisabeth ne détestait nullement le rôle de châtelaine officieuse qu'elle jouait à Montauban.

Menant grand train, le couple recevait volontiers des officiers allemands, ce qui était évidemment mal vu dans la région. Un résistant de l'important maquis de Buzenol reçut même la mission d'abattre le docteur et sa maîtresse. Celle qui n'était pas encore la «dame en noir» était donc condamnée à mort depuis 1942 ou 1943. Jugeant insuffisants les indices de trahison, le maquisard n'exécuta pas le couple. Élisabeth avait un sursis de vingt ans...

À la libération, le docteur Hanssens fut emprisonné lors de la répression de l'incivisme, ce qui mit fin au concubinage. Son ex-compagne à la réputation douteuse retirait de l'expérience des bijoux le goût de commander, et quelques biens donnés par son amant dans les traditions de la vie galante: une sapinière, des actions en Bourse, une villa à Meise, au nord de Bruxelles. Il lui arrivait de s'en vanter. D'où sa réputation d'opulence.

Changeant d'hommes, Élisabeth reste fidèle à la région. Sa chronique amoureuse ne passe pas inaperçue. Elle habite un moment au Moulin Lahure, à Sainte-Marie-sur-Semois, avec un certain Moens, dont on reparlera. Il se souvient d'elle comme très attachée à ses biens. Elle a un amant marin, qui s'en va parce qu'elle lui plante un couteau dans le dos.

En 1951, résidant à Ethe, l'ancienne patronne de Montauban entend l'appel de la forêt de Buzenol. Cette fois, son partenaire est un bûcheron. À quarante-sept ans, la dame au passé agité désire-t-elle la jeunesse et la vigueur? Elle en trouve trop. Injures et coups. La gendarmerie intervient.

Roger Champenois est un compagnon de travail du bûcheron. Plus tranquille que lui, il lui succède. Il avait quinze ans lorsque, dans son village, on jasait sur la dame de Montauban. Il en a maintenant vingt-cinq et elle cinquante.

Étrange décision, le jeune illettré taciturne et la quinquagénaire galante «ayant du bien» se marient. Pourquoi? Elle voulait un mâle jeune et docile. Lui, il aurait été fasciné par la façon de parler d'Elisabeth. L'explication donnée par Champenois, est plausible: «parce qu'elle était maline. Pas du tout parce qu'elle avait de l'argent. Des sous, j'en avais toujours assez.»

Élisabeth paraît vouloir s'enraciner en Gaume. Elle achète – ce sera le domicile du couple – une petite ferme à Houdemont.

Houdemont, c'est un vrai village agricole, mais pas trop perdu: il y a une gare. Ce n'est pas la lisière de la forêt. Les débuts de la vie commune ne sont pas mauvais. «Ma femme travaillait aux écuries, dira Champenois, et moi dans les bois, puis à l'usine. Elle a essayé une fois de m'apprendre à lire et à écrire.»

Comme la gare, comme l'alphabet qui n'a pas duré longtemps, l'usine c'est la civilisation. Un peu trop pour un homme des bois? Longtemps, il n'y paraît rien. Champenois joue le jeu. Chez Élisabeth, l'illusion n'a pas duré très longtemps. Selon les voisins, bientôt, elle traite son inculte époux comme un domestique. Elle a l'habitude de donner des ordres.

«Elle se plaignait, dira l'abbé Cœurderoi, curé du village. Elle se demandait si elle parviendrait à vivre avec lui. Lui ne rouspétait jamais. Il donnait l'impression d'un grand enfant malheureux. Il avait franchement peur de sa femme mais semblait résigné. Un soir, Champenois était allé chercher une bête sortie de la prairie. À son retour, vers onze heures, il trouva porte close. Elle le fit attendre jusqu'à deux heures sur le trottoir, puis elle lui ouvrit. En rentrant, il a voulu l'enguirlander mais elle a pris un fusil et il s'est tu. C'est Mme Champenois elle-même qui m'a raconté cet incident.»

Ladite Mme Champenois était plutôt «mal vue» au village. Cette étrangère au passé peu honorable, au présent énigmatique, supposée riche, se croyait, dit-on, supérieure. Ironiquement, on l'appelait «la châtelaine» ou, de façon vaguement maléfique, «la dame en noir».

Toujours est-il que, sans trop d'histoires, cahin-caha, le bizarre ménage dure neuf ans. Élisabeth fait deux ou trois fugues, assez brèves. Le mari, silencieux, ne paraît pas se soucier des sorties de sa femme. Y avait-il des disputes dans la petite ferme de Houdemont? «Pas plus qu'ailleurs, dira Champenois. On ne s'aimait pas plus qu'ailleurs non plus.» Le couple, à un certain moment, dort en chambres séparées. «Depuis quand et à l'initiative de qui?» demandera le président, aux assises.

La réponse de Champenois sera normale et indignera le président: «Monsieur le Président, cette chose ne regarde que ma femme et moi.»

Le ménage est à la grisaille, dans un village lui-même assez gris, point le plus riant de la Gaume. Apparemment, il n'y a pas de raison pour que cela ne dure pas.

Au début de l'été 1963, Élisabeth confie au curé Cœurderoi: «Je partirai l'hiver à l'étranger. Je le laisserai tout seul. Je dois partir, car je souffre de bronchite et puis, je ne veux plus vivre avec lui. Je partirai quand mes pieds seront soignés.»

Cet été-là, Mme Champenois a cinquante-neuf ans. Pour se faire opérer aux orteils, elle prend, le 2 juillet, le train omnibus pour Libramont. À la clinique, l'intervention réussit. Durant les trois semaines de l'hospitalisation, elle ne reçoit d'autre visite que son mari. Mais il fait l'expérience d'une vingtaine de jours sans la dame en noir. Sait-il que sa femme veut le quitter dès qu'elle sera remise de l'opération?

Le 20 juillet, dans la matinée, Champenois vient en taxi reprendre son épouse à Libramont. La dame en noir marche difficilement. Le lendemain, le mystère commence. Selon Roger

Champenois, au cours de l'après-midi, Élisabeth lui fait part de son intention d'aller se reposer quelque trois semaines à Wavre, chez une tante, dont on n'a jamais entendu parler. Le lendemain, à quatre heures du matin, pas en taxi mais dans la jeep de la petite ferme, Roger Champenois aurait, selon ses dires, conduit son épouse à la gare d'Arlon, chaussée de pantoufles, n'ayant d'autres bagages qu'un petit sac noir. Bien sûr, ce déplacement, à la fine pointe de l'aube, surprenant pour une convalescente, n'a pas de témoins.

Que s'est-il passé, en réalité, le 22 juillet? On en discutera longtemps. Le récit du départ, ce jour-là, n'est pas seulement peu plausible. Il sera contredit par le boucher. Carnet de commandes à l'appui, celui-ci se dira certain d'avoir vu, le lendemain, Élisabeth Danniau, quand il livra de la viande chez elle. Mais, depuis le 23 juillet au plus tard, plus personne n'a rencontré l'épouse de Champenois.

Au village, où l'on a eu vent «de l'une ou l'autre fugue de la dame en noir, son absence ne semble pas étrange». Du moins pour quelques jours. Roger Champenois s'en doute. Après trois semaines, durée censément annoncée par Élisabeth pour son séjour à Wavre, il va à la gendarmerie signaler la disparition. Aucune enquête sérieuse n'est ordonnée. Chacun sait l'épouse Champenois indépendante et capricieuse, «spéciale», comme on dit.

Dès qu'il a accompli sa démarche à la gendarmerie, Roger Champenois se comporte en homme indépendant. Immédiatement, il offre en vente le bétail de la ferme, dont s'occupait principalement Élisabeth. Après quelques semaines, l'affaire est conclue. Il essaie de vendre les «beaux meubles» et quelques tableaux, témoins des splendeurs passées de sa femme. L'antiquaire pressenti préfère attendre le retour d'Élisabeth. Champenois n'insiste pas. La petite «pension» de 300 francs par mois qu'Élisabeth envoyait à sa mère, à Bruxelles, continue à être versée par lui.

L'automne arrive. Tout va bien. Personne ne semble s'inquiéter de ne plus rencontrer la dame en noir. Le 20 octobre, jour de la fête locale, Champenois raconte que, le soir, vers 21 h 30, il a reçu une brève visite de son épouse, amenée dans une Mercedes noire par un monsieur distingué d'une cinquantaine d'années.

Au procès, l'avocat général aura beau jeu de souligner l'invraisemblance du récit fait par Champenois: «Elle est restée une demi-heure, est allée dans la pièce qui servait de bureau pour y chercher des papiers d'affaires, a dit qu'elle reviendrait "au beau temps" et qu'elle m'écrirait. Je devrais détruire les lettres marquées d'une croix, sans les avoir montrées à personne.» Et sans donc y avoir compris goutte, puisqu'il ne sait pas lire.

Les mois passent. Comme Élisabeth Danniau ne donne pas signe de vie, la Justice finit par s'intéresser à son cas. Connue comme «près de ses sous», elle n'est, selon une enquête, plus allé toucher les dividendes des actions qu'elle possède dans une agence de banque à Bruxelles. On apprend que peu de jours après son «départ», un de ses anciens amis, Pierre Moens est venu, à l'improviste, à Houdemont pour la rencontrer. Il a eu affaire à un Roger Champenois très embarrassé, sinon affolé. Détail plus sinistre: le 15 août, Champenois a été vu recouvrant de chaux vive le cadavre d'un chien qui venait de mourir. Y avait-il seulement un chien?

Devenu suspect, Champenois est arrêté le 19 mars 1964. Interrogé, il maintient tranquillement sa version. Un juge d'instruction étant féru du pendule, des radiesthésistes sont consultés. Des indications sont même reçues d'une voyante de Paris. En foi de quoi, puisqu'il est question du corps jeté dans une pièce d'eau, des étangs sont sondés, notamment à Habay: la Trapperie, le Pont d'Oye. Des recherches ont lieu à la maison de Houdemont. On y casse une plaque de béton, sans rien trouver dessous. Le bois Malpierre, celui de Mortinsart sont inspectés. C'est buisson creux partout. Ni cadavre ni indices ne viennent au jour. Il faut bien se résoudre à libérer, en juin, un Champenois apparemment peu impressionné.

En fait, la détention préventive a perturbé ce claustrophobe. Et, dans la mentalité populaire, elle est considérée comme une présomption de culpabilité.

Un inspecteur de la police judiciaire dira, aux assises: «On n'évitait pas seulement Champenois. On le montrait du doigt et les rapports les plus invraisemblables étaient transmis, de bouche à oreille, que bientôt on clamait dans toute la Gaule, pardon, dans toute la Gaume. Un exemple entre cent: Champenois avait étranglé Élisabeth au cours d'une dispute, disait-on; pour se débarrasser du cadavre, il avait dépecé le corps et l'avait donné à manger à son chien. Quand tous les restes avaient disparu, Champenois avait aussi tué l'animal et l'avait fait disparaître en l'enfouissant dans la chaux vive.»

«Quand Champenois paraissait à l'une ou l'autre fête, on faisait le vide autour de lui. Mais il est arrivé qu'une dame particulièrement intrépide ait parié avec une amie qu'elle danserait avec l'assassin. Non seulement elle le fit, mais s'arrangea pour que l'accusé en connaisse la raison... Une autre est venue crier devant les volets clos de la fermette: Voilà où habite celui qui a donné sa femme aux chiens.»

Regardé comme un pestiféré, Roger Champenois ne retrouve pas de travail. Le bourgmestre, à qui il en demande, le rabroue, lui disant de se tenir tranquille: «À la première chose qui se passerait à Houdemont, on dira que c'est toi.»

Champenois avait grandi hors de la vie normale. Rejeté maintenant, il devient ce qu'on appelle, en jargon de sociologue, un asocial. Il y est encouragé par une amitié subite pour un jeune déséquilibré mental de Sainte-Marie, Roger Darge. Le curé de Sainte-Marie lui attribue un âge mental de cinq à sept ans, mais est étonné par sa mémoire.

Darge, «innocent», est fasciné par la violence. Il aime faire peur. Champenois et lui sont tous deux des exclus. Ils se saoûlent abondamment ensemble, aux frais de Champenois.

Puisque la société le rejette, celui-ci décide d'aller vivre dans le seul endroit où il se soit jamais senti chez lui: le bois. L'affaire a des allures de complot. Avec l'aide de Darge, qui admire sa résolution, l'ancien bûcheron se prépare un repaire dans la forêt de Buzenol. Ils y transportent du matériel de cuisine, de la literie et même des vêtements féminins laissés par Élisabeth. Il faut tout prévoir.

Champenois dresse dans sa tête une liste noire des gens qui lui ont fait du tort. Un jour, il tient au bout de sa carabine le boucher qui dit avoir vu Élisabeth le lendemain de son prétendu départ. Heureusement, l'arme n'est pas chargée.

Le bûcheron parle de s'attaquer à la famille de son demi-frère, Émile Maury, qui habite Buzenol. «Je le tuerai, et sa femme avec, et j'emmènerai dans les bois sa nièce Nelly.»

Il aurait proféré des menaces analogues contre des voisins de Houdemont, les Nicolas, et projeté d'enlever leur jeune fille, sur le point de se marier. Les Maury et les Nicolas reparaîtront dans la suite de l'histoire.

Après de longs conciliabules, les deux compères choisissent comme cible première l'épicière Gonry, de Houdemont. Roger Champenois lui reproche d'avoir raconté qu'il avait tué sa femme et qu'il avait acheté de la chaux vive. Il a contre la famille une vieille rancune datant de la guerre 1940-1945. Darge en veut à Mme Gonry parce qu'elle l'a accusé de voler des fruits dans son magasin. Et puis, il y a un motif pratique: attaquer l'épicerie fournira d'abondantes provisions pour le séjour dans les bois.

Le coup est préparé par des répétitions. En mettant une poire de caoutchouc dans la bouche de Darge, Champenois vérifie si cela empêche de crier.

Le 29 août, les agresseurs se munissent de cagoules. Ils mettent des gants en caoutchouc «pour ne pas avoir de sang sur les mains». L'expédition sera sauvage. Champenois applique une échelle contre la façade de l'épicerie. Suivi de Darge, il pénètre à l'étage par une fenêtre restée ouverte. Darge y tient en respect, sous la menace de son fusil, deux gamines terrorisées, Liliane Neuberg, huit ans, et Claudine Étienne, quatorze ans. Champenois va dans la chambre voisine où dorment Mme Gonry et sa plus jeune fille, Anita, huit ans, qu'il frappe violemment avec sa hachette. «Je les ai "liquidées", dit-il à Darge comme ils descendent à l'épicerie, où ils remplissent leurs sacs de marchandises, après avoir coupé le fil du téléphone. Laissant éclaboussée de sang la chambre, où les deux victimes respirent à peine – un vrai carreau d'abattoir, dira un magistrat après la vue des lieux –, Champenois et Darge emmènent Claudine Etienne terrorisée. Ils la placent dans la jeep qui les attend, bientôt chargé du butin. Les nerfs de Darge ont cédé. Champenois le traite de «petit gamin» et le reconduit chez lui à Sainte-Marie. Muni de trois fusils, il part avec sa captive vers le bois, Darge, ayant des remords, alerte le curé de Sainte-Marie, puis le garde champêtre de Houdemont, ce qui permet de secourir rapidement les deux victimes, vivantes, mais «mal arrangées», atteintes de plusieurs fractures du crâne.

La gendarmerie, renseignée par Darge, se lance à la recherche du fugitif. À 15 h 20, une jeep est découverte dans le bois de Buzenol. Quelqu'un est couché en dessous. C'est la jeune Claudine Etienne, à l'abri d'une fusillade possible. Les gendarmes l'appellent doucement, elle saute dans leurs bras. Elle n'a subi aucun sévice de la part de Champenois. Et lui, embusqué à deux pas de là, se sauve avec ses trois fusils.

À 15 h 20, au moment où la maréchaussée découvre son véhicule, Champenois est détesté. Pour ses concitoyens, c'est une brute sanguinaire. Le carnage chez l'épicière signe le meurtre sans cadavre mais maintenant certain pour tous, d'Élisabeth Danniau. Le bûcheron est un danger public. Mais, à 15 h 21, disparaissant dans les fourrés, il devient un personnage de légende. Les gendarmes, perplexes, ramènent de leurs recherches seulement un casque plein de champignons. Ghislain Cotton, envoyé par *La Cité*, note, dès ce jour-là, que le fugitif gagne un souffle d'épopée. Le forfait du mari de la «dame en noir» effraye, sa fuite se transforme en exploit.

Les rumeurs circulent. On a entendu un coup de feu dans le bois du Buzenol. Est-ce Champenois? On parle d'un mystérieux puits en forêt, qui aurait pu servir de cachette. Il est surtout question du réseau de repaires des maquisards de la dernière guerre, ceux qui, sous l'occupation, avaient condamné à mort Élisabeth Danniau...

Les souterrains du maquis sont inspectés, sous la conduite d'un vétéran. Mais lui-même manque s'y égarer. Des éboulements se sont produits. Champenois n'est pas par là.

D'abord campé en lisière du bois, le poste de commandement des forces de l'ordre s'installe à la maison communale de Buzenol. Magistrats et officiers y confèrent. Une impressionnante limousine noire escortée de motards y arrive: c'est celle du lieutenant général Thiel, commandant en chef de la gendarmerie. Sous l'œil curieux, inquiet et goguenard des badauds – et du marchand de gaufres et de bière, servant les touristes du crime –, la région est sillonnée de jeeps, les *walkies-talkies* grésillent.

La forêt est ratissée par 450 gendarmes des escadrons de Charleroi, Liège et Bruxelles: un homme tous les cinq mètres. Les effectifs évolueront. Dernière trouvaille (qui ne trouvera rien): un appareil RF 84F de la base de Bierset est envoyé par la Force aérienne pour photographier aux rayons infrarouges, qui «voient» à travers le feuillage.

Un journaliste français a même écrit que des parachutistes ont été largués.

Les vacances scolaires ne sont pas finies. Le temps est superbe. Pimenté par la peur et le spectacle du déploiement policier, Buzenol-plage fait recette: maillots, bains de soleil et téléphone arabe, bronzette et curiosité. La rivière est jolie et le village, par à-coups, fiévreux. Pour les messages radio envoyés depuis le QG, le nom de code est «gamin». «Ici gamin, *this is gamin.*»

Toute la lisière de la forêt est surveillée. Il y a maintenant trois Thunderflash RF 84F pour sonder les frondaisons. Buzenol est transformé en camp retranché. Land-Rover et Harley-Davidson s'y croisent, portant aux unités engagées consignes et matériel. Pour l'assaut final, on équipe ce qu'on appelle, avec un rien d'ironie, le commando de la mort: une unité d'élite de trois hommes, munie de gilets pare-balles, lourds, armés de plaques d'acier articulées, capables de résister à des balles de 9 mm tirées à un mètre. Tout est prévu, sauf ce qui arrive. Le 28 août, Champenois fait surface en plein Buzenol, vers 7 h du matin chez son demi-frère Émile Maury (qui était sur sa «liste noire»). Il s'y terrait dans la cave alors qu'on écumait les bois à ses trousses. L'épisode est pittoresque. Il fait sensation. Les parents étaient partis au travail. Les deux fillettes jouaient devant la porte. L'aînée, Nelly, quinze ans, rentre un instant dans la maison. Au pied de l'escalier, la trappe menant à la cave est soulevée par deux bras d'homme. Épouvantée, Nelly se sauve en criant.

Un voisin intervient, un pensionné, M. Rongvaux, gardien du téléphone public du village. Il a soixante-quatorze ans. C'est un sage et il a du flair: il avait toujours cru que Champenois n'était pas loin. Il se précipite aussi vite que le lui permet sa mauvaise jambe. Il a le temps de voir la trappe se refermer. Il la soulève, descend les marches, suivi de Nelly. Dans l'obscurité il distingue des vêtements, des bottes. «Ce n'est pas les vêtements à papa», dit la gamine. M. Rongvaux voit alors Champenois, à genoux sur un tas de planches, le visage caché par les bras comme un enfant qui a peur de recevoir des coups.

«J'ai pensé le "pougner" par les pieds, raconta Rongvaux, mais, à cause de mon infirmité, je me suis dit qu'il valait mieux remonter. Je me suis précipité, j'ai fermé la trappe et j'ai tiré une lourde caisse dessus.»

L'excellent homme n'avait pas pensé au soupirail. Avant qu'on appelle les gendarmes, c'est par là que Champenois, fluet

– l'ouverture est étroite –, se sauve dans un bruit de planches éboulées.

Dans la cave, on trouve des vêtements, des bottes, une salopette dont les poches contiennent quelques cartouches et un paquet de cigarettes «Africaine», une marque du grand-duché de Luxembourg. Champenois en a volé le stock chez Mme Gonry à Houdemont. Il y a aussi des pommes, des poires, des carottes.

Trois chiens policiers – dont un amené de France et noblement appelé «Tell von Gunkerland» – hument les vêtements, et suivent, entre les maisons, puis par les jardins, un trajet qui mène à la route d'Étalle. Là, ils restent bredouille. On suppose que ce diable de Champenois avait caché un vélo dans les parages. Un cycliste ne laisse pas d'odeur sur le sol...

L'insaisissable bûcheron ne reste pas longtemps sans faire parler de lui. Le lendemain de sa fuite de la cave à Buzenol, c'était la noce à Houdement. M. Nicolas, un voisin de Champenois – qui naguère l'avait menacé – marie sa fille, que Champenois avait eu le projet d'enlever. La fête, chez Nicolas, avait été joyeuse. À deux heures du matin, le père de la jeune épouse reconduit ses invités après le coup de l'étrier, puis va se coucher. Tout est normal. À six heures, descendu à la cuisine, Nicolas constate que quelqu'un est venu: un gros jambon a disparu, une épaule de porc et une douzaine de petits pains. Il croit d'abord – on est en Gaume – à une blague d'invité. Mais un veston et une casquette manquent au portemanteau, le vélo a disparu de la grange, et même la clé de contact de la camionnette.

Champenois est soupçonné. Les chiens policiers, conduits sur place, ne réagissent pas. Le doute subsiste. On saura plus tard que cette rapine folklorique – voler le jambon de la noce – est bien signée Champenois.

Le petit homme fait peur et fait rire à la fois. Au fil des jours, cela devient une fable: «Et Champenois?» Réponse: «Il court toujours!»

Cet illettré chétif nargue toutes les polices du royaume, échappe aux avions, aux jeeps, aux motos. Contre lui se concertent en vain des radiesthésistes, des magistrats, un général. Il mobilise la radio, la télévision et les presses de Belgique, de France et de Navarre.

On croit le voir partout. À Torgny, à 25 kilomètres de Buzenol, près de la frontière française, un vagabond a dormi dans une meule, est parti à vélo. On croit que c'est Champenois. À Houdemont, un verre de bière est lancé par un inconnu sur les gendarmes en faction devant la maison du fugitif – qui avait annoncé qu'il la brûlerait. À Arlon, un homme, le matin tôt, demande à manger chez les jésuites de la maison de retraite, à la sortie de la ville vers Luxembourg. Restauré, il s'en va à bicyclette. Le père supérieur fait le rapprochement: trente-cinq ans, une barbe de huit jours, l'allure chétive, un début de calvitie. Il prévient la police locale.

Si l'on croit voir Champenois partout à la fois, c'est dans la forêt, son domaine, qu'il continue à être recherché. Il doit être quelque part dans un arbre. Une plaisanterie fait le tour de la Belgique: «Que fait Champenois, dans son arbre, pour s'endormir?» Réponse: «Il compte les gendarmes qui passe en dessous.»

La croyance se répand: il ne sera pris que l'hiver, à la chute des feuilles, le froid le chassera de la forêt. En réalité, la fugue aura duré dix jours. Les dix derniers jours d'août.

La capture a tenu à un détail. Le matin du 1er septembre, vers 6 h 15, Raymond Postal, cultivateur à Villers-sur-Semois, va inspecter les abords de sa ferme. Il se méfie. La veille, les gendarmes lui ont dit d'être sur ses gardes: Champenois le connaît bien, lui prenant en location un bout de prairie à Houdemont. Or, à l'aube, le fermier constate que l'échelle qu'il range toujours près du fenil, à une place bien précise, a été déplacée. Il monte dans le fenil. Dans la pénombre, il aperçoit une bouteille vide et deux pommes. Sans se rendre compte que Champenois est toujours là, Raymond Postal va chez le voisin, téléphoner à la gendarmerie de Tintigny. Revenant chez lui, il a la surprise de voir Champenois, marchant dans la rue du village, tête baissée, coiffé d'un béret alpin.

Deux autres villageois, allant rafraîchir à la fontaine le lait de la traite du matin, reconnaissent aussi Champenois. Il porte, disent-ils, un sac allongé sous le bras et dissimule sous son veston quelque chose qui pourrait bien être un fusil.

Raymond Postal crie: «Bonjour, Roger!» et va téléphoner à la gendarmerie d'Etalle. Entre-temps, Champenois continue son chemin jusqu'à une chapelle à l'entrée du village, franchit une clôture et oblique vers le bois de Rastad. Lorsqu'il y pénètre, il est aperçu par deux gendarmes qui patrouillent en jeep. Devinant qui se sauve ainsi, l'un des hommes tire en l'air une rafale de mitraillette pour l'effrayer. Au lieu de se rendre, bien entendu, Champenois prend ses jambes à son cou, laissant un morceau de gabardine verdâtre – chapardée chez Postal – à un fil de fer barbelé et, sur le sol, son sac. Celui-ci contient, fortement entamé, le fameux jambon volé à la noce chez Nicolas, un petit pain également entamé, deux os rongés, un couteau à manche cassé, volé à Houdemont.

Le bois où Champenois se réfugie n'est pas grand, une dizaine d'hectares. Il est rapidement cerné par des renforts de gendarmerie appelés d'urgence. Les touristes sont là aussi, flairant l'événement. Or, des heures durant, malgré l'exiguïté du périmètre à ratisser, bien plus petit que les bois de Buzenol, le doute gagne la maréchaussée. Est-il encore là? N'a-t-il pas échappé aux mailles du filet? On l'a tenu à portée de fusil et le voilà à nouveau fondu dans la nature.

À environ trois heures de l'après-midi, un gendarme lève les yeux vers la «houppe» (cime) des arbres. Dans les branches d'un chêne, il voit une silhouette humaine, blottie en boule comme un chat.

- Champenois! Descends! Tu es pris!

Des gendarmes arrivent, parlementent:

- Rends-toi! Ne fais pas de nouvelles bêtises. Ne tire pas. Ton affaire n'est pas si mauvaise. Tu n'as pas tué. La femme et la fille que tu as attaquées sont toujours vivantes.

Sous les yeux des badauds, ravis de l'aubaine, deux gendarmes escaladent le chêne. On entend alors un dialogue étonnant, qui égratigne la légende du Robin des bois:

- Descends! Ce n'est pas la peine de résister!

- Faites d'abord partir tous ces gens qui sont là. J'ai peur qu'ils ne me fassent un mauvais coup.

Les curieux sont écartés. Acceptant de descendre de son arbre, qui aura les honneurs de photographies à la une des journaux, Champenois n'oppose aucune résistance. Une fois sur le sol, le mythique homme des bois est frêle, craintif. Les gendarmes le traitent avec douceur. Une voiture l'emmène à Arlon par des chemins détournés, pour le soustraire aux badauds ou à d'éventuelles manifestations d'hostilité.

Il n'est pas conduit tout de suite à la prison mais bien à la gendarmerie d'Arlon devant laquelle une foule s'est attroupée. Celle-ci, vite houleuse, proteste contre les égards dont

Champenois est entouré. « Il n'a pas si bien traité ses victimes ! » entend-on.

Dans ce bâtiment vétuste, aujourd'hui détruit, a lieu le premier interrogatoire. Celui-ci, lors du procès, donnera lieu à une discussion folklorique. Un magistrat instructeur trinque avec Champenois, cinq ou six bières chacun : « Le juge d'instruction m'a donné à boire pour me saôuler, dira Champenois aux assises. Alors, il m'a fait dire n'importe quoi, tout ce qu'il voulait. »

Tout ce qu'il voulait, c'est beaucoup dire. Le prisonnier admet l'intention de tuer l'épicière, Mme Gondry. Mais il n'avoue pas le meurtre de son épouse. Contre toute vraisemblance, il s'en tiendra à la version du départ à l'aube, en pantoufles, sans témoins. Presque personne n'en croit mot. Mais voilà, il n'y a pas de cadavre, ce qui, en Angleterre, empêcherait le procès. En Belgique, cela crée un doute, théorique depuis l'agression chez Gonry, mais plaidable.

Couvert par une presse nombreuse, suivi par un public tour à tour hostile à l'accusé, ironique ou perplexe, le procès, mené avec soin et sérieux, laissera une impression de malaise. L'accusation sera soutenue par un magistrat, l'écrivain Jean Mergeai, originaire de Mortinsart, près de Houdemont, lieu du crime. Pourtant le cérémonial de la justice convient peu aux cas insolites, rustiques et solitaires. La légende s'adapte mal au prétoire.

Le bûcheron garde le trouble prestige du mystère. Il est seul à savoir. Tant qu'il n'avoue pas, personne n'est sûr de rien. Il ne doit donc pas se fatiguer.

Il frôlera d'ailleurs le succès. C'est seulement par sept voix contre cinq que le jury le déclare coupable de meurtre de sa femme. La peine n'est pas la mort[1], ce qui serait logique, mais les travaux forcés à perpétuité. En Belgique, où les condamnés n'étaient pas exécutés, la distinction a peu de conséquences. Mais le verdict trahit une indécision remarquée à l'époque. Le jury pressentait-il une responsabilité atténuée chez un homme primitif ? Tenait-il compte de ce que la victime n'était pas blanche comme neige ? Ou gardait-il un doute ?

Condamné en octobre 1965, Roger Champenois, détenu tranquille, s'en tiendra pendant douze ans à ses dénégations. C'est,

---

1 Alors pas encore abolie en Belgique.

grosso modo, le délai qui permet d'espérer une libération conditionnelle. Pour celle-ci, un aveu est un élément favorable.

Deux jours après Noël, le 27 décembre 1977, Roger Champenois, qui s'était tout doucement fait oublier, reprend la vedette. Il admet avoir tué Élisabeth Danniau. Il va indiquer l'endroit où il l'a enterrée. Retrouvant l'air vif de l'hiver gaumais, il est ramené à Houdemont. Il y montre, dans l'étable des porcs, le «rang des cochons», comme on dit, une plaque de béton. Sous celle-ci, dûment mise en pièces, a lieu la macabre découverte.

Au début de 1978, le bûcheron est libéré. Cette fois, la société se souciera mieux de lui qu'à sa sortie de détention préventive, en juin 1964. Il est occupé à l'atelier protégé d'Arlon. Il travaille dans la forêt, sa vraie vocation. À part un minime cambriolage, sans grandes suites, le Robin des bois ne fait plus parler de lui.

Depuis des années, il est citoyen de Mussy-la-Ville, village à grande tradition de colportage, notamment des célèbres choux-cabus. On est loin d'y détester les personnages originaux.

Sur les hauteurs, au nord de Mussy, le domicile peu banal de Roger Champenois montre bien la psychologie du claustrophobe, ami de la forêt et des grands espaces libres. À l'écart de la route, à deux ou trois kilomètres du village, où on le voit tous les jours, la maison du solitaire est une caravane, dissimulée par l'orée d'un petit bois exposé au sud. Tout près, protégées par du plastiques, mûrissent, l'été, les tomates de Champenois. Ses oies montent la garde devant une petite grille portant une pancarte avec l'inscription «Propriété privée», inattendue dans ce domicile aimablement «baraqui», mais bien organisé.

Depuis le petit domaine de l'ermite discret, la vue est vaste sur la vallée, du côté de Bleid, et l'horizon boisé, à la frontière française. Devenu un pensionné rustique et bricoleur, il a sous les yeux un des plus beaux et paisibles panoramas de cette Gaume dont il est un personnage paradoxalement représentatif.

La mémoire garde ce qui lui convient. C'est cela le mécanisme de la légende.

Une chanson du Gaumais Jean-Claude Watrin semble bien refléter un sentiment populaire. En voici le texte:

Tango de Champenois

Il n'a jamais mis la tête à l'école
Mais il connaît les coins à caricoles
Il n'a jamais mis les pieds à La Baule
Mais il connaît par coeur les bois de Buzenol.

Il ne sait pas où coule le Pactole
Ni le nom d'l'inventeur de la boussole
La différence entre Albert et Léopold
Entre une asymptote et une hyperbole.

Il s'est choisi un chemin forestier
À chacun sa manière de dériver
Un prof de math ça ne peut pas rêver.

C'est l'tango de Champenois
Qu'on ira danser dans les bois
Du Bonlieu de Gévimont
De Guéville de Bicaumont.

C'est l'tango de l'homme des bos
Des roudges rinâds des djargôgôs
C'est l'tango de l'homme qu'est bin
A l'copette des sapins.

Il se plaisait à djoque sur un chêne
À mâchonner des racines et des graines
En r'niflant la brigade de Saint-Léger
Qui montait l'garde près des terriers.

Adieu les galipettes adieu bricoles
Aujourd'hui il camousse[1]*, dans une gaïole*
À s'inventer des histoires de braconne
À chevaucher une quelconque baronne.

---

1 Moisit.

On lui a choisi une belle petite cage
Pour réprimer ses instincts de sauvage
Comme l'écrit René Thily[1] *dans ses belles pages.*

La dame en noir la belle Élisabette
On croyait bien qu'elle était voûye au train
Qu'elle avait pris la poudre d'escampette
Avec un de ses amants par la main.

Mais on la f'ra la belle petite fête
Qu'on mijotait pour sa sortie d'prison
Avec de la touffâye èt d'la galette
Au beau mitan de la place d'Houdemont.

On l'fra quand même le p'tit quarante-cinq tours
Que vous trouv'rez pour cent francs au Carrefour
Et dans le juke-box du château de Latour.

Paroles et musique: Jean-Claude Watrin

1 Chroniqueur très connu de *L'Avenir du Luxembourg*.

Bibliographie

Bourguignon Marcel, « L'ère du fer en Luxembourg (XVe-XIXe siècles) ». Études éditées et présentées par Pierre Hannick et Jean-Claude Muller. *Annales de l'Institut archéologique du Luxembourg,* tomes CXXIV et CXXV, 1993-1994.

Bourguignon Marcel, « La légende du trésor d'Orval », *Bulletin trimestriel de l'Institut archéologique du Luxembourg,* 1927.

Bourguignon Marcel, « Les usines du bassin de la Rulles », *Annales de l'Institut archéologique du Luxembourg,* tome LVII, 1926 et tome LVIII, 1927.

Collection du journal *La Cité,* août, septembre 1964, octobre 1965.

Collection du journal *L'Avenir du Luxembourg.*

Delogne Th. (Dr), *L'Ardenne méridionale belge. Une page de son histoire et de son folklore,* suivi du *Procès des sorcières de Sugny en 1657,* Lamertin, Bruxelles, 1914.

Doppagne Albert, *Esprits et génies du terroir,* Duculot, Louvain-la-Neuve, 1977.

Evrard René, *Forges anciennes,* Soledi, Liège, 1956.

Fouss Edmond P., *La Gaume, quelques aspects de la vie et des hommes,* Duculot, Gembloux, 1979.

Gérard Jo, « Quand Bouillon bouillonait », *La Libre Belgique,* 30 juillet 1963.

Goffinet Jean, *Géographie littéraire du Luxembourg,* L'Horizon Nouveau, Liège, 1942.

Hustin Albert (Dr), *Parler et coutumes de la Lorraine belge.* Et « suite » de idem, Georges Hoyoux, Bruxelles, 1963 et 1966.

Jacob Henri, *Le bouc de Châtillon,* Le Sorbier, Arlon, 1955.

Kiesel Frédéric, *Histoires de mes villages,* Duculot, Louvain-la-Neuve,1979.

Kiesel Frédéric, *Légendes et contes du pays d'Arlon*, Paul Legrain, Bruxelles, 1988.

Kiesel Frédéric, *Trésor des légendes d'Ardennes,* Duculot, Louvain-la-Neuve, 1987.

Laport Georges, *L'Académie des baudets et légendes de Bertrix*, V. Bourguignon, Liège, 1935.

Leroy Marcel, *Les chatons gelés*, préface de Frédéric Kiesel, Duculot.

Mergeai Jean, *Gaume*, Paul Legrain, Bruxelles, 1988.

Moyen Paul, *Girard de Roussillon* (traduction), Champion, Paris, 1884.

Nothomb Pierre, *La dame du Pont d'Oye*, Le Sorbier, Arlon, 1935.

Remisch Joseph, *La Semois et ses affluents,* Touring Club de Belgique, 1920.

Saint-Hilaire, *L'Ardenne mystérieuse*, Rossel, Bruxelles, 1976.

Tandel Émile, *Les communes luxembourgeoises*, tome 3: Virton, Bruck, Arlon, 1890.

Tillière N. (abbé), *Histoire de l'abbaye d'Orval,* Delvaux, Namur, 1897.

Wocquier Léon, *La dernière marquise du Pont d'Oye,* Bourger, Arlon, 1913.

Yande Albert, *El Djean d'Mady,* Lettres gaumaises, Virton, 1955.

Yande Albert, *La Louvète à racontes*, La Dryade, Vieux-Virton, 1982.

Zachary Dominique, *Marie-Antoinette. La fuite en Belgique,* Racine, Bruxelles, 2000.

Table des matières

Achevé d'imprimer le 10 juin 2003
sur les presses de l'Imprimerie Lannoo à Tielt